헌법의 풍경

【개정증보판】

헌법의 풍경

잃어버린 헌법을 위한 변론

김두식 지음

교양인
GYOYANGIN

| 개정증보판 머리말 |

《헌법의 풍경》은 노무현 대통령 탄핵소추와 4·15 총선 열풍이 지나간 직후인 2004년 6월 출간되었습니다. 검찰 출신 대학교수가 법조계 내부를 비판했다는 정도의 반짝 화제만 남기고 사람들의 기억에서 사라질 즈음, 엉뚱하게도 청와대 홈페이지의 '노무현의 책 이야기'라는 코너에 이 책이 올라왔습니다. 신문 서평을 보고 대통령이 직접 주문해서 탐독했다는 이야기와 함께 "이처럼 민주주의를 명쾌하게 설명해놓은 책을 본 일이 없다."는 과도한 찬사가 실려 있었지요. 전혀 예상치 못한 일이라 저도 깜짝 놀랐습니다. 이후 그쪽 사람들을 만날 때마다 "대통령께서 관심이 많으시다"는 이야기를 종종 들었지만, 정치와는 한 발짝 떨어져 있는 입장이라 그저 그뿐이었습니다.

이 책이 폭넓은 독자층을 확보한 것은 그해 여름 '책따세(책으로 따뜻한 세상 만드는 교사들)'의 고등학생 권장도서 목록에 올라간 다음부터였습니다. 저와 '다음 세대'가 대화를 나누는 계기가 된 반가운 출발점이었지요. 사실 저와 같은 세대이거나 앞선 세대 중에서 책 제목을 제대로 이야기하는 분을 만난 적이 거의 없습니다. 간혹 저를 잘 아는 어른들을 만나도 '헌법이 있는 풍경'부터 '헌법 거시기'에 이르기까지 다양한 변종 제목을 겨우 끄집어낼 뿐이었지요. 반면에 젊은이들 중에는 제 책을 꼼꼼히 읽고 제목과 내용을 정확하게 기억하는 친구들이 많았습니다. 다음 세대와 책을 통해서 친구가 되는 것은 가슴 벅찬 경험이었습니다.

2005년 1월에는 제45회 백상출판문화상(한국출판문화상으로 명칭 변경)도 받았습니다. 책이 훌륭해서라기보다는 법률 분야가 일반인에게 더 친숙해지기를 바라는 심사위원들의 소망이 담긴 상이었을 겁니다. 광고할 여유가 없었던 《헌법의 풍경》은 이처럼 여러 번의 예기치 않은 도움으로 법과 사회를 공부하는 학생들의 필독서가 되었고, 지난 7년간 스테디셀러로 자리 잡았습니다.

법학은 늘 변화하는 학문입니다. 새로운 판례와 이론을 제때 소화하지 못하면 바로 죽은 책이 될 수밖에 없습니다. 《헌법의 풍경》이 나온 이후 법학전문대학원과 국민참여재판의 도입을 비롯한 사법제도의 커다란 변화도 있었습니다. 그런데도 법학 관련 교양서적이 7년이 지나도록 별다른 수정 작업 없이 계속 읽히는 것은 이상한 일입니다. 안타깝지만 법이 저 멀리 '전문가의 세상'에 존재하는 '그림의 떡'처럼 느껴지는 상황이 본질적으로 개선되지 않은 까닭일 겁니다. 이런 안타까운 현실과 《헌법의 풍경》을 손보아야 한다는 과제 앞에서 오래 고민한 끝에, 저는 일단 2004년의 기본 틀을 그대로 남겨둔 채 2011년의 목소리를 추가하는 길을 선택했습니다.

2004년판에 덧붙여, 추가한 원고에서는 노무현 대통령의 죽음과 관련해서 원형경기장 아레나(arena)의 문화만 남은 안타까운 토론 현실을 돌아보고, '피디수첩' 사건을 중심으로 이명박 정권하에서 심각하게 위협받고 있는 '말할 자유'에 대해 생각해 보았습니다. 본문에서는 로스쿨 도입에 따른 변화와 곽노현 교육감 사건 이후 논란이 된 '무죄 추정의 원칙'을 더욱 자세히 살펴보았습니다. '음란' 개념 및 변호인 참여권과 관련해서는 그동안 변경된 법률과 판례 내용도 반영했습니다. 지난 7년간 그랬던 것처럼 개정증보판을 통해서도 독자들과 꾸준한 대화가 이어지기를 기대합니다.

2011년 12월

김두식

| 머리말 |

군사독재정권들이 머물고 간 상처 위에서, 폭력의 지배를 대체할 권위를 가질 수 있었던 것은 법(法)뿐이었습니다. 오직 한 분 독재자의 '말씀'만 기다리던 시절은 가고, 법을 알아야만 올바른 길을 찾을 수 있는 새로운 시대가 열린 것입니다.

그러나 우리에게 법은 여전히 삶으로부터 유리되어 저 멀리 '전문가들의 세상'에 존재하는 '그림의 떡'처럼 느껴질 때가 많습니다. 대통령 탄핵소추 이후 헌법과 민주주의, 절차적 정당성 등에 대한 시민들의 관심이 높아지고 있지만, 아직 법을 우리 친구로 생각하는 사람은 많지 않습니다. 탄핵소추 이후 넘쳐났던 방송토론 중 자주 나오던 말이 있었습니다. "이제는 전문가들에게 맡겨두고 좀 기다리자."는 이야기가 그것입니다. 법이라는 다루기 어려운 물건은 전문가들에게 맡겨놓고 우리 시민들은 그저 생업에만 충실하면 된다는 논리였습니다. 이런 이야기의 배경에는 전문가란 우리와 근본적으로 다른 존재라는 오해가 자리 잡고 있습니다. 법률 전문가들은 우리와 구별되는 뛰어난 사람들이므로, 그들이 입을 열기 시작하면 우리는 그저 입을 다물어야 한다는 일종의 신화도 존재하는 것 같습니다. 그래서 편해지는 것은 법률가들입니다. 전문가의 탈을 쓴 채 자신들이 무슨 잘못을 저지르더라도, "모르면 조용히 하라."는 한마디로 모든 비판을 잠재울 수 있기 때문입니다. 그럴 때마다 상식적으로 이해할 수 없으면서도 전문가들의 그 한마디에 주눅 들어 조용히 물러나는 것이 시민들의 삶이었습니다. 그리고 그런 억울함이 쌓여 법에 대한 엄청난 불신의 벽을 만들어냈습니다. 이것이 우리가 처한 우리의 법 현실입니다.

저는 그 벽을 조금이라도 허물어보고자 이 책을 썼습니다. 이 책은 먼저 정의(正義)에 관해 이야기합니다. 우리는 그동안 승자의 일방적인 폭력이 지배하는 까닭에 표면상 평온해 보이는 사회를 '법의 지배'로 오해해왔습니다. 그러나 그것은 법의 탈을 쓴 폭력의 지배에 지나지 않습니다. '신의 명령'과 같은 절대적인 규범이 사라진 세상에서 정의란 결국 올바른 절차와 합리적인 토론을 통해서 '함께 만들어가야 하는 것'일 수밖에 없습니다. 정의나 진리를 찾아가는 이런 과정을 일부 전문가들이 독점해서는 안 되며 그럴 수도 없습니다.

그런데 정의를 찾아가는 그 과정에 시민이 당당한 주체로서 참여하기 위해 반드시 짚고 넘어가야 하는 것이 국가, 법, 법률가, 인권의 문제입니다. 헌법은 국가를 언제든지 괴물로 변할 수 있는 위험한 존재로 바라봅니다. 헌법과 법률의 목적은 흔히 오해하듯 국민을 통제하는 데 있는 것이 아니며, 오히려 국가 권력의 괴물화로부터 시민을 보호하는 데 있습니다. 그리고 헌법과 법률이 권력 통제라는 제 기능을 다하도록 돕는 일차적 책임은 변호사, 판사, 검사를 비롯한 법률가에게 있습니다. 하지만 우리나라 법률가들은 청지기라는 본래의 소명을 저버린 채 자기 집단과 권력자를 옹호하는 데 지식과 능력을 악용해온 아픈 역사를 가지고 있습니다.

이 책은 우리 법률가들이 그렇게 될 수밖에 없었던 왜곡된 법조 문화에 대해 설명하면서, 그 결과로 주인을 잃고 길바닥에 나뒹굴게 된 여러 기본권들에 대해 이야기합니다. '그럼에도 불구하고'의 헌법 정신과 시민들에게 주어진 위대한 방패인 '말하지 않을 권리', 그리고 21세기 대한민국의 가장 중요한 헌법적 과제가 될 '차별 금지'에 대해 차근차근 읽어가다 보면, 독자 여러분 누구나 법이 결코 전문가의 것만이 아님을 깨닫게 될 것입니다. 특히 말하지 않을 권리에 관한 부분은 형사 사건에서 어떻게 자신을 지킬 수 있는지 배우고 익힐 좋은 교범이 될 수 있으리라 생각합니다.

남을 비판한다는 것은 참으로 어려운 일입니다. 남을 비판한 그 잣대로 내가 비판받으리라는 것은 꼭 성경의 가르침이 아니더라도 매일의 일상 속에서 확인할 수 있는 진리입니다. 그걸 잘 알고 있으면서도 법조계를 이야기하면서 다른 사람들의 허물을 들춰내지 않을 수 없었습니다. 그게 지금도 마음에 걸립니다. 인격적으로 저보다 훨씬 훌륭한 분들인데도 세계관 차이로 제 비판의 대상이 된 분들께 마음 속 깊은 곳으로부터 사죄의 말씀을 드립니다.

법조 비리로 얼룩졌던 1997년과 1998년은 새로운 법조 문화가 시작되는 분기점이 되었습니다. 1991년 사법시험에 합격하여 법조계에 첫발을 내딛은 저 역시 이렇든 저렇든 법조계에 대한 각종 비판으로부터 자유로울 수 없습니다. 술 한잔 입에 대지 않으면서도 억지로 참석해야 했던 술자리들이었지만, 그 많은 비용이 어디에서 나왔을지 생각해보면 얼굴이 화끈거립니다. 돈이나 향응을 직접 받지 않았다 해도 그런 자리에 참석했던 사람으로서 공범의 책임을 벗을 수는 없습니다. 그런 의미에서 저를 비롯해 1997년 이전에 법조계에 들어온 법률가들은 남은 생애 동안 참회의 마음으로 겸손하게 시민들을 섬기며 살아야 할 양심의 책무를 지고 있습니다. 저는 그런 책무를 다하기 위해 이 책을 썼습니다. 글을 쓰는 내내 지식의 부족도 한탄했습니다만, 법과 시민이 따로 노는 어두운 현실을 뚫고 나가기 위해 지금 필요한 것은 지식이 아니라 용기라는 생각을 하고 힘을 얻었습니다. 앞으로 더 깊은 지식과 넓은 시야, 깔끔한 문체를 가지고 독자 여러분을 다시 만날 수 있기를 바랍니다.

지난 1년간 별것 아닌 책 한 권을 쓰면서 입에 달고 살았던 말이 있습니다. "내가 또 한 번 책을 쓰겠다고 나서면 인간이 아니다." 수없이 반복되는 그 말을 들으면서도 칭찬과 격려를 아끼지 않았던 아내와 딸에게 감사의 인사를 전합니다. 평생 동안 온몸으로 자유와 평등의 진정한 의미를 가르쳐주신 어머니 김예기 권사님과 그 어머니를 사랑하는 데 일생을 바치신 아버지 김홍숙 장로님께 이 책을 바칩니다.

2004년 5월

김두식

| 차례 |

2장 _ 국가란 이름의 괴물

3장 _ 법률가의 탄생

4장 _ 똥개 법률가의 시대

5장 _ 대한민국은 검찰 공화국

6장 _ '그럼에도 불구하고'의 헌법 정신

7장 _ 말하지 않을 권리, 그 위대한 방패

8장 _ 잃어버린 헌법, 차별받지 않을 권리

2011년에 다시 보는 《헌법의 풍경》

노무현, 똥개 법률가, 그리고 민주주의

《헌법의 풍경》이 지나온 지난 7년을 돌아볼 때, 가장 먼저 생각나는 사람은 노무현 전 대통령입니다. 자기보다 한참 젊은 후배 법조인의 책을 직접 사서 읽고 추천했던 그는 참 독특한 사람이었습니다. 법조인들은 대부분 책을 많이 읽지 않습니다. 하루 종일 기록을 붙잡고 있어야 하는 직업의 성격 때문에 활자에 질린 면도 있고, 기록 속에서 진짜 인생을 충분히 맛보고 있다는 생각(착각) 때문에 굳이 다른 책을 읽을 필요가 없다고 믿는 경향도 있습니다. 너무 바빠서 책 읽을 여유를 찾기 어려운 것도 사실입니다. 더구나 법조계에서는 경력과 경험이 곧 자산이고 실력입니다. 자기보다 경력이 짧은 사람의 글을 읽을 이유가 없습니다. 남을 인정하기를 꺼리는 법조계 전반의 분위기도 있습니다. 그런데 노 대통령은 별로 배울 것 없는 젊은 후배의 글에서도 뭔가를 배우려고 했습니다. 그는 그런 사람이었습니다.

경기고와 서울대 법대로 상징되는 학벌, 우수한 사법시험 성적, 재경

지역의 판검사 경력으로 획일화된 법조계 엘리트 틈바구니에서 그는 단연 독보적이고 이질적인 존재였습니다. 세대로는 한참 앞서지만 제가 명명한 '똥개 법률가'들의 선두주자라고 부르기에 손색이 없습니다. 최근 출간된 문재인 변호사의 《문재인의 운명》은 1982년 노 변호사와 문 변호사가 당시 관행적으로 주고받던 '소개비'를 딱 끊은 일화를 소개하고 있습니다. 노 변호사가 신참인 문 변호사에게 "같이 일하게 된 걸 계기로, 함께 깨끗한 변호사를 해보자."라고 말했고 그 약속을 끝까지 지켰다는 것입니다.[1] 사건을 소개하는 법원, 검찰, 경찰 직원들에게 수임료의 30퍼센트 내외를 지급하는 관행은 변호 비용을 높이고 법조 브로커를 만들어내는 악의 근원입니다. 하지만 변호사에게는 계속적인 수임을 보장하는 보험료이기도 하지요. 지금까지도 일부에 남아 있는 법조계의 오랜 악습입니다.[2] 30년 전에 부산의 젊은 변호사 두 명이 그 잘못된 관행에서 완전히 손을 뗐다는 것은 정말 놀라운 일입니다. 그들은 그런 사람들이었습니다.

어렵게 말할수록 더 인정을 받는 법조계 출신답지 않게 노무현 대통령은 늘 일상의 언어로 사람들에게 다가가려 노력했습니다. 마음을 열고 대화하면 진심은 통하기 마련이라고 믿었습니다. 토론을 계속하다 보면 적절한 지점에서 합의가 이루어지리라 생각했고, 그런 대화와 토론을 가능케 하는 규칙과 절차를 마련하여 지키려고 노력했습니다. 그러나 우리 정치 현실은 그의 생각과 많이 달랐습니다. 탈권위적이고 솔직한 그의 어법은 품위 없고 부적절한 막말로 평가받았습니다. 심지어 대학 교육을 받지 못해서 그런 말을 쓰는 거라며 다음 대통령은 '정상적인' 교육을 받은 사람이 되어야 한다고 떠드는 교수들도 있었습니다. 재임 기간 내내 언론은 그가 무슨 '일'을 했는지가 아니라 무슨 '말'을 했는지에 관해서만 보도했습니다. 남극에서 젊은 과학자가 사망해도, 20대 가장이 아이들을 강물에 던져도, 화재로 많은 사람들이 목숨을 잃어도 모두 대통령 책임이고 정권의 도덕 불감증 탓이었습니다. 진보적이라는 지식인들조차 "노 대통령은 말을 줄여야 한다."고 한마디씩 거들었습니다. 대통령의 말꼬리 잡기로 허송한 세월은 우리 언론의 게으름을 보여주는 분명한 증거였지요. 늘 나라 걱정만 하는 품위 만점의 '일등' 귀족 언론들이, 자신들이 그토록 경멸하는 '고졸' 대통령의 언어만 뜯어먹고 살았던 것도 모순이라면 모순이었습니다.

건강한 토론을 통한 합의 도출이 불가능한 상황에서 임기 후반의 그는 돌파구를 찾고 싶었습니다. 진정성을 보여준다면 소통이 가능할지도 모른다는 마지막 희망을 품었던 것 같기도 합니다. 이 땅에서 보수 세력이 사라질 수 없다면 어떻게든 그들과 마음을 열고 국가가 나아갈 방향을 협의해야 한다는 생각도 했을 겁니다. 필요하다면 자신의 모든 것을 던질 수도 있었습니다. 이라크 파병, 한미 FTA에 이어서 이른바 '대연정'까지 제안했던 것은 보수와의 합리적인 대화를 갈망하는 처절한 몸짓이었습니다. 물론 대화의 상대방은 그의 진심을 이해하지 못했습니다. 남을 속이고 덫을 놓는 정치에 익숙한 사람들은 늘 남의 의도를 의심하기 마련입니다. 자기를 기준으로 남의 언행을 예측하고 분석하기 때문입니다. 오랜 불신의 벽을 뛰어넘는 데는 토론의 달인이라는 그도 역부족이었습니다. 임기 중에도 그랬고 임기 후에도 그랬습니다. 자기편을 포기하면서까지 상대방의 마음을 얻으려 했던 시도는 결국 자기편에서 배신자 소리를 들으며 막을 내렸습니다. 타협하지 않는 원칙의 상징으로 급부상하여 대통령직에 이른 분이었기 때문에 그만큼 양보와 타협이 곧 배신이라는 평가를 듣기도 쉬웠습니다. 그의 재임 기간은 합리적인 대화와 토론을 통해 합의를 도출하기가 얼마나 어려운 일인지를 보여준 안타까운 사례였습니다.

그가 대통령이 되었을 때 저는 '토론이 숨 쉬게 하라'라는 제목의 칼럼에서 일방적인 보고와 지시가 아니라 토론을 통해 결론을 도출하는 생명력 있는 대통령이 되어줄 것을 주문했습니다.[3] 당시 공직 사회에는 윗사람과 아랫사람이 미리 준비한 '말씀자료'의 각본에 따라 대화하는 이상한 문화가 만연했습니다. 말씀자료는 생명력을 포기한 대가로 안정을 얻는 수단이었습니다. 그러나 어떤 말씀자료도 살아 있는 토론을 대체할 수는 없습니다. 참여정부 시절 청와대에서 일한 분들의 이야기를 들어보면, 노 대통령은 재임 기간 내내 말씀자료 없는 문화, 토론이 살아 숨 쉬는 생동감 있는 조직 문화를 만들기 위해 최선을 다했다고 합니다. 말로 훈수를 두기는 쉽지만 현실에서 원칙을 지켜내기란 쉽지 않았을 겁니다. 아무리 많은 토론을 거쳤더라도 최종 결정과 그에 따른 책임은 오롯이 그 한 사람의 몫이기에 더욱 어려웠겠지요.

참여정부 중반 한나라당을 포함한 '대연정' 제안이 나왔을 때 저는 한나라당과 손잡느니 초심으로 돌아가 처음부터 다시 시작하라는 글을 썼습니다. 노 대통령에게는 아직 절반의 임기, 방향만 제대로 잡으면 언제든 돌아올 지지층과 동지들, 그리고 그때까지 쌓인 무시 못할 국정 경험이 남아 있었습니다. 이런 기회들을 놓아둔 채 더는 기회가 없다고 생각하는 순간 하늘이라도 그런 대통령에게는 기회를 줄 수 없다고 조언했습니다. 참여정부가 잘해주기만 기대하고 기도하며 기다려온 29퍼센트의 존재를 잊지 말라고 호소했습니다.[4] 역시 말처럼 쉬운 일은 아니었을 겁니다. 그 글을 쓴 다음 달 저는 신문에 글쓰기를 중단했습니다.

노 대통령이 느낀 절망과 한계는 저의 것이기도 했습니다. 대화와 토론에 그만큼 열정을 지닌 지도자를 우리는 이전에도 이후에도 만나지 못했습니다. 그런 사람이 대통령이 되었는데도 합리적인 대화와 토론을 통해 합의를 이끌어내는 민주주의 문화를 정착시키는 데 실패했습니다. 그만큼 우리 환경은 척박했습니다. 좌절 속에 청와대를 떠난 그는 모든 짐을 지고 세상을 등졌습니다. 그는 폭력이나 공포를 이용해서 문제를 해결하고자 한 지도자가 아니었습니다. 말을 통해서 문제를 해결할 수 있다고 믿었습니다. 그러나 청와대를 떠난 이후 그가 매일 느껴야 했던 것은 철저한 의사소통의 단절이었습니다. 청와대의 새로운 주인은 노 대통령의 말을 한마디도 진심으로 받아들이지 않았습니다. 처음에는 그의 편이었던 시민들도 점차 청와대의 새로운 주인을 닮아갔습니다. 저는 노무현을 죽인 것은 바로 그런 단절의 느낌이었다고 생각합니다. 말의 힘, 설득의 마력을 믿었던 사람에게 이보다 큰 좌절은 없었을 테니까요.

그가 떠난 이후의 과제

그가 세상을 떠나자 사람들은 갑자기 그의 말에 엄청난 의미를 부여하기 시작했습니다. 그의 죽음이 한 알의 밀알이 되어 새로운 소통의 문화가 꽃필 것 같았습니다. 그러나 아니었습니다. 오히려 그가 죽고 1년이 지나자 그를 사랑했던 사람들과 '너무' 사랑하는 사람들 사이에서 대립이 격화되었습니다. 생각지도 못한 상황이었습니다. 그를 '너무' 사랑하는 사람들은 그를 비판하는 소리를 참지 못했습니다. 억울하게 세상을 떠난 사람에게 느끼는 미안함과 그를 지키지 못했다는 죄책감 때문일 겁니다. 그러나 양극화 심화, 이라크 파병과 한미 FTA, 비정규직과 정리해고, 재벌 개혁 문제에서 보인 그의 한계와 실패를 냉정하게 평가하지 않고는 우리 정치가 한 걸음도 앞으로 나아갈 수 없습니다. 그는 평범한 사람이 아니라 국정을 5년 동안이나 책임졌던 대통령이었기 때문입니다. 추모 감정에 몰려 몰매를 맞은 사람들의 마음에도 서운함은 남았습니다. 한때 노무현을 사랑했던 그들은 이제 노무현을 '너무' 사랑하는 사람들에 진저리를 칩니다. 이른바 '노빠'들의 비합리성이 진보 세력을 좀먹는다고 말합니다. 대화는 사라지고 서로 상대방의 말실수를 찾아 들판을 헤매 다닙니다. 노무현의 말만 사냥하던 보수 신문과 하나도 다를 것 없는 태도입니다. 괴물과 싸우는 동안 어느새 모두가 괴물이 되어버린 것입니다.

대화와 토론이 이루어지는 폴리스(polis)나 아고라(agora)는 어디에서도 찾아볼 수 없습니다. 죽을 때까지 서로를 물어뜯는 원형경기장 아레나(arena)만이 남아 있을 뿐입니다. 차분하게 논리를 펼치고 자기 한계를 인정하며 상대방의 주장을 수용할 줄 아는 진지한 대화 참여자는 아레나에서 잠시도 숨을 쉴 수 없습니다. 아레나는 처음부터 검투사를 위한 공간이지 대화하기 위한 공간이 아닙니다. 피에 굶주린 관중들은 그저 승패에만 관심이 있습니다. 가장 날카로운 말로 상대방의 숨통을 끊는 사람만이 관중들의 환호를 받습니다. 합리적인 대화 참여자들은 검투사들의 '말칼(word-sword)'에 순식간에 생명을 잃습니다. 이제는 어지간한 담력이 아니고서는 원형경기장에 나설 수도 없습니다. 폴리스가 사라지고 아레나만이 남은 공동체를 떠도는 것은 쓰러진 논객들의 시체에서 풍겨 나오는 악취뿐입니다. 합리적인 사람들이 모여 폴리스를 복원하려 하지만 쉽지 않습니다. 피의 맛을 알아버린 군중들은 지루한 폴리스나 피곤한 아고라로 돌아가려 하지 않습니다. 군중들은 아레나를 폴리스로 착각합니다. 이런 착각이 폴리스를 복원하는 데 최대의 장벽입니다. 뭔가가 잘못되었다고 느끼면서도 매일 눈앞에서 벌어지는 살상의 쾌감 때문에 시민들의 판단력이 흐려집니다. 검투사의 칼날에 누군가의 목이 날아갈 때 짜릿한 쾌감 속에 환호성을 지르지만, 집으로 돌아갈 때는 모두 불안합니다. '혹시 내가 다음 희생자는 아닐까?' 쾌감과 불안이 교차하는 우울한 공기가 민주주의에 먹구름을 드리웁니다. 이 어두운 현실을 극복하는 것이 저와 독자들 앞에 놓인 가장 중요한 과제입니다.

말할 자유, '피디수첩'의 경우

《헌법의 풍경》은 '말할 자유'보다 '말하지 않을 권리'에 초점을 맞춘 책입니다. 거기에는 이유가 있었습니다. 김대중, 노무현 정부를 거치는 동안 우리 사회는 말할 자유 부분에서 비약적으로 성장했습니다. 그 과정을 지켜본 저는, 시민들이 말할 자유를 한번 누리고 나면 이미 흘러온 길을 돌이킬 수 없는 불가역성이 생겨서 표현의 자유에 대해서는 크게 걱정할 일이 없을 것이라 생각했습니다. 더 넓게는 민주주의 정착에도 불가역성이 있기 때문에 보수 정당이 집권하더라도 기본이 흔들릴 일은 없을 거라고 믿었습니다. 잘못 생각한 것이었습니다.

이명박 정부가 집권한 이후 정연주 한국방송(KBS) 사장 사건, 미네르바 사건 등 검찰의 무리한 기소가 이어졌고 그와 동일한 선상에서 피디수첩 사건이 터졌습니다. 다들 기억하시는 것처럼, 미국과 쇠고기 수입에 관한 협상이 계속되던 2008년 4월 29일 문화방송 피디수첩은 '긴급취재 미국산 쇠고기, 과연 광우병에서 안전한가?'라는 제목으로 우리나라 협상단 대표와 주무부처 장관의 자질 및 공직 수행 자세를 비판하는 방송을 내보냈습니다. 이 방송에는 미국산 수입 쇠고기를 먹으면 광우병에 걸릴 위험이 있고, 인간 광우병으로 사망한 예가 있으며, 우리나라 사람들이 유전적으로 광우병에 몹시 취약하다는 내용이 포함되었습니다. 우리나라 협상단의 대표를 맡았던 농림수산식품부 민동석 농업통상정책관과 농림수산식품부 정운천 장관은 이와 같은 보도가 공연히 허위 사실을 적시하여 자신들의 명예를 훼손하였다고 고소했고, 검찰은 조능희, 송일준, 김보슬, 이춘근 프로듀서와 김은희 작가 등을 기소했습니다.

검찰이 피디수첩 보도 내용 중 허위라고 판단한 것은 1) 광우병에 걸렸거나 걸렸을 가능성이 매우 높은 '다우너 소'가 불법 도축된 후 미국 전역에 유통되고 있다는 부분과 2) 아레사 빈슨이라는 미국 여성이 미국산 쇠고기를 먹고 인간 광우병에 걸려 사망하였거나, 사망하기 전 오로지 인간 광우병 의심 진단만을 받았기 때문에 인간 광우병에 걸려 사망했을 가능성이 매우 크다는 부분, 그리고 3) 우리나라 사람들이 유전적으로 광우병에 취약하여 광우병에 걸린 쇠고기를 섭취할 경우 인간 광우병에 걸릴 확률이 약 94퍼센트나 된다는 부분입니다. 검찰의 판단에 따르면 1) 다우너 소 학대 동영상은 인간 광우병과 관련이 없고, 2) 아레사 빈슨은 2008년 6월 12일 미국질병통제센터에 의해 그 사인이 인간 광우병이 아닌 것으로 최종 발표되었으며, 3) 인간 광우병 발병에는 워낙 여러 가지 원인이 복합적으로 작용하므로 하나의 유전자형만으로 발병 위험성이 높아진다거나 낮아진다고 단정적으로 말할 수 없었습니다. 따라서 위의 보도 내용은 모두 허위였습니다. 검찰과 보수 언론은 피디수첩의 보도가 '결과적으로' 사실과 달랐다는 쪽에 초점을 맞추었습니다. 일반인들도 피디수첩의 보도 내용 중에 진실이 아닌 부분이 하나라도 있다면 당연히 명예훼손죄가 성립하는 것으로 생각했습니다.

이 문제를 이해하려면 근본적으로 검찰이 프로듀서들을 왜 '허위사실 적시에 의한 명예훼손(형법 제307조 제2항)'으로 기소했는지부터 생각할 필요가 있습니다. 우리나라에서는 '허위사실'뿐만 아니라 '사실'을 적시하여 남의 명예를 훼손해도 처벌받습니다. 허위일 때는 형법 제307조 제2항에 의해서 5년 이하의 징역, 10년 이하의 자격 정지 또는 1천만 원 이하의 벌금에 처하도록 되어 있고, 진실일 때에도 형법 제307조 제1항에 의해서 2년 이하의 징역이나 금고 또는 500만 원 이하의 벌금에 처하도록 되어 있죠. 허위일 경우 처벌이 더 무겁기는 하지만, 진실이라 하더라도 얼마든지 처벌이 가능합니다. 따라서 검찰이 굳이 허위사실 적시에 의한 명예훼손으로 기소할 필요는 없었습니다. 일반 명예훼손으로 기소하면 검찰이 굳이 허위사실인지 여부를 입증해야 할 책임을 지지 않으므로 검찰의 부담도 한결 가볍습니다. 그런데도 검찰은 허위사실 적시에 의한 명예훼손으로 기소하는 쪽을 택했습니다.

여기에는 두 가지 이유가 있습니다. 첫째, '허위사실 적시에 의한 명예훼손'으로 기소함으로써 피디수첩이 거짓 보도를 했다는 이미지를 부각할 수 있습니다. 둘째, 형법 310조가 규정하고 있는 이른바 '위법성 조각사유'를 피해갈 수 있습니다. 형법 제310조는 제307조 제1항의 일반 명예훼손죄에 한해, 그 행위가 '진실한 사실로서 오로지 공공의 이익에 관한 때에는 처벌하지 않는다'는 예외를 담고 있습니다. 표현의 자유를 보호하기 위한 규정이죠. 만약 형법 제310조가 없다면 부정과 비리 폭로가 본업인 기자들은 거의 모든 기사와 관련해서 매일 검찰청에 불려 다니고 법원의 유죄 판결을 받아야 할 겁니다. 우리 형법은 진실을 보도하더라도 명예훼손으로 처벌 가능하다고 제307조 제1항에서 일단 규정한 다음, 제310조에 진실한 사실로서 오로지 공공의 이익에 관한 때에는 처벌하지 못하도록 피난처를 마련했습니다. 살인을 저지르면 일단 범죄가 성립하는 것처럼 보이지만 그 살인이 정당방위였음이 밝혀지면 처벌받지 않는 것과 똑같은 구조입니다. '오로지 공공의 이익에 관한 것'이라는 법조문은 매우 제한적으로 보이지만, 대법원은 "주요한 목적이나 동기가 공공의 이익을 위한 것이라면 부수적으로 다른 사익적 목적이나 동기가 내포되어 있더라도 무방하다."라며 그 범위를 훨씬 넓게 해석하고 있습니다.[5] 허위사실 적시로 인한 명예훼손죄의 경우에는 제310조의 피난처가 적용되지 않습니다.

검사는 프로듀서들을 처벌하기 위해 두 가지 길을 검토했을 겁니다. 첫 번째는 '허위사실 적시에 의한 명예훼손'으로 프로듀서들을 더 중하게 처벌하는 길입니다. 형법 제307조 제2항으로 기소하면 제310조의 위법성조각사유도 피해갈 수 있습니다. 그러나 이 길에는 함정이 있습니다. 피디수첩의 보도가 사실이 아닌 것으로 판명된다고 해서 바로 허위사실 적시에 의한 명예훼손이 성립되는 것은 아닙니다. 과실범을 제외하고는 모든 범죄에 요구되는 '고의'의 입증이 필요하기 때문입니다. 즉 프로듀서들을 허위사실 적시에 의한 명예훼손으로 처벌하려면 피디수첩의 보도 내용이 나중에 허위로 판명되었다는 사실뿐 아니라, 프로듀서들이 처음부터 그게 거짓이라는 것을 알면서도 그대로 밀어붙여서 거짓 보도를 했다는 사실까지 입증해야 합니다. 그런데 그것을 입증하기는 불가능합니다. 왜냐하면 프로듀서들이 적어도 보도 당시에는 자신들이 보도하는 내용이 사실이라고 믿었기 때문입니다. 1) 다우너 소의 경우 미국 정부도 광우병 위험성 때문에 도축을 금지했고 그와 같은 내용은 미국 언론에도 보도되었습니다. 2) 아레사 빈슨의 사인은 방송 당시까지는 인간 광우병일 가능성이 높은 것으로 알려졌고, 미국 질병관리센터는 방송이 나온 후인 2008년 6월 12일에야 그녀가 비타민 B1 결핍에 의한 급성 베르니케 뇌병변으로 사망했다고 발표했습니다. 3) 국내 정상인의 94.33퍼센트가 MM형(메티오닌-메티오닌형) 유전자를 가지고 있어서 인간 광우병 발생 가능성이 높다는 연구 결과도 국내 과학계에서 별다른 비판 없이 받아들여졌기 때문에 그걸 보도한 프로듀서들에게 책임을 물을 수 없습니다. 결국 아레사 빈슨의 사인처럼 일부 보도 내용이 나중에 사실과 다르다고 밝혀지더라도, 프로듀서들이 처음부터 허위사실을 보도하여 정운천, 민동석의 명예를 훼손하려는 고의를 가졌다고 보기는 어렵습니다. 허위사실인지가 아니라, 허위사실인지 알면서도 고의로 보도했는지가 핵심 쟁점이기 때문입니다. 게다가 우리 대법원은 오래전부터 "명예훼손에 있어서 적시된 사실의 내용 전체의 취지를 살펴보아 중요한 부분이 객관적인 사실과 합치되는 경우에는 그 세부에 있어 진실과 약간 차이가 나거나 다소 과장된 표현이 있다 하더라도 이를 허위의 사실로 볼 수 없다."라는 입장을 취하고 있습니다.[6] 나중에 사실이 아닌 것으로 밝혀진다고 해서 그게 처벌 대상인 '허위사실'은 아니라는 얘기입니다.

검사들 앞에 놓인 두 번째 길은 프로듀서들을 형법 제307조 제1항의 '일반 명예훼손죄'로 기소하는 것입니다. 이건 허위 여부를 아예 논할 필요가 없습니다. 민동석 대표와 정운천 장관의 명예만 훼손되었으면 유죄가 될 것 같습니다. 그러나 여기에도 문제는 남습니다. 근본적으로 민동석 대표와 정운천 장관이 시장에서 쇠고기 장사를 하는 사람이 아닌 공적인 인물이기 때문입니다. 공직자의 도덕성·청렴성이나 공적 업무가 정당하게 이루어지고 있는지는 항상 국민의 감시와 비판 대상이 되어야 합니다. 이러한 감시와 비판 기능은 악의적이거나 정당성을 현저히 잃은 공격이 아닌 한 쉽게 제한되어서는 안 됩니다.[7] 미국산 쇠고기의 안전성 문제 및 쇠고기 협상의 문제점을 지적하는 것, 충분한 검토 없이 서둘러 협상을 체결한 우리 정부를 비판하는 것은 당연히 공적인 영역에 속합니다. 결국 검사가 모은 증거가 모두 사실이라 해도 프로듀서들이 민동석 대표와 정운천 장관의 명예를 고의로 훼손하려고 이런 보도를 했다고는 볼 수 없습니다. 만에 하나 명예훼손의 고의가 인정된다고 하더라도 그 뒤에는 형법 제310조의 위법성조각사유가 기다리고 있습니다.

결국 어느 길을 택해도 무죄는 처음부터 확실했습니다. 국민의 먹을거리와 이에 대한 정부 정책의 문제에는 공공성과 사회성이 있습니다. 따라서 이를 비판하는 것은 민주주의의 가장 중요한 토대인 여론 형성과 공개 토론의 필수 요소입니다. 정부의 정책 담당자가 정책을 비판하는 언론보도를 명예훼손으로 고소한 것부터가 말도 안 되는 일입니다. 그걸 알았기 때문에 처음에 이 사건을 맡았던 임수빈 서울중앙지검 형사 2부장검사는 기소하라는 압력에 맞서 사표를 제출했습니다.[8] 보수나 진보의 문제가 아니라 형사법을 제대로 공부한 사람이라면 누구나 동일한 결론에 이를 수 있는 분명한 사안이었습니다. 법조계 일각에서는 만약 검찰이 이 사건을 기소한다면 '불가능에 도전한 사례'로 기록될 거라는 말이 나돌았습니다.

그런데도 검찰은 이런 불가능한 과제에 도전했고 제1심 법원은 이에 대해서 무죄 판결을 내렸습니다.[9] 보수 언론들은 무죄 판결을 내린 문성관 판사 개인에 대해서 "일부 법관이 아집에 사로잡혀 상식과 사리에 벗어난 판결을 하는 것은 독재 권력 이상으로 위험하다."라는 식의 독설을 퍼부었습니다.[10] 법리를 몰랐다면 무지한 언론이고, 법리를 알고도 그렇게 보도했다면 나쁜 언론입니다. 제1심에서 무죄 판결을 받은 검찰은 항소심 단계에서 '일반 명예훼손'으로 공소장을 변경하여 두 번째 길로 방향을 틀었습니다. 법원은 항소심(제2심)에서도 역시 무죄 판결을 내렸습니다.[11] 항소심은 아예 형법 제310조의 위법성조각사유까지는 가지도 않았습니다. 정부의 미국산 쇠고기 수입 협상 정책을 비판하기 위한 보도의 취지에 비추어볼 때 프로듀서들에게 민동석 대표와 정운천 장관 개인의 명예를 훼손한다는 인식 자체가 없었다고 판단한 것입니다. 그러나 놀랍게도 보수 언론들은 피디수첩이 무죄 판결을 받았다는 사실보다 항소심이 일부 사실을 허위로 판단했다는 데 주목한 보도를 내보냅니다.[12] 이미 여러 번 설명했다시피 이 사안의 핵심은 '허위'가 아니라 '고의'인데도, 보수 언론은 그렇게 의도적으로 자기 입맛에 맞는 부분만 수용하여 독자의 눈을 가리는 왜곡의 길을 선택한 것입니다.

피디수첩 사건은 대법원에서도 모두 무죄 판결을 받았습니다.[13] 엄밀하게 말하자면 항소심의 무죄 판결에 불복한 검찰의 상고를 모두 기각한 것이지요. 허위사실이 몇 개인지는 프로듀서들의 형사 사건을 담당한 대법원의 관심사가 아니었습니다. 대법원이 담당하는 상고심은 '법률심'이라고 하여 원칙적으로 판결에 영향을 끼친 헌법, 법률, 명령 또는 규칙에 관한 위반이 있는지만 판단합니다. 사실과 관련해서는 예외적으로 사형, 무기 또는 10년 이상의 징역이나 금고가 선고된 사건에 있어 중대한 사실의 오인이 판결에 영향을 끼친 때 또는 형의 양정(量定)이 심히 부당하다고 인정할 현저한 사유가 있는 때에만 상고할 수 있습니다(형사소송법 제383조). 피디수첩 사건에 대해서도 대법원은 항소심의 사실 인정을 대부분 수용한 뒤 표현의 자유를 강조했을 뿐입니다.

피디수첩 사건에 무죄가 선고된 날 대법원은 같은 방송에 정정과 반론을 요구한 다른 사건에 대해서도 전원합의체 판결을 내렸습니다. 이 건은 원고가 농림수산식품부이고 피고가 주식회사 문화방송(MBC)입니다. 똑같은 방송에 대한 재판이지만 무죄가 선고된 것은 프로듀서들 개인을 대상으로 한 형사 사건이고 전원합의체 판결은 문화방송을 상대로 한 언론중재법 사건입니다. 언론중재법 사건은 어떤 물질이 사람의 생명이나 건강에 위험한지에 관한 사실 관계가 과학적으로 완전히 밝혀지지 않은 경우에 이를 보도한 언론기관에 책임을 물을 수 있는지가 핵심 쟁점이었습니다. 대법원의 다수는 피디수첩이 과학적 사실의 진위가 아직 밝혀지지 않은 상태에서 한국인 중 약 94퍼센트가 MM형 유전자를 가지고 있어 한국인이 광우병에 걸린 쇠고기를 섭취할 경우 인간 광우병이 발병할 확률이 약 94퍼센트에 이른다고 '단정적으로' 보도한 것이 문제라고 판단했습니다. 불확실성을 내포할 수밖에 없는 과학적 연구를 다룰 때 언론은 그 연구의 가정과 전제를 잘 살펴서 신중한 자세로 보도하여야 한다는 것입니다. 이 점에서는 농림식품수산부의 손을 들어준 셈이지요. 그러나 미국산 쇠고기 수입위생조건 합의에 관한 우리 정부의 협상 태도를 비판한 부분에 대해서는 '사실'이 아니라 '의견 표명'에 속하므로 정정보도 청구의 대상이 아니라고 보았습니다. 이 점에서는 문화방송의 손을 들어준 것입니다.

정정 및 반론과 관련한 대법원 전원합의체 판결에는 박시환, 김지형, 전수안, 이인복, 이상훈, 박병대 등 무려 대법관 6명의 반대 의견이 달려 있습니다. 13명의 대법관이 7대 6으로 갈렸으니 한 표 차이로 결론이 달라진 것입니다. 반대 측은 문화방송이 "특정 유전자형만으로 인간 광우병이 발생할 확률을 예측하기 어렵기 때문에 MM형 유전자를 가진 사람이 94퍼센트라고 해서 인간 광우병이 발병할 확률이 94퍼센트라는 것은 부정확한 표현이다."라는 내용의 후속 방송을 내보냈으므로 이미 충분히 정정보도가 이루어져서 그 목적을 달성하였고, 따라서 농림식품수산부가 정정보도 청구권을 행사할 정당한 이익이 없다고 보았습니다. 소수 의견은 농림식품수산부가 벌써 받은 돈을 또 내놓으라고 청구한 꼴이라고 판단한 것이죠.

뿐만 아니라 박시환, 김지형, 전수안 대법관은 '단정적'으로 보도한 것을 문제 삼아 보도 자체를 허위로 본 다수 의견에 대해서도 반대 의견을 밝혔습니다. 연구의 한계나 불확실성에 대한 언급 없이 단순하게 사실보도를 했다는 이유로 허위라고 한다면 도대체 정정보도의 대상에서 벗어날 수 있는 보도가 얼마나 있을지 의문이라는 것입니다. 정정보도는 언론기관으로 하여금 그 자신의 입으로 자신의 보도가 허위였다고 공개적으로 시인하게 하는 것입니다. 따라서 정정보도는 그 자체가 언론의 자유를 크게 제한하고, 시청자들에게 종전에 제시한 사실이나 주장과 견해가 근거 없고 가치 없는 것이라는 인상을 강하게 심어주는 효과를 동반합니다. 세 명의 대법관은 그와 같이 취급해도 좋을 정도로 신뢰성 없는 자료에 기초하였거나 완전히 외면할 만한 가설에 따른 보도가 아닌 한 정정보도를 선불리 허용해서는 안 된다고 판단했습니다. 인간 광우병처럼 전염되는 순간 돌이킬 수 없이 소중한 생명을 앗아가는 질병이 있다면 감염위험인자라는 것이 아직 불확실하다 하더라도 이를 보도할 필요가 있습니다. 나중에 설사 그 보도가 틀린 것으로 확인되더라도 시청자들이 인간 광우병에 대한 정보를 몰라 예방할 기회조차 놓치는 끔찍한 결과보다는 훨씬 낫기 때문입니다. 표현의 자유에 대해서 깊이 생각해본 사람이라면 누구라도 세 대법관의 소수 의견에 동의할 수밖에 없습니다.

언론중재법상의 정정 및 반론과 관련해서는 복잡한 논란이 있었지만, 프로듀서들이 무죄라는 데는 형사판결에 관여한 대법관 모두가 일치된 의견을 보였습니다. 1심, 2심, 3심을 거치는 동안 어떤 부분에서도 유죄 판결이 내려진 적이 없습니다. 관여한 판사들 중 누구 한 사람도 프로듀서들의 무죄를 의심하지 않았습니다. 이 사건을 처음 담당했던 부장검사도 프로듀서들의 무죄를 확신했습니다. 오죽하면 좋은 보직을 두루 섭렵하며 잘 나가던 사람이 사표를 던지면서까지 지도

부에 항의를 표시했겠습니까? 그런데도 검찰은 프로듀서들을 기소했습니다. 시작부터 대법원의 최종 마무리까지 몇 번을 생각해도 참 이상한 기소였습니다. 그런데도 이 사건에 직·간접적으로 개입했던 검사들은 모두 영전에 영전을 거듭하고 있습니다.[14] 표현의 자유를 위해 싸웠던 프로듀서들은 무죄 판결을 받은 후에 오히려 징계 대상이 되었습니다. 조능희 책임 프로듀서와 김보슬 프로듀서는 정직 3개월, 송일준 진행자와 이춘근 프로듀서는 감봉 6개월, 시사교양국장이었던 정호식 프로듀서는 감봉 3개월의 징계를 받았습니다.[15] 물론 대법원에서 무죄 판결을 받았다고 해서 징계가 불가능한 것은 아닙니다. 그러나 대법원이 프로듀서들에게 명예훼손의 고의가 전혀 없었다고 판결한 상황에서 소속 언론사가 알아서 징계에 나선 것은 누가 봐도 이상한 일입니다.

이명박 정부를 움직이는 사람들 사이에는 '중립성' 또는 '공정성'의 간판을 걸고 표현의 자유를 제한해야 한다는 광범위한 합의가 처음부터 존재했던 것 같습니다. 거기에 적극적으로 동의하는 사람들이 MBC, KBS의 사장과 간부가 되어 구성원들의 목을 죄었습니다. 내부 구성원들은 자연히 자기 검열에 나설 수밖에 없습니다. 어지간한 용기 없이는 이런 분위기를 거스르기 힘듭니다. 언론의 자유에 헌신한 기자나 프로듀서라 하더라도 개인적으로는 매월 급여를 받으며 승진을 기대하는 평범한 생활인이기 때문입니다. 무죄가 분명해도 상관없이 기소하는 검찰, 무죄 판결을 받아도 당사자들을 징계하는 언론사가 존재하는 사회에서 표현의 자유는 빠른 속도로 위축될 수밖에 없습니다.

표현의 자유에 켜진 적신호

표현의 자유에 켜진 적신호는 단순히 신문·방송의 문제만이 아닙니다. 문화예술 분야에서는 더 기가 막히는 일도 벌어지고 있습니다. "어떡하죠 어떡해요 다시 또 사랑이 커져버리면/ 감기약이 많이 독했으면 싶어요/ 술 취한 것처럼 아주 깊은 잠이 들어야/ 새벽에 말도 없이 찾아온 헤어짐의 기억이/ 나쁜 꿈일 뿐이라고 날 속일 수 있으니……" 2011년 2월 음반심의위원회 심의에 오른 가수 지아의 노래 〈감기 때문에〉의 가사 일부분입니다. 노랫말에 들어간 '술'이라는 단어가 문제시 되었지만, 음반심의위원들은 "술을 마신 것은 아니다"라며 무해하다는 판단을 내렸습니다. 하지만 여성가족부 청소년보호위원회의 생각은 달랐습니다. 이번에는 '감기약'이 문제였습니다. 청소년보호위원회의 한 위원은 "감기약이 향정신성 의약품 아니냐"라며 안건에 올리자고 제안했습니다. 믿어지지 않지만 결국 이 노래는 술과 감기약이 모두 문제가 되어 찬성 8표, 반대 1표로 '19금' 딱지가 붙었습니다. "사람들 햄버거를 처먹으며 나를 비웃어/ 미간을 찌푸리지 마 동정은 됐고"라는 가사가 나오는 가수 일통의 노래 〈거지〉는 "신세를 너무 염세적으로 본다"라고 청소년보호위원들에게 지적받고 결국 '비속어' 사용을 이유로 유해 판정을 받았습니다. 아이돌 그룹 남녀공학이 부른 〈삐리뽐 빠리뽐〉은 무의미하게 반복되는 가사와 "개나 줘버려"라는 표현이 문제가 되어 유해 8표, 무해 2표로 유해 판정을 받았습니다. 그 과정에서 청소년보호위원들은 "우리 위원회가 건전한 노래가사로 변화시켜야 할 책임이 있다."라는 의견을 내놓았습니다.[16)]

기독교 음반이나 서적을 주로 내는 라이트하우스라는 회사의 대표가 음반심의위원장을 맡았다는 사실도 논란이 되었습니다. 《대중음악,

볼륨을 낮춰라》 등의 책을 쓴 그는 "지난 10여 년간 문화예술에 대한 표현의 자유 확대 분위기로 대중문화에 대한 여과·견제 장치가 축소되어 국내 대중가요의 퇴폐와 오염이 심화되었다."라고 믿는 사람입니다. 비도덕적이며 가치관을 왜곡하는 가요, 반항심을 부추기는 록 음악이 청소년의 우울증, 조울증, 무질서, 반항적 태도, 자유로운 성 의식을 조장한다고도 생각합니다. 이런 진단을 기초로 그는 "퇴폐적인 대중문화로 인해 정서적·정신적 어려움을 겪고 있는 청소년들에게 일정 기간 동안의 문화 금식과 성경 암송, 쉬운 클래식 음악 듣기 등이 효과가 있을 것"이라고 제안합니다.[17] 이런 내용이 담긴 2006년도 인터뷰를 보면서 저는 어떻게 이런 생각을 하는 분이 음반심의위원회의 책임자가 되었을까 하고 고개를 갸우뚱했습니다. 그런 생각을 하는 것은 얼마든지 자유고, 그런 내용의 책을 쓰는 것도 보호받아야 합니다. 그러나 그런 분이 음반 심의를 총괄하는 것은 곤란합니다. 극단적인 잣대를 지닌 사람에게 검열의 칼을 쥐여주면 어떤 음반도 '19금'이나 유해 판정을 받을 수 있습니다. 결국 2011년 8월 27일 그는 음반심의위원장직을 자진 사퇴했습니다. 한 기독교 신문에 가수 레이디가가의 공연을 언급하며 "모든 문화예술 행위는 반드시 성경(기독교)의 잣대로 심판된다. 가가는 21세기 새로운 '악마의 화신'으로 떠올랐다."라고 주장하는 칼럼을 실은 지 한 달 만의 일이었습니다.[18]

이런 사람들의 심의로 '19금'이나 유해 판정을 받은 음반은 판매에 치명적인 타격을 입습니다. 작사가, 작곡가, 가수, 제작자들은 그런 손해를 피하려고 다음부터는 술, 담배란 단어가 들어간 노래를 만들지 않게 됩니다. 자기 검열이 일상화하고 우리는 곧 모든 노래에서 술, 담배가 사라진 '깨끗한 세상'에서 살 수 있겠지요. 그런 세상을 좋아하는 분도 있겠지만 저는 그런 세상에서 살고 싶지 않습니다. 그런 세상에서 살아본 적이 있기 때문입니다.

1990년대 초반 한국 교회는 '사탄적인 대중문화와의 전쟁'을 벌였습니다. 사탄이 대중문화를 발판으로 삼아 기독교와 건전한 문화를 오염시키고 있다는 내용의 세미나가 선풍적인 인기를 끌었지요. 기독교 쪽 문화 담론을 독점했던 몇몇 '문화 선교사'들은 자살로 생을 마감한 가수들을 예로 들면서 우울한 가사가 가수의 죽음을 불러왔다고 가르쳤습니다. 우울한 노래를 듣다 보면 자살 충동을 느끼게 되고, 이별 노래를 듣다 보면 이별하기 쉽다고 했습니다. 뉴에이지, 록 음악이 사탄의 수단이라고 하다가 나중에는 CCM(동시대의 기독교 음악)도 록 음악의 강한 비트와 빠른 템포를 사용하면 역시 교회를 파괴한다고 가르쳤습니다. 그런 가르침에 완전히 동의하지는 않았더라도 제 나이 또래의 이른바 '복음주의권' 기독 청년들은 대부분 그 영향을 받았습니다. 운동권 노래를 입에 달고 살았던 저도 그 영향 때문에 이별 노래는 거의 입에 담지 않았습니다. 이별 노래를 다 빼고 나니 부를 수 있는 노래라곤 조하문의 〈내 아픔 아시는 당신께〉 정도만 남았던 시절도 있었습니다. 덕분에 정말 '긍정적이기만 한' 청년기를 보냈는지도 모르겠습니다. 그러나 우울, 예기치 못한 이별, 죽음처럼 삶에서 빠질 수 없는 고귀한 부분을 대중가요와 함께 느낄 기회를 놓쳤습니다. 저는 마흔이 넘어서야 김광석을 발견했고, 뒤늦게 하루 종일 그의 음반들을 끼고 삽니다. 지금 청소년들이 제가 겪었던 그런 '문화 실조'의 청년기를 보내지 않았으면 좋겠습니다.

음악은 누가, 언제, 어디에서, 누구와, 어떻게 듣느냐에 따라서 얼마든지 다른 결과를 낳을 수 있습니다. 올리버 스톤 감독의 베트남 참전 경험을 기록한 자전적 영화 〈플래툰〉을 보면 병사들이 텐트 속에 지하 벙커를 만들어놓고 술, 담배, 마약에 절어 음악을 들으며 춤을 추는 장면이 나옵니다. 병사들이 죽음의 공포 속에서 퇴폐적으로 자기를 파괴하며 시간을 보낸다고 해석할 수도 있는 장면입니다. 그러나 올리버 스톤 감독은 이 장면을 해설하면서 이때가 오히려 긴장을 완화하고 삶의 균형을 잡아준 순간이었다고 회고합니다. 베트남 전장에서 미군들은 베트콩과 민간인을 구분할 수 없는 상황에 자주 부딪혔습니다. 때로는 전사한 동료의 복수를 위해 눈앞의 베트남 민간인들을 모두 죽이고픈 충동에 시달렸습니다. 그런데 그런 삶의 경계선에서 음악을 들으며 자기를 이완시키고 나면 폭력성이 훨씬 줄어들었다는 것입니다. 전쟁터에서 그의 인간성을 지켜준 것은 찬송가나 클래식 음악이 아니라 도어스, 제퍼슨 에어플레인 등의 사이키델릭 록 음악과 미러클스 등의 소울 음악이었습니다. '사탄적인 대중문화'가 사람을 살린 셈이지요.

죽은 줄 알았던 국가보안법의 찬양·고무죄도 지난 몇 년 사이 다시 살아났습니다. 여기저기서 찬양·고무죄 수사와 기소가 이어지는 가운데 단연 주목을 받은 것은 수원에서 재판을 받은 황모 씨입니다. 그는 포털 사이트 다음과 네이버에 '사이버민족방위사령부'라는 카페를 개설하여 이적표현물과 동영상을 올린 혐의로 여러 차례 기소되어 처벌받았습니다. 네이버 건으로 항소심 재판을 받던 2011년 6월 30일에는 선고 이후 재판장이 퇴정하려는 순간 두 손을 치켜든 채 "위대한 김정일 장군님 만세"를 외쳐서 화제가 되었습니다. 일부 언론은 이후 이어진 그의 말을 상세히 보도했습니다. "재판을 받으면서 한번은 법정에서 북한을 찬양하고 싶었는데 선고일이 적당한 것 같아 행동에 옮긴 것뿐이다. 이런 사실이 보도되어 청소년과 후손에 알려지면 내가 자랑스러운 사람으로 남게 될 것이다. 나의 조국은 북조선이고 남한이 오히려 괴뢰정권이다. 징역 6개월을 감형받은 것도 오히려 부끄럽다."[19] 황모 씨는 이 건으로 다시 입건, 기소되었고 새로 징역 10월을 선고받았습니다.[20] 도대체 몇 번 기소되었는지 알 수 없을 정도로 많은 재판을 받고 있는 그는, 9월 5일에도 결심공판 최후 진술에서 "우리 국민의 아버지고 민족의 영웅이신 김정일 장군과 김일성 수령은 이 세상의 영원한 중심이고 제국주의자들이 아무리 뛰어도 넘을 수 없다."라고 주장한 뒤 "위대한 김정일 장군님 만세"를 외쳤습니다.[21] 이 정도면 명백히 고의로 찬양·고무를 하려 했다고 볼 수 있습니다. 당연히 황모 씨의 행동을 개탄하는 사설과 칼럼이 줄을 이었습니다.

그러나 한번만 생각해보면, 황모 씨만큼 분명하게 찬양·고무죄의 폐지 필요성을 보여주는 사람도 없습니다. 그의 주장은 굳이 홈스(Oliver Wendell Holmes) 대법관이 말한 '사상의 자유 시장(marketplace of ideas)' 같은 기초적인 이론을 가져다 변호할 필요도 없을 만큼 무의미한 것입니다. 황모 씨가 법정이 아니라 청와대 앞이나 광화문 네거리에서 "김정일 장군 만세"를 외치더라도 그냥 놓아두면 족합니다. 다 같이 한번 웃고 지나가면 되는 것이죠. 오죽하면 뉴라이트 계열의 이재교 시대정신 상임이사 같은 사람도 "자유주의의 잣대로 봤을 때 이를테면 법정에서 김정일 만세를 부르는 사람은 국가보안법으로 입건할 필요가 없다. 그냥 미친 사람인데, 뭐 하러 처벌해서 투사로 만드는가. 이것 때문에 진짜 국가보안법 적용이 꼭 필요한 경우 처벌을 못하게 될 수도 있다. 그러기 위해서도 이제 필요하지 않은 찬양·고무죄는 폐지되어야 한다."라고 주장하겠습니까.[22]

김일성 만세

한국의 언론자유의 출발은 이것을

인정하는 데 있는데
이것만 인정하면 되는데

이것을 인정하지 않는 것이 한국
언론의 자유라고 조지훈이란
시인이 우겨대니
나는 잠이 올 수밖에

시인 김수영이 〈김일성 만세〉라는 시를 쓴 것이 1960년 10월 6일입니다. 4·19 혁명이 일어나고 그나마 숨통이 조금 트인 시기였지만 그는 이 시를 발표하지 못했습니다. 그리고 50년이 흘렀습니다. 그 긴 세월이 지나도록 황모 씨 사건 같은 게 여전히 지상을 오르내린다는 것은 김수영에게 부끄러운 일입니다.

2010년 트위터에 등장한 '우리민족끼리(@uriminzok)'라는 계정의 문제도 비슷합니다. 이른바 '전문가'들에 따르면 '우리민족끼리'는 "북한이 대남 비난 성명 등이 담긴 웹사이트를 링크하는 새로운 방법으로 남측의 갈등을 야기하려는 전형적인 '남남갈등' 전술의 일환으로 개설한" 곳이랍니다. 북한이 트위터를 통해서 남측 주요 인사의 동정 및 정보를 탐색할 가능성도 높다는 게 우리 정부의 판단이기도 했습니다.[23] 통일부는 "북한 계정으로 확인될 경우 해당 계정을 통해서 댓글을 달거나 여러 형태의 의사 교환을 하면 남북교류협력법에 저촉될 소지가 있다."고 밝혔습니다.[24] 네티즌들 사이에서는 '우리민족끼리'를 팔로했다가 혹시 국가보안법 위반으로 잡혀가는 것 아니냐는 걱정도 나돌았습니다.

저는 이 소식을 듣고 바로 '우리민족끼리' 계정을 찾아가 팔로했습니다. 그 주체가 조국평화통일위원회든 어디든 북한의 목소리를 생생하게 들을 수 있다는 게 우선 신기했습니다. 그러나 단순한 호기심만은 아니었습니다. 표현의 자유와 관련해서는 탄압 그 자체보다 탄압에 대한 두려움이 늘 더 큰 문제입니다. 두려움 때문에 자기 검열을 시작하는 순간 표현의 자유는 끝장나는 것입니다. 저는 '우리민족끼리'를 팔로해도 법률적으로 전혀 문제 될 것이 없다고 생각했고, 불필요한 두려움을 깨고 싶었습니다.

그 후 벌써 1년 이상 '우리민족끼리'를 팔로하고 있지만 대부분의 시간은 그 존재를 아예 잊고 지냅니다. '우리민족끼리'가 올리는 내용이 무엇보다 재미가 없는 데다가 표현 방식이 생경해서 저에게 아무 영향을 못 끼치는 까닭입니다. 황모 씨 같은 극히 일부 사람들을 제외하고는 동시대를 살고 있는 사람들 대부분이 저와 같이 반응할 것입니다. 오히려 '우리민족끼리' 때문에 북한에 대한 거부감이 더 늘어난 것이 사실입니다. "어버이의 손길로 온 민족을 따뜻이 안아주시고 통일의 길로 손잡아 이끌어주시는 경애하는 김정일 장군님의 품이야말로 우리 민족 모두가 안겨 살 위대한 태양의 품이다." 이런 내용을 매일 보는 건 확실히 고역이니까요. 보수적인 분들은 한국전쟁 이후 시간이 너무 많이 흘러 새로운 세대가 북한의 실체를 알지 못해 큰일이라고 걱정하십니다. 저도 동의합니다. 북한의 실체를 알려주고 싶으면 '우리민족끼리'를 팔로하라고 독려하면 됩니다. 학자나 성숙한 사람이면 몰라도 중고생이 그런 글을 읽다가 큰일 나는 것 아니냐고요? 정말 별 걱정을 다 하십니다. 반공교육 교재로 이보다 좋은 것이 없습니다. 돈 한 푼 들지 않는 생생한 교육입니다. 매일 아침 교실에서 '우리민족끼리'의 글을 하나씩 읽도록 해도 괜찮겠습니다. 그 뒤에 학생들의 자유로운 토론이 이어진다면 북한식 사회주의가 이 땅에 발붙일 가능성은 완전히 사라질 겁니다. 표현의 자유는 진실을 찾아내는 가장 뛰어난 수단이기 때문입니다.

그러나 법원이나 검찰은 제 생각에 동의하는 것 같지 않습니다. 2011년 법원은 '우리민족끼리'의 이적 표현을 '리트윗'한 것이 국가보안법 위반에 해당한다는 1심 판결을 내놓았습니다.[25] 물론 리트윗만으로 무조건 찬양·고무죄가 성립하는 것은 아닙니다. 찬양·고무죄가 성립하려면 '국가의 존립·안전이나 자유민주적 기본질서를 위태롭게 한다는 정을 알면서' 그런 행위를 했다는 이른바 '지정(知情) 고의'가 요구되기 때문입니다. 이 부분을 '위태롭게 한다는 점을 알면서'의 오기로 생각하는 분들이 흔한데, 점이 아니라 정이 맞습니다. 일반적인 범죄는 미필적 고의만으로도 범죄 성립이 가능합니다. 그러나 '지정 고의'는 그것보다 훨씬 강한 정도의 인식이 있어야 범죄가 됩니다. 찬양·고무죄의 남용을 막으려고 마련한 장치인 것입니다. '우리민족끼리'의 내용을 리트윗했다가 처벌받은 분은 2009년부터 이른바 '친북 인터넷 사이트'를 만들어 활동한 사람이기 때문에, 우리나라 검찰 입장에서 보면 '국가의 존립·안전이나 자유민주적 기본질서를 위태롭게 한다는 정을 알면서' 리트윗한 것으로 해석할 가능성이 있습니다. 똑같은 글이더라도 제가 리트윗했다면 당연히 처벌되지 않습니다. 그가 어떤 사람인지에 따라서 처벌이 좌우되는 것은 죄형법정주의의 관점에서 그리 바람직한 일은 아닙니다. 찬양·고무죄를 폐지해야 할 또 다른 이유지요.

그냥 놓아두면 오히려 북한의 실상을 알리는 데 도움이 될 '우리민족끼리'를 굳이 차단하고 처벌하는 이유가 뭘까요? 우리나라 보수층 중에는 북한의 실상이 알려지는 걸 두려워하는 사람들이 있습니다. 그들은 북한의 실상이 알려지기를 원하지만 오직 그들 자신의 입을 통해서만 알려져야 한다고 여깁니다. 그들은 시민들에게 독자적인 판단력이 있다고 믿지 않습니다. 가부장제의 아버지처럼 자신에게 어린 시민들을 가르치고 지켜야 할 의무가 있다고 생각합니다. 북한을 해석하고 가르치는 권한을 독점함으로써 자신의 지위를 유지하고자 합니다. 매개 역할을 통해 권력을 유지하려는 사람들은 언제나 표현의 자유를 가장 큰 적으로 생각합니다. 자기들의 생업을 위협하기 때문이지요. 그런 매개자들의 시대를 끝장낼 때도 되었습니다.

노무현 정부가 국가보안법 폐지를 논의하던 시절, 토론에 나온 한나라당 의원들은 대부분 찬양·고무죄가 남용되었던 과거사를 인정했습니다. 그러면서도 이제는 그럴 염려가 없고 북한과 대치하는 지금 여전히 안전장치가 필요하므로 찬양·고무죄가 남아 있어야 한다고 주장했습니다. 한번 맛본 민주주의의 불가역성을 믿었던 저는 우리나라처럼 명분이 중요한 나라에서는 국가보안법의 찬양·고무죄를 그냥 놓아둔 채 사실상 사문화(死文化)시키는 것도 하나의 해결책이 될 수 있다고 생각했습니다. 사형 제도를 그대로 놓아둔 채 '사실상의 사형 폐지 국가'가 된 것처럼, 경직된 지지층을 신경 써야 하는 보수 정당의 입장을 고려해서 조문은 놓아두되 전혀 활용하지 않는 것도 방법이라고 생각했던 것입니다. 어디 가서 이런 생각을 밝힌 적은 없었지만, 돌이켜보면 얼굴이 화끈거리는 미숙한 생각이었습니다. 찬양·고무죄처럼 반민주적인 조항은 그냥 폐지해야 합니다. 이명박 정부의 지난 4년은 그런 단순한 원칙을 확인하게 해주었다는 점에서 저에게는 아주 고마운 시간이었습니다.

권리를 위한 투쟁은 멈출 수 없다

2010년 백상출판문화상이 50회를 맞이하여 과거의 수상자 몇 명에게 소감을 물었습니다. 그때 저는 "독자들이 아직도 이 책을 찾는 것이 놀랍다."고 이야기했습니다. 실제로 출간 당시에는 이 책이 이렇게 오래 팔릴 것이라고 예상하지 못했습니다. 보시다시피 이 책은 대부분 자유권에 관한 내용입니다. 형사법 교수라는 저의 한계 때문에 우리 헌법의 다음 과제라 할 경제 민주화, 복지 확대 등의 문제는 깊이 다루지 못했습니다. 마지막에 차별 금지를 살짝 거론하면서 국가인권위원회의 기능 확대를 주장했을 뿐입니다. 그런데 민주화 이후 김대중, 노무현 정부를 거치는 동안 자유권에 속하는 기본권은 빠른 속도로 신장되었습니다. 책을 쓸 당시 제가 소개한 과제 정도는 곧 현실화될 것으로 보였습니다. 그래서 이 책도 머지않아 서점에서 사라질 거라고 생각했습니다. 하지만 현실은 제 예상과 많이 달랐습니다. 이명박 정부 출범 이후 우리 헌법의 시계는 언론·출판·집회·결사의 자유라는 18세기 기본권 논의에서 한 걸음도 나아가지 못했습니다. 가끔은 1970년대로 회귀하는 것이 아닌가 싶을 정도로 퇴행적인 모습도 보였습니다. 어쩌면 이명박 정부의 최대 치적은 젊은 세대에게 기본권 침해 상황을 몸으로 체험할 기회를 제공함으로써 인권에 눈뜨도록 해준 것인지도 모르겠습니다. 덕분에 독자들이 이 책을 읽게 된 것은 저자로서 고맙지만, 법률가로서는 안타까운 일입니다.

물론 이와 같은 현실은 우리에게 중요한 교훈을 남깁니다. 기본권을 지키고자 하는 투쟁에는 끝이 없다는 것입니다. 역사상 어떤 기본권도 기득권층의 일방적 시혜로 주어지지 않았습니다. 지금 이 순간에도 누군가는 기본권을 지키기 위해 생명을 건 싸움을 하고 있습니다. 앞으로 누가 집권하든 기본권 환경이 어떻게 개선되든, 어딘가에서는 이런 싸움이 계속될 겁니다. '권리 위에 잠자는 자는 보호받지 못한다', '법의 목적은 평화이며 그 평화를 얻는 수단은 투쟁이다'라는 루돌프 폰 예링(Rudolf von Jhering)의 고전적인 명제로 돌아가는 거죠.[26] 예링이 적절하게 지적한 것처럼 노예제나 농노제의 폐지, 토지소유권이나 영업 혹은 신앙의 자유와 같은 모든 권리는 수 세기에 걸쳐서 치열하게 계속된 투쟁으로 쟁취되었습니다. 이 사실은 지금도 변함이 없습니다. 시대가 변하고 새로운 기본권이 만들어질 때에는 당연히 기득권과의 투쟁이 필요합니다. 누구나 자기 시대에 주어진 투쟁의 의무를 집니다. 한때는 투쟁의 선두에 섰던 세대도 어느 시점에 이르면 새로운 세대가 벌이는 투쟁의 대상이 됩니다. 예링의 말대로 이미 생성된 것은 새롭게 생성된 법에 의해 밀려날 수밖에 없는 까닭입니다.[27]

그러나 사람들이 각자 흩어져 오직 자신만의 권리를 위해 싸워서 얻어낼 수 있는 것은 많지 않습니다. 자기 권리만을 지키려는 개별적 투쟁만으로는 변화를 이끌어낼 동력을 만들지 못합니다. 혼자 하는 투쟁은 사람을 빨리 지치게 만듭니다. 자기 권리를 지키려는 투쟁이 중요한 출발점이기는 하지만 거기 멈춰서는 안 됩니다. 이제는 우리의 권리를 지키기 위한 '동감'과 '연대'가 필요합니다.

기본권 침해는 지금 이 순간에도 우리나라는 물론 세계 구석구석에서 일어나고 있습니다. 스탠리 코언(Stanley Cohen)이 적절히 지적한 것처럼, 이런 우울한 소식을 접할 때마다 사람들은 흔히 그 고통을 모른 척하거나 이미 알았던 사실도 미처 몰랐다는 듯이 반응합니다. 그렇게 해야 마음이 편하기 때문입니다. 계속 그런 식으로 반응하다 보면 어느 순간 피해자로 변한 자신을 발견하게 됩니다. 정규직 노동자로 살면서 비정규직 문제를 나 몰라라 하다가 갑자기 해고당할 위기에 몰리는 게 좋은 예입니다. 당연히 내가 피해자가 되었을 때 이웃도 전혀 관심을 주지 않습니다. 이런 비참한 지경에 몰리지 않으려면 기본권 침해 현장을 목격했을 때 당사자의 고통에 동감하는 습관을 갖는 것이 중요합니다.

1968년 8월 16일 베트남에서는 미군들이 어린이, 여성, 노인이 포함된 민간인 350여 명을 살해하는 '미라이 학살' 사건이 일어납니다. 평소처럼 작전 현장 상공을 비행하던 헬기 조종사 톰슨 준위는 이상한 점을 발견했습니다. 마을에 여성과 어린이로 보이는 시신이 너무 많았습니다. 저공비행으로 확인하던 도중 그는 상처를 입고 신음하는 여자를 미군 대위 한 명이 발로 몇 번 차더니 물러서서 쏘아 죽이는 장면을 목격했습니다. 당장 헬기를 착륙시킨 그는 제지하는 현장 지휘관을 뿌리치고 아직 살아 있는 마을 사람들을 병원으로 이송했습니다. 자칫하면 현장을 은폐하려는 동료들에게 살해당할 수도 있는 위험한 상황이었습니다. 그는 자신이 목격한 것을 상부에 보고했고 군법회의와 의회 청문회장에서 끝까지 자신의 증언을 고수했습니다. 농촌 출신으로서 주변 상황을 파악하는 데 영 느린 편이었던 톰슨 준위는 '문화적으로 덜떨어진 인간' 취급을 받았습니다. 그는 많이 교육받은 사람도 아니었고 평화주의자도 아니었습니다. 그저 전통적인 전쟁관에 충실한 사람이었습니다. 오히려 그랬기 때문에 그는 자신이 목격한 것을 도저히 믿을 수 없었고 뭔가 잘못되었다고 생각했습니다. 그리고 그 생각을 확인하고자 땅으로 내려갔습니다. 나중에 상관들은 순진한 그를 설득해 은폐에 동참시키려 했지만 그는 흔들리지 않았습니다.[28] 그는 피해자들의 고통에 동감했고 그들과 연대했으며 그들을 살리려는 행동을 머뭇거리지 않았습니다.

대량 해고, 김진숙의 투쟁, 희망버스로 이어지는 한진중공업 사태도

미라이 학살과 크게 다르지 않습니다. 해고 이후 새로운 직장을 찾기가 비교적 손쉬운 미국과 달리 우리나라에서 해고는 문자 그대로 살인입니다. 해고당한 노동자는 하루아침에 인생의 나락으로 떨어집니다. 그 가족도 마찬가지입니다. 그런데도 주변 사람들은 먹고살기 바빠서, 자기가 해고되지 않은 것만 해도 다행이어서, 해고와 맞서 싸우기에는 너무 무력해서 대부분 이런 상황을 모르는 척합니다. 지식인들은 이미 굳어진 시스템 아래에서 현실적인 대안을 찾을 수 없어 손을 놓습니다. 민주노총 부산지부 김진숙 지도위원은 이런 상황에서 권리를 위한 투쟁에 나섰습니다. 김진숙 자신은 이미 1986년 한진중공업의 전신인 대한조선공사의 용접공으로 일하다 해고되어 25년째 해고 노동자 신분입니다. 당연히 이번에 해고를 당한 당사자가 아닙니다. 그런데도 85호 고공 크레인에 올라가 309일을 버텼습니다. 서울을 비롯한 전국 각지에서 그를 지원하려는 사람들이 버스를 타고 영도로 달려갔습니다. 이전에는 볼 수 없었던 모습이었습니다. 톰슨 준위가 공중에서 땅의 참상을 내려다보고 헬기를 착륙시켰던 것처럼, 희망버스를 탄 사람들은 땅에서 공중의 김진숙을 올려다보고 해고의 참상을 깨달았습니다. 그리고 작지만 소중한 연대의 몸짓을 시작했습니다. 개인의 권리를 위한 투쟁을 넘어 공동체 전체의 생존을 위한 싸움이 불붙었습니다. 뭔가 잘못되었다는 것을 느꼈지만 대안을 찾을 수 없어 눈을 감았던 지식인들도 이 거대한 움직임을 보고 대안을 찾고자 나섰습니다. 한 개인이 이웃을 돕고자 나선 투쟁이 동감을 이끌어내고 거대한 연대를 만들어낸 것입니다. 이 연대는 이제 월스트리트 점거 시위를 거쳐 전 세계로 확산되고 있습니다. 잃어버린 헌법 정신을 되찾기 위한 투쟁도 새로운 국면을 맞게 된 것입니다.

이 새로운 싸움의 주인공은 바로 여러분입니다.

서장

법학과의 불화

법학자들은 법학자들대로 고고한 자신들만의 성(城)에서 혼잣말만 하며 살고, 법조인들은 법조인들대로 자기 특권 속에 안주하며 청지기의 소명을 저버리는 가운데, 우리 시민 한 사람 한 사람의 인권은 길바닥에 뒹굴게 된 것이 우리 현실입니다.

> 유구한 역사와 전통에 빛나는 우리 대한국민은 3·1운동으로 건립된 대한민국 임시 정부의 법통과 불의에 항거한 4·19 민주이념을 계승하고…… (헌법 전문)

나는 왜 법대에 갔을까?

따지고 보면 법이라고 하는 학문과 저의 관계가 처음부터 기분 좋은 출발을 했던 것은 아닙니다. 출발만 그랬던 것이 아니라, 요즘도 저와 법학의 관계는 그다지 원만한 편이 아닙니다. 책 읽고 글 쓰는 것이 좋아서 아직까지 대학을 떠나지 못하고 있지만, 저는 요즘도 가끔 '내가 도대체 어디에서부터 일이 꼬여서 법학 교수 노릇을 하게 되었을까?'라는 기막힌 질문을 스스로에게 던져보곤 합니다. 일 주일에 서너 권씩 온갖 잡다한 인문사회과학 서적들을 읽어대는 방학 동안에도 제 손은 도무지 법학 쪽으로 향하지를 않습니다. 이른바 '법학 전공'에 속하는 책은 1년에 10권도 채 읽지 않는 것 같습니다. 법학에 발을 들여놓은 지 25년이 넘었건만 여전히 법학이 체질에 안 맞는 이 사람은 도대체 어디부터 잘못되어 '법'으로 '밥'을 얻어먹게 되었을까요.

저에게 법대 진학의 동기를 처음 제공한 것은 법학에 대한 '애정'이 아니라 전두환 군사독재정권이 심어준 공포와 두려움이었습니다.

1981년, 형이 대학에 입학하면서 우리 집안은 살기 좋은 중산층 동네 성북동을 떠나 신림동으로 이사했습니다.

신림동으로 이사한 후 2년 동안은 친구들을 떠날 수 없어서, 한 시간 이상 버스 통학을 하며 성북동의 중학교를 계속 다녔습니다. 하지만 1983년, 중학교를 졸업하게 되면서는 더 이상 버틸 수가 없어, 신림동의 주소지에서 고등학교 추첨을 받게 되었지요. 제가 배정을 받은 학교는 당시 두 번째 입학생을 받은 신설 고등학교였습니다.

그 학교에서의 3년은 기합을 받는 것으로 시작되었습니다. 신입생 예비 소집일부터 엎드려뻗쳐, 원산폭격 등 화끈한 기합을 받았습니다. 아무 이유도 없는 단체기합이었는데, 그게 인근 중학교 출신의 좀 거센 아이들의 기를 꺾기 위한 것이었음을 나중에 가서야 알게 되었지요. 영문도 알지 못한 채, 그런 황당한 기합을 받고 집으로 돌아가는 저의 발걸음은 무겁기 그지없었습니다. 얼마나 충격을 받았는지 집으로 돌아오는 길까지 잃어버려 오랜 시간을 헤맸던 기억도 납니다.

제가 신문 칼럼을 비롯해서 하도 여러 번 우려먹어 이제는 꽤 유명해진 '88 비디오극장' 사건도 이 학교에 겨우 적응할 즈음에 일어난 일이었습니다. 사건의 전말은 이렇습니다.

햇살 따사로운 어느 토요일, 수업이 끝났음을 알리는 반가운 종소리가 울리자마자, 학생주임 선생님의 반갑지 않은 목소리가 방송을 통해 들려왔습니다. "전교생은 5분 안에 운동장에 집합할 것." 조금이라도 늦으면 매 타작의 '시범 케이스'가 됨을 알고 있었던 학생들은 앞다투어 운동장으로 뛰어나갔습니다. 잠시 후 특수부대 출신으로 알려진 체육선생님의 '지도' 아래, 원산폭격, 팔굽혀펴기, 땅바닥에 누워 팔다리와 고개 들고 오래 버티기, 오리걸음 등 평소 교련, 체육시간에 연마한 '각종 묘기들'이 전교생에 의해 운동장 가득 펼쳐졌지요. 조금이라도 꾀를 부리는 학생이 있으면 몽둥이를 든 선생님이 단상에서 내려와 엉덩이를 10대씩 때렸습니다. 저러다가 매 맞는 아이가 죽지나 않을까 싶을 정도로 전력을 다한 매질이었습니다. 몇 학생을 때리다가 몽둥이가 부러지자 옆에 있던 나무 버팀목을 뽑아 몽둥이 대용으로 사용하기도 했습니다. 이 모두가 역시 '시범 케이스'에 속하는 일이었습니다. 우리들이 너무 지쳐 더 이상의 가혹행위를 감당할 수 없게 되었을 무렵, 학생주임 선생님이 마이크를 잡았습니다. 부동자세로 서 있던 1,200명의 학생들은 도대체 왜 이런 '기합'을 받았는지에 대한 궁금증과 두려움을 안고, 절대 권력을 지닌 전능자의 말씀을 기다렸습니다. 마침내 이 장엄한 분위기를 뚫고 나온 선생님의 말씀은 짧고도 분명했습니다. "88 비디오극장 간 새끼들 나와!"

88 비디오? 정말이지 저는 들어본 적도 없었습니다. 알고 보니 그때 막 보급되기 시작한 야한 비디오를 틀어주는 동네 소극장 중 하나의 이름이었지요. 어쨌거나 몇몇 순진한 친구들이 뭔가에 홀린 듯 제 발로 걸어 나갔고, 뒤에 남겨진 우리는 엎드려뻗쳐 상태에서 10여 분을 더 기다려야 했습니다. 그리고 다시 마이크를 잡은 학생주임 선생님이 "자수한 놈들이 다 불었다. 빨리 나와라." 하고 또 한 번 명령하시는 순간, '혹시 친구들이 내 이름을 말했으면 어쩌나' 하는 공포가 밀려들었습니다.

이게 그날 한 번 있었던 사건은 아니었습니다. 같은 형태의 '단체기합'은 거의 매주 계속되었고, 일 주일에 몇 시간씩 들어 있는 교련 시간도 말이 수업이지 기본 틀에 있어서는 이런 '단체 기합'의 모습을 크게 벗어나지 않았습니다. 교련 수업이 끝난 후 모의 M16 총기들이 제대로 정렬되어 있지 않다는 이유로 반장들이 모두 불려가 허벅지를 야전삽으로 10대씩 얻어맞은 일도 있었습니다. 정확히 누가 잘못했는지는 문제가 되지 않았습니다. 매번 작은 잘못이 있으면 그저 다 함께 책임을 지면 그만이었습니다.

그처럼 하루하루가 폭력의 연속인 학창시절을 보냈음에도, 유독 88 비디오극장 사건이 기억에 뚜렷이 남은 이유는, "88 비디오극장 간 새끼들 나와."란 명령이 갖는 희극성 때문일 겁니다. 요즘 기준으로 보면 15세 이상 관람가 수준에도 못 미쳤을 '음란' 비디오, 그걸 보러 간 학생들과 그들을 잡겠다고 전교생을 삼청교육대 취급한 교사들, 연대책임의 탈을 쓴 획일적인 폭력 앞에 말없이 순종해야 했던 우리들……. 그 모두가 이제 가진 돈이 29만 원밖에 안 남았다는 전두환 대통령의 '지도' 아래, 전국이 병영으로 변한 암울했던 군사독재정권 시절의 일이었습니다. 그 고등학교에서 3년 동안 '폭력에 대한 두려움'은 제 삶의 일부분으로 자리 잡았습니다.

학교 끝난 후 집으로 가는 길에 이용하던 114번 시내버스는 매일 서울대학교 앞을 지나갔는데, 오후 5시를 전후해 정문 앞을 지나다 보면 일 주일에 두세 번은 격렬한 학생 시위가 벌어지고 있었습니다. 중무장을 한 채 최루탄을 날리는 전경들을 향해 저 멀리에서 돌을 던지는 학생들의 처절한 모습은, 쓰러질 가능성이 전혀 없는 골리앗을 향해 돌을 던지는 다윗을 연상시키곤 했지요. 환한 대낮인데도 늘 하늘이 잿빛으로 보이던 시절이었습니다.

날마다 눈앞에서 벌어지는 이런 전투 상황을 이해하는 데는 중학교 때부터 헌책방에서 500원씩 주고 구입해 읽던 〈신동아〉, 〈월간조선〉 같은 잡지들이 그런대로 도움이 되었습니다. 당시 〈신동아〉, 〈월간조선〉의 주요 기사들은 대부분 한 시절 지나간 유신 시대의 정치권 뒷이야기들로 채워져 있었지요. 박정희 시대나 80년대 초반이나 별로 달라진 것이 없는 상황에서 기자들은 이전 시대의 숨겨진 이야기들을 폭로함으로써 검열 아래에서 제대로 쓰지 못하는 자기 시대의 이야기들을 간접적으로나마 전달하려 했던 것 같습니다. 날마다 벌어지는 시위에 대해 신문들은 침묵했지만, 집에 가면 형을 통해서 그날 제가 보았던 시위의 배경을 전해 들을 수 있었습니다.

그런 일상을 보내며, 학교에서 날마다 겪고 있는 폭력과 하교 길에 목격하는 폭력이 결코 무관한 것이 아니라는 생각을 하게 되었습니다. 폭력은 이미 사회 전체를 지배하고 있었습니다. 대학에 가봐야 폭력으로부터 자유로운 세상을 만날 수 없으리라는 자각은 탈출을 향한 저의 희망을 완전히 빼앗아가버렸습니다. 저의 소년 시절을 꽉 붙잡고 있던 박경리, 박완서, 황석영, 이호철, 조세희 등의 뛰어난 스승들도 '인간 세상은 어차피 그런 것이고 대학 이후의 인생도 역시 절망적이리라'는 저의 비관주의를 더욱 강화시켰습니다.

하기야 사회에 대한 저의 이런 부정적인 생각이 고등학교 때 처음 형성된 것은 아니었습니다. 책 읽기를 좋아하시던 어머니 덕분에 학교에서 빌려온 책들로 넘쳐나던 우리 집은 어려서부터 이런 비관적 세계관의 산실이었습니다. 초등학교 6학년 때 이미, 나치 독일에 대항하다 목숨을 잃은 세계적 신학자 디트리히 본회퍼(Dietrich Bonhoeffer, 1906~1945) 목사의 최후에 관한 기록 《죽음 앞에서》를 읽고 그 양반을 가장 존경하는 인물로 꼽고 있었으니 지금 생각해도 조숙함이 좀 지나쳤지요. 초등학교 시절 섭렵한 이이녕의 《일제 36년》, 이영신의 《광복 20년》 같은 십여 권짜리 시리즈물들은 저에게 역사 입문서 역할을 톡톡히 해냈습니다. 고등학교 때는 《해방전후사의 인식》이나 김남식의 《남로당 연구》 같은 한국 근현대사 관련 책들의 영향을 많이 받았습니다. 서울대 근처의 사회과학 서점들에서는 황석영이 쓴 광주민주항쟁 기록 《죽음을 넘어 시대의 어둠을 넘어》 같은 따끈따끈한 금서들도 어렵지 않게 구할 수 있었습니다. 주로 그런 책들만 읽다 보니 그렇지 않아도 최루탄 연기 속에 잿빛으로 보이던 하늘은 날이 갈수록 더 어두워져만 갔습니다.

직·간접의 폭력에 대한 두려움과 절망 속에서 막연하게나마 '이웃을 위한 삶을 살자'고 결심하게 된 것은 아마도 기독교의 영향이 컸을 겁니다. 푹 빠져 지내던 복음서 속의 예수는 저에게 계속 "나를 따르라"고 속삭이고 있었습니다. 그러나 마음 한편에서는 사회적 약자들의 편에 섰다가 받게 될 불이익에 대한 두려움이 사라지지 않았습니다. 선생님들의 별것 아닌 폭력 앞에서도 벌벌 떠는 제가 그보다 더한 폭력 앞에서 어떤 반응을 보일지는 불을 보듯 뻔한 일이었습니다.

그즈음 제 눈에 들어온 것이 〈동아일보〉에 연재되던 '법에 사는 사람들'이란 흥미로운 기획 기사였습니다. 동아일보의 젊은 기자들(이영근, 김충식, 황호택)이 김병로, 김홍섭, 홍남순, 방순원, 안병찬, 효봉, 이병린 등 한국 현대사에 뚜렷한 족적을 남긴 법률가들의 삶을 정리한 연재 기사는 나중에 같은 제목의 책으로도 묶여 나왔지요. 모두가 감동적인 이야기들이었지만, 특별히 신앙과 법률 사이에서 평생 고뇌했던 김홍섭 판사의 생애와 사람 목숨이 파리 목숨 취급받던 시절에 시범 케이스가 될 탈영병 곰보 청년의 형량을 깎고자 노력한 홍남순 변호사의 군법무관 시절 이야기가 저의 뇌리에 깊이 새겨졌습니다.

그 시리즈를 읽고 나니 고통받는 약자들을 위해 목소리를 높이면서도 최소한 자기가 감옥에 가는 것은 피할 수 있는 변호사라는 직업만 갖게 되면, 저의 두려움의 원천이었던 '시범 케이스'와 '연대 책임'의 망령으로부터 벗어날 수 있을 것만 같았습니다. 아무리 착하게 살려고 노력해도 도무지 벗어날 수 없었던 '사랑의 매'로부터도 자유를 얻을 수 있을 것 같았습니다. 그만큼 '최소한의 자기 방어 능력'에 대한 저의 갈구는 절박했습니다. 결국 학교 폭력, 권위주의적 사회 분위기, 폭력으로 점철된 역사가 저를 법률가의 길로 인도한 셈이지요. 제가 전두환 씨에게 감사(?)해야 할 부분이 아닌가 싶습니다. "온 세상 잘못이 다 전두환 대통령 탓이란 말이냐."라는 식의 비판을 받을 수 있음에도 불구하고, 저는 이 모든 일의 근원에 전두환으로 상징되는 권위주의와 독재의 유령이 자리 잡고 있었다고 믿습니다.

일단 변호사가 되어야겠다고 결심한 것까지는 좋았는데, 이때부터 저는 법률가의 길이라고 하는 '생존을 위한 현실적 목표'와 읽고 싶은 책이라고 하는 '오늘의 즐거움' 사이에서 끝없는 갈등에 빠지게 됩니다. 법대에 가려면 공부를 열심히 해야 한다는 당위를 애써 무시한 채, 읽고 싶은 책에 빠져 즐거운 시간을 보내다 보니 학교 성적은 뚝뚝 떨어져만 갔습니다. 1에서 2로, 2에서 3으로 한 단계 한 단계 전교 석차가 밀려나간 것도 문제였지만, 눈앞의 성적 하락보다 더 큰 문제는 고등학교 3학년이 되도록 《종합영어》니 《정석수학》이니 하는 입시 필독서들을 단 한 번도 끝까지 공부한 적 없는 저의 한심한 기초 실력이었습니다. 고3 기간 내내 시달렸던 '읽고 싶은 책'과 '읽어야 할 책'들 사이의 딜레마는 법률가로서 제 삶에 대한 일종의 예고편이었던 셈입니다. 그때 '읽고 싶은 책' 쪽 전공으로 제 진로를 선택해야 했던 게 아닌가 하는 후회도 없지 않지만, 지금은 그것도 제 운명으로 받아들이고 있습니다. 마지막 순간에 사학, 인류학, 사회학 대신 법학을 선택한 것은, 늘 경계선에 서 있지만 결정적인 순간에 가면 꿈이나 이상 대신 현실을 택하는 저의 부끄러운 성향을 그대로 보여준 것이기도 했습니다.

당신들의 법학

겨우 입학한 법과대학 1, 2학년 시절은 암울한 사회 상황에도 불구하고, 읽고 싶은 책을 마음대로 읽을 수 있다는 점에서 낙원과 같았습니다. 중앙도서관 2층의 개가식 열람실에서 이 책 저 책 뽑아 읽다 보면 날이 금방 저물어버리곤 했지요. 대학 2학년 때 거듭 계속되었던 시험 거부의 열풍도 저에게 충분한 독서 시간을 제공해주었습니다. 시험이라고는 제대로 쳐본 적이 없는 1년을 보내고 나니 비록 학점은 인생에 충분한 지장을 줄 정도로 바닥을 쳤지만, 생각하고 책 읽을 시간이 확보된 것은 큰 기쁨이었습니다. 비슷한 시기, 많은 친구들이 이념 서클에 가입하는 것을 보면서도, 《해전사(해방전후사의 인식)》나 《아미자(아무도 미워하지 않는 자의 죽음)》 등의 입문서들을 일찌감치 읽어치웠다는 근거 없는 우월의식 때문에 그쪽으로 발걸음을 돌리지 못했습니다. 여전히 문학, 역사, 신학을 중심으로 잡식성 독서를 계속하는 중에, 그나마 법학과 관련 있어 보이는 재미있는 책들을 발견한 것이 《사형수 오휘웅 이야기》와 《고문과 조작의 기술자들》이었습니다. 지금은 극우파의 상징처럼 되어버린 조갑제 기자가 우리 법 현실의 일부인 고문을 깊이 있게 고찰한 이 두 권의 논픽션은, 저자가 나중에 보여준 눈에 띄는 입장 변화에도 불구하고 여전히 법률가들이 필독해야 할 훌륭한 책임이 틀림없습니다.

대학 시절 내내 일부러 찾아가며 수강했던 역사학 과목들에서는 발군의 실력을 발휘한 데 반해서, 법학 과목들에서는 그럭저럭 참아줄 수 있는 성적만을 유지했습니다. 초등학교 때 아버지께서 심심풀이삼아 가르쳐주셨던 《천자문》 덕분에 한자로 인한 어려움을 겪지 않았던 것은 그나마 저에게 다행이었습니다. '은, 는, 이, 가' 등의 조사를 빼면 대부분의 용어가 한자어였던 교과서 때문에 어려움을 겪는 친구들이 많았던 시절이었지요. 한국말로 쓰이긴 했어도 실제로는 외국어에 가까웠던 법학 교과서들은 학년이 올라갈수록 저를 숨가쁘게 했습니다. 독일어, 일본어를 그대로 번역한 용어들, 겉은 한국말로 보이지만 실제로는 국어사전과 상관없는 의미를 가지고 있거나 아예 국어사전에도 등장하지 않는 수많은 단어들의 홍수 속에서 저는 여러 번 머리의 한계를 느끼지 않을 수 없었습니다. 예를 들면 이런 것이었습니다. 거의 모든 법학도들이 빠짐없이 읽고 있던 서울대 어느 교수의 민법총칙 교과서에는 '선의'와 '악의'를 다음과 같이 설명해놓았습니다. '善意라 함은 어떤 事情을 알지 못하는 것이고, 惡意는 이를 알고 있는 것이다.' 우리 법전은 이와 같은 낱말 뜻에 따라 어떤 사정을 알지 못하는 사람을 '선의의 제3자'라고 부릅니다. 그런데 이 뜻은 우리가 일반적으로 사용하는 선의, 악의와는 전혀 다른 것이지요. 우리가 보통 사용하는 '선의'란 남을 위하는 마음, 남을 좋게 보는 마음을 뜻하고, '악의'란 남을 해치려는 나쁜 마음을 뜻합니다. 일반인들 중에 '악의'를 '어떤 사정을 알고 있는 것'으로 이해하고 사용하는 사람은 없습니다.

더 재미있는 것은 대부분의 사람들이 이해하는 의미와 다른 뜻으로 풀이한 후, 저자가 붙인 설명이었습니다. '이는 대단히 많이 그리고 자주 쓰이는 用語이나, 위와 같이 通俗的인 뜻(害意의 有無)과 일치하지 않음을 주의하여야 한다.' 저는 이 부분을 읽고 웃지 않을 수 없었습니다. '통속적'이란 말을 국어사전에서 찾아보면 '대중의 세속적이고 천박한 취향에 붙좇아 고상한 예술성이 부족한' 이라고 풀이되어 있습니다. 이 책에 따르면, 우리가 선의, 악의 등의 말을 일반적인 용례에 따라 '착한 마음, 나쁜 마음'으로 사용하면 '대중의 세속적이고 천박한 취향에 붙좇아 고상한 예술성이 부족하게' 단어를 이해하는 것이 됩니다. 그야말로 본말이 전도된 것이지요.

잘못은 그 교수에게 있는 것이 아니라 처음에 선의 또는 악의라는 말을 우리의 일상 언어와 다른 의미로 법전에 도입한 사람들에게 있습니다. 그냥 '선의의 제3자'를 '어떤 사정을 알지 못하는 제3자'라고 썼으면 충분했을 것을, 고상한 척 하느라고 우리말 뜻과는 다른 엉뚱한 용례를 만들어낸 게 문제인 것입니다. 어려운 법전, 어려운 교과서를 만들어놓고, 그걸 자기들 나름대로 이해하며 "일반적으로는 선의를 착한 마음이라고 이해하지만, 법률 용어에서 선의는 어떤 사정을 알지 못하는 것을 의미합니다."라고 억지 부리는 것은 그 자체로 폭력입니다. 하지만 이미 선의, 악의 같은 단어들은 돌이키기 어려울 정도로 법률가들의 세계에 깊이 자리 잡았고, 결국은 국어사전마저도 '법률적으로는 어떤 사실을 모르고 한 일'이라는 새로운 낱말 뜻을 추가하기에 이르렀지요.

일반인들과 다른 언어를 사용하는 것은 법률가들이 자신들만의 세상에서 고유한 특권을 누리는 출발점입니다. 법률가들은 일반인들이 모르는 언어로 가득 찬 법전 해석 권한을 독점함으로써 권력을 누리게 됩니다. 언어가 쳐준 장벽 덕분에 보통 사람들의 진입이 차단됨으로써 법률가들의 기득권이 보호받게 되는 것입니다. 남들이 이해할 수 없는 신성한 언어로 치장된 경전을 만들고, 사제들이 그에 대한 해석 능력을 독점함으로써 권력을 장악하는 구조는 저에게 매우 익숙한 것이었습니다. 교회에서 설교자들이 하나님과 평신도 사이를 중개하며, 성서 해석 권한을 독점하는 것과 똑같은 모습이었기 때문입니다.

고어(古語)로 가득 찬 개역판 성경은 한국 교회 목사님들의 권위를 유지하는 가장 중요한 수단입니다. 당장 《신약성경》을 펴자마자 나오는 첫 구절 '아브라함과 다윗의 자손 예수 그리스도의 세계라'를 생각해보십시오. 이 구절은 온 세상이 예수님의 것(世界)이라는 선언으로 오해되기 십상입니다. 그래서 목사님들은 꼭 이 구절에 대해서 "여기서 말하는 세계는 우리 사는 세상을 말하는 것이 아니라 족보[世系]를 말하는 것입니다."라는 해석을 덧붙이곤 했지요. 웃기는 일이 아닐 수 없습니다. '아브라함과 다윗의 자손 예수 그리스도의 족보(또는 계보)다.' 라고 쉽게 고쳐 적은 새로운 성경 번역본을 교회에서 사용하면 될 것을, 굳이 어려운 옛 성경을 고집하려는 목사님들의 태도는 알다가도 모를 일이었습니다. 지난 세월 자신들에게 익숙하다는 이유로 어려운 법전과 교과서를 고집한 법률가들의 태도도 이와 비슷하게 웃기는 일이었습니다. 다행히 이런 희극의 시대는 목회자와 법률가의 세대 교체가 이루어지면서 서서히 막을 내리는 중입니다.

법대 초년생이었던 우리들은 선의, 악의 같은 새로운 단어 뜻에 낄낄거리며 익숙해져 가는 동안, 자신도 모르는 사이에 일반 시민들과 유리된 새로운 세계로 입문하게 되었습니다. 법학이 어렵다는 우리들에게 선배들은 '열심히 읽다보면 리갈 마인드(Legal Mind)가 생겨서 한결 쉬워질 것'이라고 조언해주었지요. 정말로 열심히 읽다 보니 그 어려운 책도 별로 어렵지 않게 느껴졌을 뿐 아니라 '인과적 행위론, 목적적 행위론, 구성요건, 위법성조각사유, 위법성조각사유의 객관적 전제사실에 관한 착오' 같은 외계 언어 비슷한 말들도 제 입에서 술술 흘러나오게 되었습니다. 어려서부터 교회를 열심히 다니며 "흠향하여 주시옵소서."와 같이 교회에서만 사용하는 독특한 중세 언어들에 익숙했던 것이 법학 공부에 큰 도움이 된 것도 사실입니다. 그러나 그럭저럭 이 새로운 세계에 익숙해져 가면서도 이 학문 세계가 뭔가 잘못되어 있다는 생각은 사라지지 않았습니다. '신문과 소설에서 사용되는 일상 언어와 수준이 전혀 다른 언어를 사용해야지만 학문이 가능한 것일까?' 하는 의문도 생겼습니다.

그 시절, 고려대학교 법과대학은 대부분 그 대학에서 학사와 석사를 마치고 박사 과정까지 수료한 후 유학을 떠나 독일에서 박사학위를 취득한, 문자 그대로 동일 유전자를 지닌(homogeneous) 교수진을 갖추고 있었습니다. 독일에서 공부하고 돌아와 독일어 원서들을 읽어가며 논문을 쓰는 것에 강한 자부심을 지닌 교수님들 중에는 일본 책들을 베끼는 다른 학교 교수님들에 대해 노골적인 경멸을 표시하시는 분도 없지 않았지요. 엉터리 독일어 실력으로 책을 쓰는 다른 학자들에 대한 조롱도 많이 들었습니다. 그런 모습을 볼 때마다 저는 '일본 책을 베끼는 것과 독일 책을 베끼는 것 사이에 무슨 차이가 있을까?'라는 의문을 떨쳐버릴 수 없었습니다. 독일 이론을 일본 사람들이 수입하여 일본화한 것을 우리가 베끼는 것보다 독일 이론을 직수입하는 것이 왜곡의 가능성을 줄인다는 점에서는 분명히 의미가 있겠으나, 어차피 남의 나라 이론을 우리나라에 뜯어 맞춘다는 점에서는 별 차이가 없어 보였습니다. 그 우수한 선생님들께서 기껏 "이 독일어의 원래 뜻은 이러이러한 것인데, ○○○ 교수는 기본 독일어 실력이 안 되어서 이걸 저러저러하게밖에 번역을 못 한다."는 식의 지적이나 하는 것도 썩 보기 좋지는 않았습니다. 어느 나라 이론을 베꼈든, 제대로 베꼈든 엉터리로 베꼈든, 어차피 우리나라 법학자들의 머리에서 나온 이론이라고는 찾아볼 수가 없었습니다.

독일 학자들은 자기네 학설 전통을 죽 따라가다가 마지막에는 반드시 자기 머리에서 나온 생각으로 논문을 마무리합니다. 그 정도라도 자기 생각이 들어가야 자기 논문, 자기 이론이 될 수 있기 때문이지요. 그러나 우리나라에서는 독일 학자들의 생각을 죽 따라가다가 마지막에도 독일 학자의 의견으로 끝을 맺습니다. 마지막 결론 부분을 장식하는 독일 이론의 주창자는 우리나라 저자들이 독일에 가서 직접 배운 논문 지도교수인 경우가 많습니다. 학문을 연구하는 데 쓰는 시간의 거의 전부가 외국 문헌을 읽고 해석하는 능력을 키우는 데 소모되는 현실도 안타까웠습니다. 건방지기 이를 데 없는 생각이었지만, 그런 선생님들의 모습들을 보면서 '법학자는 되지 말자'고 마음먹었습니다. 새벽 일찍 학교에 올라가 줄넘기를 하고 있으면 그 시간에 벌써 가방 하나를 옆에 끼고 출근하시던 김일수 교수님의 성실한 태도나, 날카로운 분석으로 우리 현실을 비판하시던 배종대 교수님의 모습에 매력을 느끼기는 했으나, 그분들의 뒤를 이어 학자가 된다는 것은 제 능력 밖의 일이라 생각하고 일찌감치 포기했습니다.

법학 교수가 되기까지

법학과의 껄끄러운 관계에도 불구하고, 대학 3학년 때부터는 본격적으로 사법시험 준비를 시작했습니다. 그때부터는 하루하루가 중앙도서관 2층으로 내려가지 않기 위한 힘겨운 싸움의 연속이었습니다. 읽고 싶은 책들이 쌓여 있던 그곳에 가면 그날 하루가 그냥 깨져버렸기 때문입니다. 그 힘겨운 싸움 끝에 4학년 때 응시한 1차 시험에서는 한 문제 차이로 낙방했습니다. 시험에 떨어지고 나자 '처음부터 인연이 아니었던 공부를 시작했다'는 후회가 밀려왔습니다. 많은 친구들이 졸업을 앞두고 시간을 벌기 위해 대학원에 진학했지만 저는 그것도 안 했습니다. 재미없는 법학 공부로 평생을 허비하고 싶지 않았기 때문이었습니다. 결국 졸업 후에도 사법시험 준비를 계속하되, 입영 영장이 나올 때까지만 해보고 그만두기로 마음먹었습니다. 다행히 대학을 졸업한 그 해 1차 시험에 합격하여 입영을 1년 연기했고, 1991년에 마지막으로 2차 시험에 응시할 수 있었지요. 2차 시험에 불합격하면 바로 그 달에 군에 들어가도록 영장이 나와 있었지만 마음은 홀가분했습니다. 어차피 마지막 시험에 떨어지고 나면 재미없는 법학과는 영원히 이별이었습니다.

부모님께도 말씀드렸습니다. "제가 그동안 나름대로 최선을 다했다는 것 아시지요? 이번 시험에 떨어지면 하나님의 뜻으로 알고 사법시험과는 인연을 끊겠습니다. 사법시험과 인연을 끊을 뿐 아니라 법학 근처로 얼굴도 돌리지 않겠습니다. 법학은 이제 정말 지겹습니다. 시험 떨어지면 군대 다녀온 후 미국이나 영국으로 가서 고고학을 공부하고 싶습니다." 아버지께서는 "우리 집에 누가 너보고 억지로 법학 공부하라고 한 사람이 있었느냐."라고 말씀하시며 그저 허허 웃으셨습니다. 그때가 스물네 살이었으니 군대 갔다 와서 새로운 공부를 시작해도 그리 늦은 나이는 아니었습니다. 무엇보다 법학 아닌 다른 인문사회 분야를 공부한다면 뭘 하더라도 잘할 자신이 있었습니다. 그렇게 막 법학을 떠나려던 그 해 가을 사법시험 합격 소식을 듣게 되었지요. 제 수준에서 믿어지지 않을 정도로 좋은 성적도 선물로 뒤따라왔습니다.

사법시험에만 합격하면 지겨운 법률 관련 시험과는 이별인 줄 알았건만, 사법연수원에서 지낸 2년은 사법시험보다 더 살벌한 시험의 연속이었습니다. 시험에는 도가 튼 291명 시험 전문 '선수'들의 경쟁에서 제가 낄 자리를 찾기란 쉽지 않았습니다. 그나마 몇 줄이라도 저의 의견을 적어 넣을 수 있었던 사법시험 2차와는 달리, 사법연수원의 시험은 늘 정답을 요구했습니다. 실무자들을 양성하는 기관이었으니 당연한 일이었을 겁니다. 그러나 '서울 관악구'만 정답이고, '서울시 관악구' 또는 '서울특별시 관악구'라고 쓰면 1점을 깎는 시험은 정말 저로서는 버티기 힘든 평가방식이었습니다. 판결문도, 공소장도, 심지어는 변론 요지서도 모두 정답이 정해져 있었습니다. 그 정답은 바로 우리 대법원의 입장을 말하는 것이었지요. 판결문을 쓰는 형식도 선배 판사들이 써온 양식을 그대로 따라가야 했습니다. 자기 논리 대신 남(대법원)의 논리를 빌려 정답을 적어야 하는 시험 제도는, 그렇지 않아도 도망갈 구멍을 찾던 저에게 좋은 변명거리를 제공해주었습니다. 워낙에 변호사 지망이었으므로 별로 거리낄 것도 없었습니다. 결국 첫 번째 여름휴가가 시작되기 전에 "우리는 변호사가 될 사람들이므로 공부는 안 한다."라는 소수파에 합류하게 되었지요. 덕분에 남은 연수원 생활은 책도 읽고, 음악도 듣고, 선교단체 후배들과 성경 공부도 하며 즐거운 시간을 보낼 수 있었습니다.

사법연수원을 수료한 후, 군법무관을 거쳐 잠깐 동안 머물렀던 검찰 조직은 '역시 체질상 법하고는 잘 안 맞더라'는 제 판단에 결정적인 확신을 주었습니다. 다른 검사들이었다면 별것 아닐 수 있었던 작은 사건들이, 저에게는 도저히 숨을 쉬기가 힘들 정도로 큰 고통이 되었습니다. 마침 공부 잘하는 아내는 미국에서 돈을 벌어가며 공부하는 중이었고 딸아이를 돌봐줄 마땅한 사람을 찾기도 어려웠던 시기였습니다. 아내는 '내가 벌어서 먹여살려줄 테니 하기 싫은 일이라면 언제든지 그만두고 하고 싶은 걸 하라'며 용기를 주었습니다. 변호사 자격증을 통해 저의 안전을 확보해야 할 정도로 살벌한 시대도 어느덧 막을 내리고 있었습니다. 이런저런 계산을 해보다 '옳다구나, 이참에 아예 법조계를 떠나자'는 깜찍한 생각이 제 머리를 때렸습니다.

검찰청의 다른 사람들이 볼 때에야 어느 모로 보나 미친 짓이었지만,

사표를 내고 미국행 비행기를 타는 저의 마음은 새털처럼 가벼웠습니다. 다시는 뒤를 돌아보고 싶지 않았습니다. 검사를 그만두고 미국으로 가서 처음 두 해 동안은 문자 그대로 가사를 전담하는 주부 생활을 했습니다. 그 두 해 동안 저의 생활은 여느 가정주부와 크게 다르지 않았습니다. 아침에 일찍 일어나 식사를 준비했고, 낮에는 설거지하고, 청소하고, 빨래하고, 시장 보고, 딸아이를 돌보았습니다. 퇴근시간이 되면 차를 몰고 아내가 일하는 연구소로 가서 아내를 태우고 돌아왔습니다. 딸아이가 유치원에 다니기 시작하면서부터는 매일 서너 시간의 여유가 생겼고, 이렇게 얻은 시간은 주로 우리나라에서 쉽게 접할 수 없었던 홀로코스트(Holocaust) 관련 서적들을 읽는 데 썼습니다. 공공 도서관에서 비디오도 어지간히 많이 빌려 보았습니다. 다큐멘터리, 멜로, 전쟁, 서부, 공상과학, 심지어는 에로 영화에 이르기까지 닥치는 대로 섭렵했습니다. 비록 저의 공적 생애에 있어서는 그 두 해가 분명한 공백으로 남아 있지만 그때의 경험은 제 삶의 아주 중요한 자양분이 되었습니다. 1998년, 아내가 미국 연방교육부 연구비로 운영되는 연구소의 연구원이 되면서부터는 학비와 생활비 걱정에서 완전히 벗어나 한결 여유 있는 생활도 가능해졌습니다.

그런데 그런 만족스러운 하루하루에도 불구하고 한참을 놀고 나니 슬슬 불안감이 밀려들기 시작했습니다. 아내는 차근차근 자기 길을 닦아가고 있는데 나는 과연 앞으로 뭘 하고 살아야 할지 걱정스러웠습니다. 한국으로 돌아가도 그냥 변호사로 살고 싶지는 않았습니다. 무엇보다도 의뢰인들에게 구체적으로 돈을 요구하고 그 돈을 받아가며 살 자신이 없었습니다. 그렇다고 변호사 아닌 자격증이나 학위가 있는 것도 아니니 다른 생업을 찾을 방법도 없었습니다. 역사학이나 신학, 사회복지 같은 진짜 관심 있는 분야에서 새로 공부를 시작하고 싶은 마음도 없지 않았지만, 그럴 경우 아무리 적게 잡아도 10년은 새로 공부해야 할 것으로 보였습니다. 책 읽기를 좋아하고 다른 분야 책을 많이 읽었다고 해도, 결국 제 손에 남겨진 것은 그렇게 싫어하던 법학 분야의 학사학위와 변호사 자격증뿐이었습니다. 배운 게 도둑질이라고, 고민 끝에 미국 로스쿨의 문을 두드리게 되었고, 1999년 여름 가족을 캔자스에 남겨둔 채 뉴욕 주 북부에 있는 코넬 대학교 법과대학원에 진학했습니다.

코넬에서는 헌법, 증거법, 사회보장법, 국제인권법, 노동법 등 평소 관심 있던 과목들을 폭넓게 공부했습니다. 미국 유학하는 한국 법률가들은 대개 경제법, 상법, 국제거래법 등 돈 되는 과목들을 공부하는 것이 보통인데, 그 분위기와는 완전히 역행하는 과목 선택이었습니다. 하지만 저로서는 도저히 돈 되는 쪽 과목들을 수강해낼 자신이 없었으므로 다른 선택의 여지가 없었지요. 한번 궤도를 이탈해보고 나니 '남과 다르게 사는 자유'를 알게 되었고, 그 자유에 기초한 선택은 이전보다 훨씬 더 수월했습니다. 마침내 좀 거칠더라도 '읽어야 할 책' 대신 '읽고 싶은 책'을 읽는 길을 걷기 시작한 것이었습니다.

미국 법과대학원의 수업은 여러모로 인상적이었습니다. 이미 널리 알려져 있다시피 그곳의 수업은 교수가 일방적으로 강의하고 학생들이 그걸 받아 적어 암기하는 식으로 진행되지 않습니다. 학생들은 미리 공지된 교과서의 판결들을 읽고 충분히 이해한 다음 수업에 들어가야 합니다. 교수들은 그 판결들을 중심으로 학생들과 묻고 대답하고 토론하며 수업을 진행하지요. 학생들의 대답에 따라 강의 방향은 얼마든지 달라질 수 있습니다.

특히 '수정헌법 제1조(표현, 종교의 자유를 규정한 미국 헌법 조항)'를 가르치던 스티븐 시프린(Steven H. Shiffrin) 교수는 이와 같은 수업을 능수능란하게 이끄는 노련한 싸움꾼이었습니다. 표현의 자유와 관련된 다양한 관점을 학생들에게 가르치기 위해 그는 언제든지 자신의 입장을 바꾸었습니다. 질문을 받은 학생이 진보적인 입장에 서면 쉬프린 교수는 보수적인 관점에서 학생의 의견을 반박해 들어갔습니다. 학생이 보수적인 입장에 서면 쉬프린 교수는 눈 하나 깜짝하지 않고 진보파로 입장을 선회했습니다. 질문하고 답하고, 또 질문하고 답하고 하다 보면 궁지에 몰린 학생은 온갖 희한한 이론을 만들어내게 됩니다. 말도 안 되는 자기 논리에 어색한 웃음을 짓던 학생은 다음 시간에 교수를 공략하기 위해 더욱 날카로운 칼을 준비합니다. 그러나 논쟁은 대개의 경우 쉬프린 교수의 승리로 끝나곤 했습니다. 수십 년 동안 그런 학생들만 전문적으로 다뤄온 교수는 어떤 답변에서도 허점을 찾아낼 수 있었습니다.

한 학기 내내 그렇게 질문과 대답이 오가다 보면, 학생들은 나름대로 자기 관점의 약점과 강점을 알게 됩니다. 학기 초에는 아주 진보적이던 학생이 학기 말쯤 되면 입장을 바꾸기도 하고, 그 반대의 경우도 생깁니다. 나중에는 교수가 학생에게 "자네 언제 민주당에서 공화당으로 귀순했나?" 같은 농담도 건네게 되었습니다. 학기가 끝날 때쯤에는 자신이 읽어야 할 판례들뿐만 아니라 유럽의 비슷한 사례들을 찾아와서 교수의 뒤통수를 치는 우수한 학생들도 간간이 눈에 띄었습니다. 제가 답변자로 지적되어 버벅거리는 일만 생기지 않으면, 한 학기 내내 마치 스포츠 경기를 보는 것처럼 즐길 수 있는 것이 이 수업이었습니다.

보통 소크라테스식 강의(Socratic Method)라고 불리는 미국 법과대학원 수업 방식은 이처럼 미리 정답을 설정하지 않고 교수와 학생 사이에 오가는 대화와 토론을 통해 학생들의 논리적 사고를 증진시킵니다. 어차피 의뢰인의 요구에 따라 자기 입장을 정하는 것이 변호사의 삶이라면, 이처럼 정답 대신 자기 나름의 논리를 갖추도록 훈련하는 수업 방식이 합리적일 수밖에 없습니다. 대법원 판결에서 한 치라도 벗어나면 점수를 받을 수 없었던 사법연수원 시험이나, 교수님들의 가르침만을 성경 말씀처럼 받아들여야 했던 우리 법과대학의 수업 형태와 많이 다른 미국 로스쿨의 수업은 저에게 신선한 자극이 되었지요. (나중에 제 수업에서 이 방법을 시도했다가, 너무 쉽게 흥분해 편을 가르려 하는 학생들의 태도에 좀 놀라기도 했습니다.)

코넬에서 공부를 마친 후에는 '하나님의 은혜'라고밖에는 설명할 수 없는 경로로 대학에 자리 잡게 되었습니다. 이전에 한 번도 대학교수를 꿈꿔본 적이 없던 저에게 이 새로운 직장은 우수한 젊은이들과 함께 호흡할 수 있는 꿈같은 장소가 되었습니다. 주로 가르치는 과목은 대학 시절 그나마 유일하게 저의 흥미를 끌었고 실무 경험도 익힌 형법, 형사소송법, 형사정책 등 형사법 분야로 정해져 있었습니다만, 규모가 작은 대학인 덕분에 제가 결혼 이후 꾸준하게 관심을 가져온 장애인법 분야를 가르칠 기회도 가질 수 있었습니다. 그와 동시에 법학 입문, '시민생활과 법' 등의 교양과목들을 통해 법학 비전공자들에게 '좀 쉬운' 법학을 가르칠 기회도 갖게 되었는데, 이를 통해 전공보다 오히려 교양법학 쪽이 체질에 맞는다는 새로운 사실도 발견하게 되었지요. 다행히 제가 살아온 좀 특이해 보이는 길을 긍정적으로 보아주고, 부족한 학문적 소양을 따뜻한 가르침으로 보완해준 동료 교수들이 있었기에 대학 적응이 그리 어렵지 않았습니다. 양심에 따른 병역 거부가 중요한 사회문제로 떠오르면서는, 마침 신학, 역사, 법률이 짬뽕된 분야라 신나게 글을 써 《칼을 쳐서 보습을 : 양심에 따른 병역 거부와 기독교 평화주의》라는 책을 펴냈는데, 이 책이 관심 있는 분들로부터 분에 넘치는 칭찬과 고마운 비판을 받게 되면서 책 쓰기가 꽤 재미있는 일이라는 것도 알게 되었습니다.

시민의 삶과 유리된 법

교양 과목으로 법을 가르치는 과정에서 법과의 불화가 꼭 저 한 사람의 문제만은 아니라는 것을 알게 된 것도 큰 소득이었습니다. 교양 과목 수강생들이나, 법학도들이나, 교수들이나, 일반 직원들이나, 모두 '법' 하면 부담부터 느꼈습니다. 우리나라 법 문화의 기형적인 특성 중 특별히 '시민과 법 사이의 철저한 괴리 현상'이 제 눈에 들어오기 시작한 것입니다. 법학자들은 법학자들대로 고고한 자신들만의 성(城)에서 혼잣말만 하며 살고, 법조인들은 법조인들대로 자기 특권 속에 안주하며 청지기의 소명을 저버리는 가운데, 시민 한 사람 한 사람의 인권은 길바닥에 버려져 뒹굴게 된 것이 우리 현실입니다.

앞서 말씀드린 것처럼 우리나라의 법전과 법학 교과서들은 시민들이 도무지 쉽게 접근할 수 없는 한자어로 가득 차 있습니다. 한자이기 때문에 읽기 어려울 뿐만 아니라, 한글로 표기해도 무슨 뜻인지 알 수 없는 표현들이 너무 많습니다. 물론 세계 어느 나라나 법률 또는 법학 교과서들은 전문가들을 위한 영역으로 남아 있습니다. 그러나 한번 생각해보십시오. 저 같은 한국 사람도 영자 신문을 읽고 이해할 정도의 영어 실력만 되면 미국 법과대학원에서 공부하는 데 아무런 어려움을 겪지 않습니다. 가끔 나오는 라틴어들은 사전을 찾으면 되고 어차피 그런 단어들은 미국 학생들도 모르기 때문에 특별히 우리가 불리할 것도 없습니다. 대개의 한국 법률가들은 학점도 아주 잘 받습니다. 그런데 만약 우리나라에 오래 살면서 한국말을 잘하는 외국인들에게 우리 법전이나 법학 교과서를 주고 그 내용을 설명해보라고 한다면 어떻게 될까요? 그분들이 잘 해낼 수 있을까요? 그렇지 않습니다. 신문을 읽고 이해하고 텔레비전에 나와 자유자재로 한국말을 구사하는 사람이라 하더라도, 법학을 공부하려면 분명한 장벽에 부딪치게 됩니다. 한국말 아닌 한국말, 일본식 번역 용어들이 춤을 추고 있는 까닭입니다. 학문 언어와 일상 언어 사이의 괴리가 법학만의 문제는 아니지만, 법학은 사회학, 정치학 등 다른 분야보다 그 정도가 훨씬 심합니다. 접근 자체가 불가능한 법조문과 법률 교과서들은 시민과 법률 사이에 넘을 수 없는 강을 만들게 됩니다.

시민과 법 사이에 놓인 이 강에 다리를 놓으려는 시도가 거의 없었다는 것도 문제입니다. 한때 《재미있는 법률여행》과 같은 실용서들이 각광을 받았던 적이 있습니다. 일반인들이 자주 부딪치는 법률 문제들을 재미있는 사례와 함께 설명한 책들이었지요. 이런 책들이 시민과 법률 사이의 거리를 좁히는 데 어느 정도 기여한 것은 사실이지만, 그렇다고 법을 우리 삶의 영역에 들어오도록 만들지는 못했습니다. 저는 우리나라에서도 우리 상황을 배경으로 우리 사건들을 다룬 법정 영화, 법정 소설들이 많이 나와야 한다고 생각합니다. 존 그리셤(John Grisham 1955~ : 변호사 출신의 미국 소설가. 《펠리컨 브리프》 등 뛰어난 법정 소설들을 펴냈다) 같은 좋은 작가가 나오게 되면 시민과 법 사이의 넓은 강(江)도 조금은 좁혀지겠지요.

사실 지금까지는 법정 영화, 법정 소설들이 시민과 법률 사이의 괴리를 오히려 심화시켰다고 볼 수 있습니다. 왜냐하면 그 영화나 소설들이 거의 모두 우리 법 문화와 체계가 전혀 다른 미국을 배경으로 한 것이었기 때문입니다. 예를 들면 이렇습니다. 미국 법정 영화들을 보면 일정한 틀이 있습니다. 먼저 평범한 시민이 생각지도 못한 누명을 쓰고 감옥에 갇히거나 쫓기게 됩니다. 경력이 짧은 신참 변호사가 본의 아니게 그 사건의 변론을 맡게 되지요. 젊은 변호사의 좌충우돌하는 노력에도 불구하고 사건은 점점 피고인에게 불리해져만 갑니다. 변호사가 실패에 실패를 거듭하며 영화가 거의 막바지에 이르렀을 즈음, 법정의 뒷문을 열고 우리가 처음 보는 어떤 사람이 증인으로 뚜벅뚜벅 걸어 들어옵니다. 지금까지 피고인과 변호사를 궁지로 몰았던 악한들의 얼굴은 이 순간 사색으로 변하지요. 어렵게 찾아낸 증인 덕분에 사건은 일대 반전을 맞고, 잠깐 법정을 떠났다가 돌아온 배심원단 대표는 무죄(Not Guilty)를 선언합니다. "와" 하는 함성과 함께 피고인과 변호사는 감동적인 포옹을 하고 무죄 평결을 받은 피고인과 변호사가 걸어 나오는 법정 앞에서는 기자들의 카메라 플래시가 번쩍번쩍…… 대충 이런 식입니다.

이런 영화들을 너무 많이 보다 보니 우리 시민들은 이런 장면을 마치 우리 법정인 양 착각하는 착시 현상을 일으키게 되었습니다. 그런데 한마디로 말하면 우리 법정에서 이런 일은 일어나지 않습니다. 검사가 자기 판단에 따라 기소 여부를 결정하는 기소독점주의, 기소편의주의 아래에서는 우선 무죄 판결을 받을 대부분의 사건들이 검사에 의해 무혐의 또는 기소유예로 걸러지게 됩니다. 법정에서 이루어지는 대부분의 일들이 말보다는 글에 의해 진행되는 우리 법정의 현실도 미국과는 전혀 다릅니다. 거기다가 우리 변호사들은 좀처럼 법정에서 무죄를 다투지 않습니다. 우리가 앞으로 바꾸어 나가야 하는 부분이기는 하지만, 어쨌든 한국 법 아래 사는 사람들이 문화적으로는 매일 미국 법을 접하며 사는 풍토가 법조계에 대한 불신을 심화시키고 있는 것은 분명합니다.

변호사 숫자가 많이 늘어나면서 옛날보다는 나아졌다고 해도 여전히 법률가들의 조언을 받는 것은 일반 시민들에게 부담스러운 일입니다. 변호사 사무실의 문턱이 너무 높습니다. 이런 현상은 민사 사건보다 형사 사건에서 더 심각하게 나타납니다. 형사 사건의 경우에는 아무래도 '약발'이 잘 듣는다는 이른바 '전관 출신' 변호사를 선호하기 마련입니다. 그런데 아직도 그런 전관 출신 변호사들 중에는 석방을 조건으로 엄청나게 많은 돈을 받아 챙기는 분들이 있습니다. 피의자·피고인의 신병(구속 여부)과 관련하여 많은 수임료를 받는 폐해는 지금 당장 어려움에 처한 사람들의 등을 쳐 먹는 야비한 일일 뿐만 아니라 우리 형사 사법을 왜곡시키는 주범이기도 합니다. 원래 형사 사건 변호사의 주된 임무는 형사 절차에서 잘못된 부분을 바로잡아 무죄 판결을 이끌어내거나, 피의자·피고인에게 유리한 증거를 찾아내고 그들을 대신하여 법정에서 이야기해주는 것입니다. 그러나 우리 형사 변호인들의 업무는 오히려 판검사들에게 읍소하여 관대한 처분을 받아내는 데 집중되고 있습니다. 그러다 보니 현재 사건을 맡고 있는 판검사들과 담당 변호인의 '관계'가 수임 여부를 결정하는 데 가장 중요한 요인으로 작용하게 되었고 이는 곧 전관 출신 변호사들의 형사 사건 독점으로 귀결되었습니다.

그러다 보니 자신이 현재 변호사라는 사실조차 잊어버리고 자기를 고용해준 의뢰인(피의자·피고인)들에게 반말로 큰소리를 치는 희한한 사람들까지 나오게 되었지요. 몸은 변호사이지만 의식은 아직도 판검사 자리에 앉아 있는 사람들인 셈입니다. 서비스 정신을 상실한 이런 이상한 변호사들을 안 찾아가면 그만이지만, 이런 이상한 변호사 사무실일수록 문전성시를 이루는 것이 우리 현실입니다. 전관 출신들을 중심으로 이렇게 높아진 변호사 사무실의 문턱은 도움이 필요한 일반 시민들의 삶을 절망적으로 만듭니다. 이렇게 해서 사람들에게 법이란 '무슨 일이 터지기 전에는 자신과 전혀 상관없는 것', '가급적 모를수록 좋은 것'으로 더욱 멀어지게 되었지요.

누구나 유심히 살펴보면 알 수 있는 것들이지만, 그래도 하필 제 눈에 이런 문제들이 더 잘 들어온 것은, 아마도 제가 우리 법률 문화를 형성하는 여러 주체들 중 어느 집단에도 제대로 속해 있지 못한 까닭일 겁니다. 지금까지 적은 이야기만 보셨어도 알 수 있다시피 저는 일반적인 대학교수들과 좀 다른 경로로 대학에 자리 잡은 사람입니다. 그러다 보니 학문적 탁월성을 지닌 교수 집단에는 처음부터 명함을 내밀기가 어려웠습니다. 박사학위가 없을 뿐 아니라, 박사학위를 취득할 마음도 별로 없는 저에게는 처음부터 우리 학계에 발을 붙일 '학문적 끈'이라는 것이 존재하지 않았습니다. 완전히 이류 학자인데, 앞으로도 도무지 일류가 될 희망이 보이지 않는다는 점에서 아주 독보적인 존재(?)라 할 수 있지요. 실무 법조계도 마찬가지입니다. 사법연수원 동기들은 법원, 검찰, 변호사 어느 쪽에서든지 중견으로 자리 잡아가고 있습니다. 그러나 그 물을 제 발로 떠났고 다시 돌아가고 싶은 마음도 별로 없는 저는, 실무 법조계에서도 결코 일류가 될 수 없는 사람입니다. 실력 없는 교수에게 배우는 학생들에게 미안함을 느낄 때는 가끔 있으나, 저는 이러한 이류 생활이 매우 만족스럽습니다. 이류 법학자, 이류 법조인의 삶을 즐기게 된 것이겠지요.

처음부터 법학과 별로 좋은 사이가 아니었던 저는 이렇게 해서 법을 통해 밥을 먹는 이류 인생에 무사히 정착하게 되었습니다. 앞서 말씀드린 대로 대부분의 제대로 된 학자들과는 달리, 저는 법학과 전혀 상관없는 학생들에게 교양과목으로 '시민생활과 법'을 가르치는 것이 무척이나 즐거웠습니다. 제대로 된 법학자치고 교양과목 강의를 즐겨할 사람은 거의 없을 겁니다. 학문적 업적을 쌓는 데 전혀 도움이 안 될 뿐만 아니라 수강 인원도 많아서 출제, 채점 등에 많은 시간을 투자해야 하는 것이 교양 법학입니다. 그런데도 제가 교양 법학 가르치는 걸 그렇게 즐거워했다는 것은, 제가 학자로서의 자질을 갖추지 못했음을 보여주는 뚜렷한 증거라 할 수 있습니다.

기껏 3학점짜리 수업으로 학생들에게 법의 기본을 알려준다는 것은 처음부터 불가능한 목표였지만, 제 수업을 듣는 학생들이 웃고 떠드는 가운데 적어도 법을 더 이상 두려워하지 않게 된 것만은 분명했습니다. 처음에는 1학년들을 대상으로 시작한 과목이었지만 수강 인원이 너무 많아져서 나중에는 졸업을 앞둔 학생들만 들을 수 있는 과목으로 정착되었습니다. 고학년에게 과목 선택의 우선권을 주는 학교 방침상 어쩔 수 없는 변화였습니다. 졸업 후 시민단체와 일반 직장으로 진출한 학생들로부터 제 수업 덕분에 실무에서 큰 도움을 받고 있다는 메일을 받을 때면 이류 학자의 삶도 의미 있다는 자부심을 갖게 됩니다. 일류 법학자들만 넘쳐나던 지난 세월 동안 우리 법학이 시민생활 속으로 침투해 들어가는 데 철저히 실패했다는 점을 생각한다면, 저 같은 이류 법학자가 존재한다 해서 사회 전체적으로 보아 큰 해가 되지는 않겠지요. 법학전문대학원이 도입된 후 시간 여유가 없어 교양과목 강의는 불가능해졌지만, 책을 통해서라도 시민들과 교류하려는 저의 꿈만은 변하지 않았습니다.

이 책은 법학과 상관없는 분들과 함께 법과 국가, 그리고 인권에 관한 이야기를 나누고자 쓰기 시작했습니다. 학계에서도, 실무 법조계에서도, 늘 외곽을 빙빙 도는 관찰자일 수밖에 없었던 저의 넋두리를 담은 책이라고 생각하셔도 좋습니다. 언제나 법학이 불편했던 이류 법학자의 이야기이기 때문에 법을 무서워하시던 분들, 법을 무시하시던 분들도 모두 편하게 귀를 기울이실 수 있으리라 믿습니다.

자, 이렇게 해서 정답 없는 법에 대한 저의 첫 번째 이야기가 시작됩니다.

1장

정답은 없다

대부분의 사안에 있어서 법률가들은 정답을 가지고 있지 못합니다. 일반인들의 생각과는 달리, 대법관이나 헌법재판소 재판관들은 의외로 논리보다는 직관에 의존합니다. 사건 기록을 모두 읽고 나면 직관적으로 어느 쪽의 손을 들어주어야 할지 판단이 서게 되는데, 여기에는 법리보다는 오히려 판사 개인의 가치관이 많이 반영됩니다. 논리는 그 이후에 만들어지는 것입니다.

자율과 조화를 바탕으로 자유민주적 기본질서를 더욱 확고히 하여…… (헌법 전문)

절대적이고 유일한 진리의 존재를 상대방에게 강요할 수 없는 민주사회에서 헌법은 그나마 가장 높은 '기준'으로서 역할을 하게 됩니다. 우리 헌법은 곳곳에서 '대화와 타협을 통한 상대적 진리 찾기'의 정신을 이야기하고 있고, 잠깐만 들여다보아도 헌법과 법률 속 대부분의 규정들이 공정한 절차 확보를 위해 마련된 것들임을 알 수 있습니다. 그리고 대화와 타협을 통한 진리 찾기의 출발점은 '내 생각만이 전부가 아니다'라는 상호 관용의 정신입니다.

유죄와 무죄 사이

언젠가 아내가 장애 아동 부모님들 모임에 나가 특강을 하던 중, "제 남편이 무늬만 변호사이기는 하지만, 장애와 관련하여 혹시 법률 문제가 있으시면 상담을 해드릴 수 있습니다."라고 이야기했다고 합니다. 그러자 모임이 끝나고 어느 부모님께서 아내를 찾아와 이렇게 물으셨다지요. "부군 되시는 분 성함이 문희만 변호사님이라고 하셨지요? 저도 상담하고 싶은 것이 있습니다." 아마도 제가 당시 대통령 비서실장이던 문희상 씨의 동생쯤 되는 줄 아셨던 모양입니다. 어쨌든 그 날부터 우리 집에서 제 별명은 '문희만 변호사'가 되었답니다.

제가 비록 '무늬만' 변호사이기는 해도, 법률 상담만은 일반 변호사들 못지않게 많이 하는 편입니다. 상담을 청하는 사람들은 대개 '진짜 변호사한테 가면 큰 돈을 떼일지도 모른다'고 걱정하다가, 순전히 공짜라는 이유로 무늬만 변호사인 저를 택한 분들이지요. 상담자들이 다양한 만큼 동물 보호에서부터 입법 자문, 사소한 고소, 고발 사건에 이르기까지 그 내용도 다양합니다. 예외 없이 어려운 형편에 놓인 분들이라 열심히 상담해주고 밥 한 끼라도 얻어먹으면 다행이고, 오히려 제가 식사를 대접해 가면서 상담을 해드리는 경우도 적지 않습니다. 돈은 한 번도 받아본 적이 없으니 그야말로 '무늬만' 변호사인 셈이지요.

그런데 법률 상담을 하다 보면, 많은 분들이 공통적으로 저에게 정답을 요구한다는 느낌을 받습니다. 자신이 처한 형편을 설명한 후에는 전문가인(정확히 이야기하자면 전문가처럼 보이는) 저로부터 즉각적인 답을 얻기를 기대하는 것입니다. 그것도 그냥 답이 아니라 '유일한' 해답을 기다리는 것이 보통입니다. 이런 분들에게 바로 정답을 제시해주면 저는 당장 '용한 점쟁이' 대접을 받게 되고, 우물쭈물하면 '역시나 실력 없는 무늬만 변호사'로 낙인 찍힙니다. 재미있는 현상이지요. 이런 경향 때문에 초보 변호사들은 선배들로부터 '모르는 것이 있더라도 절대 모른다고 하지 말고, 일단 아는 척을 하되 최대한 애매한 정답을 제시하라'는 고객 접대법을 배우게 됩니다. 일단 고객에게는 믿음(?)을 주는 것이 중요하니까요.

일반인들이 이처럼 정답을 기대하게 된 것은 한때 유행한 〈솔로몬의 선택〉 같은 텔레비전 프로그램의 영향도 큽니다. 재미있는 사안들을 재현해 보여주고, 주로 연예인들로 구성된 배심원들이 유·무죄 또는 승소 여부를 ○, ×식으로 선택하도록 한 다음, 변호사들이 최종적으로 정답을 제시하는 이 프로그램은 그나마 백지에 가까운 우리나라 사람들의 법 의식을 향상시키는 데 적지 않은 기여를 했습니다. 그러나 이런 식의 프로그램은 자칫 모든 사안에는 '정답'이 있고, 법률 문제는 ○, ×로 명확히 가를 수 있다는 오해를 불러일으키기 쉽습니다.

이 프로그램에서 변호사들이 제시하는 '정답'은 대부분 우리나라 대법원의 입장을 따르는 것입니다만, 대법원의 태도라고 해서 자동적으로 '유일한' 해답이 되는 것은 아닙니다. 대법원에 아무리 우수한 법률가들이 많이 모여 있다고 해도 결국 대법원의 입장 역시 '지금 현재 힘을 얻고 있는 하나의' 견해에 불과하기 때문입니다. 지금 대법원이 그 입장에서 있다고 해서 앞으로 영원토록 대법원이 그 입장을 취할 것도 아닙니다. 어느 시점에 가면 대법원도 얼마든지 태도를 바꿀 수 있습니다.

그렇게 법원의 입장이 불일치하거나 변화할 때마다 사람들은 어떻게 그럴 수 있느냐고 말합니다. 자기가 서 있는 입장과 동일한 답을 법원이 제시하면 '그게 바로 상식'이라고 박수를 치지만, 상급심에서 그 결론이 깨어지게 되면 '정의가 무너졌다'고 분노하지요. 그러면서 '정답도 갖고 있지 못하고 오락가락하는 것이 어떻게 법원이고 법률가일 수 있느냐'며 불신하게 됩니다.

그런데 법이란 원래 그런 것입니다. 대부분의 사안에 있어서 법률가들은 정답을 가지고 있지 못합니다. 법리(法理)라고 하는 수학공식 같은 기계가 있어서 거기에 집어넣으면 뚝딱 정답이 쏟아져 나오는 것이 아닙니다. 대법원 판례로 축적되어 왔다고 해서 그것이 곧 정의(正義)인 것도 아닙니다. 사건이 대법원까지 가게 되었을 때는 대개의 경우 양측 모두 상당히 정교한 이론을 갖추고 있기 마련입니다. 어느 쪽의 손을 들어주어도 큰 문제는 없지만, 반면에 어떤 판결을 해도 패배한 측으로부터는 승복을 받아내기 어렵다는 난점이 있지요. 절대적인 정의를 찾기 어려운 상황에서도 대법원이나 헌법재판소는 누군가의 손을 들어주어야 합니다.

일반인들의 생각과는 달리, 대법관이나 헌법재판소 재판관들은 이런 경우 의외로 논리보다는 직관에 의존하게 됩니다. 대법원이나 헌법재판소뿐만 아니라 일반 법원의 판사들도 마찬가지입니다. 사건 기록을 모두 읽고 나면 직관적으로 어느 쪽의 손을 들어주어야 할지 판단이 서게 되는데 여기에는 법리보다는 오히려 판사 개인의 가치관이 많이 반영됩니다. 논리는 그 이후에 만들어지는 것입니다. 직관적으로 결론을 내린 후, 나중에 자신의 결론에 합당한 논리 쪽의 손을 들어주게 된다는 이야기지요. 모든 판결이 다 그런 것은 아니지만, 분쟁이 격화되어 있을수록 판결의 방향은 이런 식으로 잡히기 쉽습니다.

법률가들이 나름대로 결론을 내리는 과정에서 작동하는 '그 어떤 것'을 우리는 흔히 '리갈 마인드(Legal Mind)'라 부릅니다. 법학도들이 법률을 공부하면서 쌓는 수련도 이런 법적 직관력을 키우기 위한 것이라고들 말합니다. 저도 대학 다닐 때 귀가 닳도록 리갈 마인드의 중요성에 대해 들었습니다. 사법시험 합격의 지름길도 리갈 마인드를 빨리 갖추는 것이라고 말합니다. 저 역시 이 이야기들을 믿고 대학 시절과 고시 공부 기간 동안 리갈 마인드를 갖추기 위해 적지 않은 노력을 했습니다. 그러나 법대생, 고시생, 사법연수생, 군법무관, 검사, 변호사, 교수 등등 법조계 주변에서 25년을 보낸 지금도 과연 저에게 리갈 마인드라는 것이 존재하는지 의문입니다. 아니, 저에게 리갈 마인드가 있느냐 없느냐가 문제가 아니라, 과연 리갈 마인드라는 것이 실존하는지 의문을 가지고 있다는 편이 올바른 표현일 것입니다.

리갈 마인드는 논리라기보다는 직관에 가까운 개념입니다. 영미법계에서 대표적인 법률 사전인 《블랙 법률사전(Black's Law Dictionary)》도 리갈 마인드를 '잘 훈련된 법률가의 지적, 법률적 능력 또는 입장'이라고 정의하고 있습니다. '잘 훈련된 법률가'라는 개념 자체가 매우 주관적인 것이듯이, 리갈 마인드라고 하는 것도 결국은 주관적인 것일 수밖에 없습니다. 《블랙 법률사전》의 정의 자체가 그저 순환논법에 지나지 않는 것만 봐도 리갈 마인드라고 하는 것이 얼마나 공허한 개념인지를 알 수 있지요.

'1. 훌륭한 법률가가 되기 위해서 학생들은 리갈 마인드를 키웁니다. 2. 잘 훈련된 법률가란 리갈 마인드를 제대로 갖춘 사람을 의미합니다. 3. 그러면 리갈 마인드란 뭐냐? 잘 훈련된 법률가가 가진 능력 또는 입장이 리갈 마인드입니다.'

리갈 마인드와 잘 훈련된 법률가라는 개념이 그저 서로 빙빙 돌고 있는 것입니다. 그럼에도 불구하고, 다수의 법률가들은 리갈 마인드라는 것이 존재한다고 믿습니다. 사건 기록을 다 읽고 난 후 판사의 마음속에 샛별처럼 떠오르는 결론이 리갈 마인드이고, 바로 그것이 법리라고 생각하기도 합니다. 기록을 읽는 동안, 눈에 보이지 않는 리갈 마인드라는 기계가 작동하는데 그 기계의 작동 결과 판사의 머릿속에 결론이 떠오르게 된다는 것이지요. 이렇게 되면 판사가 판결문을 쓰기 위해 인용하는 논리는 이미 판사의 머릿속에 '자신도 모르게 스쳐간' 논리를 재구성하는 과정에 지나지 않게 됩니다. 리갈 마인드란 달리 표현하면 법률가들이 지닌 상식이라고 말할 수 있습니다. 하지만 '상식'처럼 주관적인 것도 없습니다. 사람들은 대개의 경우 자신의 주관적인 가치관을 상식이라고 여기니까요. 훈련된 법률가들에게 공통적으로 존재한다고 여겨지는 리갈 마인드라는 것도 결국은 허구에 지나지 않습니다.

그런데도 법률가들이 악착같이 리갈 마인드라는 개념을 붙잡고 있는 이유는 무엇일까요? 리갈 마인드라는 개념이 존재한다고 주장하는 것이 자신들에게 편리하기 때문입니다. 법률가들이 리갈 마인드의 개념을 이야기하는 순간, 법률을 전공하지 않은 대부분의 사람들은 주눅이 들게 되어 있습니다. '법률을 공부해서 사법시험까지 합격한 사람이라면 뭔가 다른 것이 있지 않을까? 그게 바로 전문가인 저 사람이 지닌 리갈 마인드라는 것이겠지'라고 생각하고 쉽게 손을 들게 되는 것입니다. 그러나 리갈 마인드란 매우 주관적인 법률가의 가치관 또는 판단력에 객관성이라고 하는 면죄부를 주기 위해 만들어낸 개념에 지나지 않습니다. 백 보 양보하여 리갈 마인드라는 것이 존재한다 해도, 그것은 그 시대를 반영한 법률가 다수의 의식의 흐름을 의미할 뿐, 그 자체가 정답 또는 진리가 될 수는 없습니다. 리갈 마인드가 소수 법률가 집단의 독점을 합리화하는 수단이 되어서는 안 된다는 말씀입니다.

음란과 예술 사이

우리 사회가 직면하고 있는 대부분의 갈등이나 대립, 논쟁도 마찬가지입니다. 어느 한쪽도 100퍼센트의 정의(正義)를 독점할 수는 없습니다. 정의에 관한 예로 갑자기 음란성에 관한 이야기를 한다면 의아해하실 분들이 많을 겁니다. 그래도 제 이야기를 한번 들어보십시오.

지난 20년간 우리 사회에서 잊혀질 만하면 한 번씩 떠오르는 논쟁거리가 바로 음란성과 관련된 것입니다. 1992년에는 연세대 마광수 교수의 소설 《즐거운 사라》를 서울지검 특수부에서 기소했습니다. 작품의 음란성을 들어 현직 대학교수를 긴급 구속한 것도 황당한 일이었지만, 그에 대한 보석 신청을 법원이 기각하면서 "국가적 사안이므로 국가정책을 약화시킬 우려가 있어 기각한다."라는 이유를 달았던 것은[1] 정말이지 믿기 어려운 일입니다. 거기다가 마광수 교수가 무슨 권력형 비리 사범도 아닌데 수사 주체가 특수부라니요! 1995년에는 소설가 장정일 씨가 《내게 거짓말을 해봐》로 인해 법정 구속되었습니다. 나중에는 이를 원작으로 한 장선우 감독의 영화 〈거짓말〉이 문제되기도 했지요.

마광수 교수는 1995년 6월에, 장정일 씨는 2000년 10월에 각각 대법원에서 유죄 판결을 받았지만, 장선우 감독은 검찰에 의해 무혐의 결정을 받았습니다. 영화 〈거짓말〉에 대한 서울지검의 결정에 불복하여 음란폭력성조장매체 시민대책협의회가 항고한 사건을 판단하면서, 서울고검은 "영화가 소설보다 표현 내용에 있어서 상당히 완화되었다."라고 결론을 내립니다. "영화의 내용이나 묘사가 보통 사람의 성욕을 자극, 성적 흥분이나 수치심을 유발하는 등 처벌해야 할 정도의 음란성이 있다고 보기 어렵고 형사적 제재보다는 국민의 판단에 맡기는 것이 옳다는 서울지검의 무혐의 결정에 큰 문제가 없다고 판단했다."라고 기각 사유를 밝힌 것입니다.[2]

이 결정문 어디에도 도대체 장정일의 소설보다 장선우의 영화에서 '완화된 내용'이 무엇인지, 왜 장정일은 처벌받아야 하고, 장선우는 처벌받지 않아도 되는지에 대한 이유를 찾아볼 수 없습니다. 왜 장선우는 처벌받지 않았는가에 대한 가장 명확한 해답은 아마도 '세상이 바뀌었다'는 데 있을 것입니다. 완화된 것은 소설이나 영화의 내용이 아니라 음란물에 대한 검찰의 인식이라 할 수 있겠지요.

그러나 〈거짓말〉 이후에도 예술 창작을 둘러싼 음란성 논란은 끊이지를 않았습니다. 1999년에는 탤런트 서갑숙 씨의 책《나도 때로는 포르노그라피의 주인공이고 싶다》가 문제되어 대검과 서울지검의 간부들이 책을 읽고 의견을 내는 등 호들갑을 떨었지만 처벌받지는 않았습니다.[3] 연극으로는 1995년 〈미란다〉 연출자가 여배우의 알몸 연기를 이유로 구속되었고, 1997년 〈마지막 시도〉가 역시 음란성 논쟁을 낳았습니다.

2003년 1월에는 이현세 씨의 만화《천국의 신화》가 대법원에서 무죄 판결을 받았습니다. 1998년 2월, 만화 속에 나오는 동물과 인간의 성교 장면, 집단 성교 등이 문제되어 서울지검에 의해 약식 기소되었던《천국의 신화》의 경우, 대법원이 이 만화 자체의 음란성을 판단했던 것은 아닙니다. 약식으로 기소되었으면 보통 사람들의 경우 좀 억울하더라도 정식 재판이니 뭐니 하는 것에 끌려 다니기 귀찮아서 대충 벌금 물고 빨리 끝내는 것이 보통입니다. 그러나 이현세 씨는 자기 명예를 그렇게 쉽게 포기할 수 없었기 때문에 정식 재판을 청구했습니다. 이현세 씨의 기대와는 달리 제1심 법원은 검찰 편에 서서 이 작품의 음란성을 인정했고, 제2심이었던 서울지방법원 형사항소부에 가서야 이현세 씨는 비로소 음란의 굴레를 '일단' 벗어나게 됩니다. 이와 관련하여 2002년 2월에는 헌법재판소가 처벌의 근거가 된 미성년자보호법상의 "음란성 또는 잔인성을 조장할 우려가 있거나 미성년자에게 범죄 충동을 일으킬 수 있게 하는 만화"라는 표현이 "지나치게 모호하여 죄형법정주의에 위반된다."라며 위헌 결정을 내리게 되지요. 대법원 판결은 이와 같은 헌법재판소 결정에 따라 처벌 근거였던 법령이 효력을 상실한 결과로 무죄 판결을 내린 것에 불과합니다.

어쨌든 제가 이 만화책을 처음 본 것이 1997년이었으니까 그 이후

약 5년 동안 이현세 씨의 작품은 "꼼짝 마." 상태에서 잠을 자고 있었던 셈입니다. 이현세 씨는 대법원 판결 이후 이렇게 말했습니다. "솔직히 내 작품이 '음란하지 않다'는 판결로 무죄를 확정지었으면 했다. 실제로 2심은 그렇게 판단을 해줬던 거고. 그런데 이번 판결문에 따르면 원인 무효라는 것이다. 미성년자보호법이 위헌이기 때문에 검찰의 상고 자체를 받아들일 수 없다는 것이다. 헌법 위반인 법률 때문에 이런 고생을 해야 했다니 허탈하다."[4)]

하지만 처음부터 헌법 위반인 법률이란 존재하지 않습니다. 다행히 헌법재판소의 재판관들이 미성년자보호법의 규정이 지닌 지나친 모호성을 인정해 위헌 결정을 내렸기 망정이지, 만약 재판관들이 "그 정도의 추상성은 음란물 처벌을 위해 불가피한 것"이라고 판단했다면 아마 이현세 씨 사건은 아직도 대법원의 어느 구석에서 유죄 판결을 기다리며 잠을 자고 있을 것입니다. 음란물에 관련된 모든 처벌 규정은 세계 어디에서나 어느 정도는 내용이 모호하기 때문에 헌법재판소가 미성년자보호법에 합헌 결정을 내렸어도 그리 이상한 일은 아닙니다. 어느 정도 모호해야 명확성의 원칙에 반하는 위헌 법률이 되는 것인지에 대해서도 역시 만고불변의 진리 또는 정답이 없는 까닭입니다.

사회에서 음란물을 몰아내고 청소년을 보호하는 것이 정의(正義)라면, 그 정의를 실현하기 위해서는 어디까지가 예술이고 어디부터가 외설인지를 나눌 기준점, 즉 음란의 정의(定意)가 필요합니다. 정의란 단어가 두 개 나오니 벌써 헷갈리기 시작하지요?

먼저 '음란'이라는 단어가 등장하는 조문부터 살펴보면, 형법 제243조는 '음화 반포 등' 이라는 제목 아래 "음란한 문서, 도화, 필름 기타 물건을 반포, 판매 또는 임대하거나 공연하게 전시 또는 상영한 자는 1년 이하의 징역 또는 500만 원 이하의 벌금에 처한다."라고 규정하고 있고, 그에 이어 제244조는 "제243조의 죄의 행위에 공할 목적으로 음란한 물건을 제조, 소지, 수입 또는 수출한 자는 1년 이하의 징역 또는 500만 원 이하의 벌금에 처한다."라고 규정하고 있습니다.

척 보면 알 수 있다시피 이 조항들은 제가 중·고등학교를 다니던 시절 미국, 일본산 잡지나 비디오를 적발하는 데 이용되던 것들입니다. 요즘이야 인터넷의 보급으로 그럴 일이 없어졌지만, 제가 중·고등학교에 다니던 시절만 해도, 학교에 〈플레이보이〉나 〈펜트하우스〉 같은 잡지를 들고 오는 아이들은 친구들의 인기를 한 몸에 모을 수 있었습니다. 그 잡지들을 구입하는 경로도 정해져 있었지요. 당시에 세운상가나 영등포 시장 뒷골목을 가보면 골목에 주인 없는 리어카가 한 대 서 있는 걸 볼 수 있었습니다. 진열되어 있는 것은 아무것도 없고 오래된 서양 잡지들 표지만 몇 개 덕지덕지 붙어 있는 리어카였지요. 그 리어카 앞에 서서 그것들을 지켜보고 있으면 곧 허름한 옷차림의 아저씨가 지나가면서 "학생, 뭐 찾는 게 있나? 좋은 책들이 있는데……." 라며 슬쩍 말을 붙여옵니다. 여기에 응하면 곧 거래가 성립되고, 아저씨는 근처에 있는 가게에 들어가 잡지들을 들고 나타났습니다. 저는 고등학교 때 소풍 갔다 오는 길에 친구 한 명이 그런 거래 장면을 보여주겠다며 영등포 시장으로 데리고 가준 덕분에 이 광경을 목격한 적이 있습니다. 음습하면서도 코믹한 장면이었는데, 인터넷을 통해 그런 사진, 동영상들을 무한대로 공급받을 수 있는 요즘 학생들의 삶과 비교하면 그나마 낭만이 있던 시절 아닌가 싶습니다.

마광수 교수나 장정일 씨에게 적용된 것도 바로 이 규정들입니다. 마광수 교수나 장정일 씨가 자기 책 판매에 직접 나선 것은 아니었으니, 이 두 양반에게는 주로 제244조의 '음화 제조 등'에 관한 책임을 물었겠지요. 그런데 이 규정들에 등장하는 '음란'이라는 말 자체가 사람을 '살해'한다거나 '강간'한다는 것보다 훨씬 추상적입니다. 그러다 보니 이 추상적 단어의 의미를 설명하려는 법률가들의 눈물겨운 노력이 계속됩니다.

마광수 교수의 《즐거운 사라》 사건[5]에서 대법원은 우선 "음란한 문서라 함은 일반 보통인의 성욕을 자극하여 성적 흥분을 유발하고 정상적인 성적 수치심을 해하여 성적 도의관념에 반하는 것을 가리킨다고 할 것"이라고 이야기함으로써 이전 판례들의 입장을 확인합니다. 그리고 어떤 문서가 음란한 것인지 아닌지를 판단하기 위해서는 "당해 문서의 성에 관한 노골적이고 상세한 묘사 서술의 정도와 그 수법, 묘사 서술이 문서 전체에서 차지하는 비중, 문서에 표현된 사상 등과 묘사 서술과의 관련성, 문서의 구성이나 전개 또는 예술성·사상성 등에 의한 성적 자극의 완화의 정도, 이들의 관점으로부터 당해 문서를 전체로서 보았을 때 주로 독자의 호색적 흥미를 돋구는 것으로 인정되느냐의 여부 등의 여러 점을 검토하는 것이 필요하다."라고 합니다. 이런 여러 가지 점들을 검토한 후 "이들의 사정을 종합하여 그 시대의 건전한 사회통념에 비추어 그것이 공연히 성욕을 흥분 또는 자극시키고 또한 보통인의 정상적인 성적 수치심을 해하고, 선량한 성적 도의관념에 반하는 것이라고 할 수 있는가의 여부"를 따져보면 정답이 나오게 되어 있다는 것입니다.

그냥 읽어 가지고는 머리에 잘 들어오지를 않지요? 제가 읽어도 그렇습니다. 우리 대법원 판결들은 워낙 어렵게 쓰여 있어서 일반인들이 신문 읽듯 대충 읽어서는 도무지 무슨 뜻인지 알 수 없습니다. 이 대법원 판결은 "음란한 문서란 ~이다."라고 선언함으로써, 음란한 문서와 그렇지 않은 문서를 분명히 구분할 수 있다는 자신감을 바탕에 깔고 있습니다. 그 자신감을 가지고 문서를 뚫어지게 살펴보는 거죠. 뭘 살펴보느냐?

1) 당해 문서의 성에 관한 노골적이고 상세한 묘사 서술의 정도와 그 수법 (얼마나 심하게 벗겼나?), 2) 묘사 서술이 문서 전체에서 차지하는 비중 (얼마나 많이 자주 벗겼나?), 3) 문서에 표현된 사상 등과 묘사 서술의 관련성 (내용의 흐름과 아무 상관 없이 벗겼나?), 4) 문서의 구성이나 전개 또는 예술성·사상성 등에 의한 성적 자극의 완화의 정도 (위의 조건에 다 걸린다 해도 혹시 예술성·사상성 덕분에 좀 봐줄 수 있는 면이 있나?), 5) 이들의 관점으로부터 당해 문서를 전체로서 보았을 때 주로 독자의 호색적 흥미를 돋구는 것으로 인정되느냐 (순전히 벗기기 위해서 벗긴 것이냐?) 등등을 검토한다는 것이지요. 풀어서 보아도 별로 나아지지는 않네요.

여러분에게 우선 이 판결문을 100번쯤 읽어보시기를 권합니다. 이 문장들을 완벽하게 암기하여 잠을 자다 깨도 이 문장이 떠오를 정도로 훈련해보십시오. 자, 훈련이 끝나셨습니까? 이제 여러분 앞에 《즐거운 사라》, 《내게 거짓말을 해봐》, 〈거짓말〉, 《천국의 신화》 등이 놓여 있습니다. 읽어보고 이 판결의 입장에 따라 음란성 여부를 판단해보십시오. 대법원 판결의 기준들이 여러분의 판단에 도움이 되는지요? 별 도움이 안 되신다고요? 당연합니다. '음란'이라고 하는 추상적인 단어를 설명하기 위해 그보다 훨씬 더 추상적인 단어들이 마구잡이로 동원되고 있는 것이 이 판결입니다.

당장 걸리는 것이 '일반 보통인'의 개념입니다. 도대체 누가 '일반 보통인'인가요? 여러분은 스스로 일반 보통인에 속한다고 자신할 수 있습니까? '일반 보통인'은 가상의 개념입니다. 누가 일반 보통인인지가 민주적 절차에 의해 결정되는 것도 아니고, 통계에 의해 정당화되는 것도 아닙니다. '일반 보통인'과 같은 가상의 인물을 만들어놓고 나면, 법관들은 언제든지 자기 자신을 그 가상의 인물과 동일시하게 됩니다. 자기 마음대로 판결하는 것을 정당화하기 위해 일반 보통인이라는 허구의 인물을 이용하게 되는 것입니다. '정상적인 성적 수치심'이나 '성적 도의관념'은 또 뭡니까? 성적 수치심에도 정상적인 것과 그렇지 못한 것이 있습니까? '그 시대의 건전한 사회통념' 부분에 가면 실소를 금할 수 없습니다. 정말이지 한 가지도 명확한 개념이 없습니다.

그냥 읽어보면 그럴듯한 기준이 있는 것처럼 보이지만, 막상 자세히 들여다보면 실체를 갖지 못한 것이 바로 이런 유의 대법원 판결입니다. 이건 우리 대법원만의 문제는 아니며 미국이든 독일이든 음란물 처벌에 관한 대법원의 입장은 대개 비슷한 경향을 보입니다. 온갖 미사여구들이 나열되지만 결론은 "내가 보니 음란하더라"는 것에 불과합니다. 똑같은 판단 기준을 적은 후 결론에서 "이 작품은 그런 잣대에 비추어보니 음란이 아니더라."라는 판결이 나온다 한들 하나도 이상할 것이 없습니다. 그럴듯한 포장에도 불구하고 최종 판단은 판사의 마음에 달려 있기 때문입니다. 대법원 판결에 '그 시대의 건전한 사회통념'처럼 고상한 단어들이 넘쳐나게 될 때에 우리는 일단 그 판결을 의심해볼 필요가 있습니다. 고상하고 추상적인 단어가 많아지는 만큼 판사의 자의(恣意, '내 마음대로'라는 뜻으로 법률가들이 자주 쓰는 말이지요)가 개입할 여지도 커지기 때문입니다. 추상성으로 가득 찬 이 대법원 판결문을 보고 나면, 오히려 '미성년자보호법'에 위헌 결정을 내린 헌법재판소의 입장이 이상하게 느껴질 정도입니다. 달리 말하자면, '미성년자보호법' 위헌 결정에 따라 무죄 판결을 받게 된 이현세 씨의 경우가 운이 좋았던 것일 뿐, 그런 행운이 모두에게 깃들리란 보장은 없다는 것입니다.

2008년부터 대법원은 '음란' 개념에 전향적인 입장을 보이기 시작합니다. 일단 기본 전제에서 "형사법이 도덕이나 윤리 문제에 함부로 관여하는 것은 바람직하지 않고, 특히 개인의 사생활 영역에 속하는 내밀한 성적 문제에 개입하는 것은 필요 최소한의 범위 내로 제한함으로써 개인의 성적 자기결정권 또는 행복추구권이 부당하게 제한되지 않도록 해야 한다."라는 새로운 이야기를 꺼내죠. 오래전부터 당연하게 받아들여지던 법 정신이라서 엄밀히 말하자면 '새로운' 이야기가 아닙니다만, 대법원이 이걸 공식적으로 깨달았다는 게 중요한 겁니다. 그리고는 "개인의 다양한 개성과 독창적인 가치 실현을 존중하는 오늘날 우리 사회에서의 음란물에 대한 규제 필요성은 사회의 성윤리나 성도덕의 보호라는 측면을 넘어서 미성년자 보호 또는 성인의 원하지 않는 음란물에 접하지 않을 자유의 측면을 더욱 중점적으로 고려하여야 한다."라는 입장도 표명합니다. '성윤리'나 '성도덕'이라는 기존의 관점에 '미성년자 보호' 또는 '성인의 원하지 않는 음란물에 접하지 않을 자유'라는 관점을 추가한 보호 법익을 제시한 것입니다. 이전의 판단 기준을 완전히 뒤집지는 않되, 그 내용을 훨씬 구체적으로 보완한 새로운 기준도 내놓습니다. 그 내용은 이렇습니다.

"음란이라 함은 사회 통념상 일반 보통인의 성욕을 자극하여 성적 흥분을 유발하고 정상적인 성적 수치심을 해하여 성적 도의 관념에 반하는 것으로서, 표현물을 전체적으로 관찰·평가해 볼 때 단순히 저속하다거나 문란한 느낌을 준다는 정도를 넘어서서 존중·보호되어야 할 인격을 갖춘 존재인 사람의 존엄성과 가치를 심각하게 훼손·왜곡하였다고 평가할 수 있을 정도로, 노골적인 방법에 의하여 성적 부위나 행위를 적나라하게 표현 또는 묘사한 것으로서, 사회 통념에 비추어 전적으로 또는 지배적으로 성적 흥미에만 호소하고 하등의 문학적·예술적·사상적·과학적·의학적·교육적 가치를 지니지 아니하는 것을 뜻한다고 볼 것이고, 표현물의 음란 여부를 판단함에 있어서는 표현물 제작자의 주관적 의도가 아니라 그 사회의 평균인의 입장에서 그 시대의 건전한 사회 통념에 따라 객관적이고 규범적으로 평가하여야 한다."[6]

새로운 판결에 따르면 단순히 저속하다거나 문란한 느낌을 주는 정도로는 음란물이 되지 않고, 반드시 사람의 존엄성과 가치를 훼손·왜곡하는 수준에 이르러야 처벌이 가능합니다. "하등의 …… 가치를 지니지 아니하는 것"이어야 처벌 가능하다는 표현도 흥미롭습니다. 결국 문학적·예술적·사상적·과학적·의학적·교육적 가치가 거의 없어야 처벌이 가능하다는 얘기인데, 이는 과거 《내게 거짓말을 해봐》 사건에서 "문학성 내지 예술성과 음란성은 차원을 달리하는 관념"이라면서 "문학성 내지 예술성이 있다고 하여 그 작품의 음란성이 당연히 부정되는 것은 아니라"고 유죄 판결을 했던 것과는 사뭇 다른 입장입니다. 대법원 판결을 변경하려면 대법관 전원이 모인 전원합의체 판결이 필요한데, '음란'에 대해 대법원은 그런 과정 없이 과거 입장을 유지하는 것 같은 태도를 취하면서도 사실상 과거 입장을 뒤집는 기준을 내놓고 있는 것입니다. 새로운 기준에 따르자면 《내게 거짓말을 해봐》는 아마도 무죄 판결을 받을 겁니다. 당연히 환영할 만한 일입니다. 그러나 이렇게 진전된 기준이라 해도 여전히 처벌 여부가 판사의 마음에 따라 좌우될 수 있다는 근본적인 한계에는 변함이 없습니다. 새로운 기준에 따르더라도 똑같은 책이나 사진을 보고 어떤 판사는 유죄 판결을, 어떤 판사는 무죄 판결을 내릴 수 있다는 점은 변함이 없으니까요.

혹시 '나는 법률 훈련을 받지 못했기 때문에 이 대법원 판결을 보고도 별다른 도움을 받지 못하는 것이고, 리갈 마인드를 지닌 법률가들이라면 뭔가 다르지 않겠느냐'고 생각하는 분이 있을지도 모릅니다. 그러나 똑같은 법률 훈련을 받고, 사법시험에 합격해서 판사 생활을 해온 사람이라도 음란물 판단에 있어서는 결론이 얼마든지 달라질 수 있습니다. 오히려 음란물 판단과 같은 문제에 있어서는 "우리들 누구도 정답을 가지고 있지 못하다. 결국 나도 내 가치관에 의해서 판단을 내리는 것에 불과하며, 따라서 나의 판단도 결코 완전할 수 없다."라는 사실을 솔직히 인정하는 것이 오히려 정직한 출발이 될 수 있습니다.

젖꼭지와 털 사이*

대법원 판결이 음란성을 판단하는 데 별 도움이 되지 않는다면 우리는 어떻게 해야 할까요? 음란물로부터 사회(특별히 청소년들)를 보호하는 것이 정의라면 우리가 이 정의를 포기할 수는 없는 것 아닙니까? 어디부터가 음란물인지 기준을 잡는 것이 불가능하다고 해서 그걸 완전히 포기해야 한다면 말이 안 되지 않습니까? 과연 음란물을 처벌하는 데 있어서 정의의 기준을 어디로 잡아야 할까요?

논의를 단순화하기 위해 영화를 예로 들어보겠습니다. 추상적인 형법상 처벌 규정과 대법원 판결의 입장에도 불구하고 우리나라에서 영

---

* 7년이 지난 시점에서 다시 읽어보니 가장 눈에 걸리는 것이 바로 젖꼭지와 털을 거론한 부분입니다. 음란 개념의 자의성과 대화를 통한 합의 도출의 중요성을 쉽게 설명하기 위해서 도입한 나름대로 야심찬 사례였는데, 역시 남성이라는 저자의 한계만 뚜렷이 부각된 서술 방식이었던 것 같습니다. 영화 검열과 관련해서 여성 신체의 노출만 주로 논란이 되고, 남성은 성기 이외 모든 부분의 노출이 사실상 자유로운 현실이라 어쩔 수 없었다는 변명도 가능합니다만, 여전히 여성을 대상화한다는 점에서 부적절했다는 반성을 합니다. 가부장적인 우리 사회에서 최근 좌우를 불문하고 어디서나 예기치 않게 형성되는 전선이 젠더와 관련한 논쟁입니다. 트위터에서 만난 친구들에게 제가 가장 많이 배우는 것도 젠더 이슈입니다. 자신이 쓴 옛 글을 읽으며 제가 느끼는 불편함도 아마 그런 학습의 결과겠지요. 이 부분을 삭제하고 완전히 다른 내용으로 대체하는 것도 생각해보았지만, 제 한계를 그대로 보여주는 것도 좋을 것 같아 그냥 놓아두고 간단한 후기를 덧붙입니다. 독자 여러분의 너그러운 이해를 구합니다.

화의 음란성을 가르는 데는 일정한 기준이 있는 것으로 보입니다. 그 기준은 무엇일까요? 과연 우리 영화에서는 어디까지 노출이 허용될까요? 각자 한번 생각해보십시오. 영화를 상영할 때 신체 일부분을 문지르거나 잘라먹는 사전 검열은 원칙적으로 사라졌지만, 감독이나 제작자의 마음에 심리적인 경계선은 남아 있습니다. 이 책을 처음 쓸 때 그 경계선은 바로 '털'이었습니다. 보통 헤어 누드로 불리는 그곳은 적어도 한국 영화에서는 절대로 허용되지 않았습니다. 그러나 외국에서 수입된 이른바 '예술 영화'들부터 경계가 서서히 무너졌고, 탕웨이가 파격적인 노출을 보여준 〈색, 계〉가 무삭제로 상영된 후, 우리나라 영화에서도 심심치 않게 배우들의 헤어 누드를 볼 수 있게 되었습니다. 털이면 무조건 안 된다는 단세포적 논의를 지나서 드디어 '예술성 있는 털은 가능하다'는 수준의 논의에 이른 것입니다. 거칠게 단순화하면, '우리나라 영화에서 음란성을 가르는 기준은 여전히 털이지만, 잘만 만들면 털을 보여주는 게 가능하다'라고 정리할 수 있습니다.

이런 변화가 하루아침에 이루어진 것은 아닙니다. 80년대 초에는 여성의 가슴 노출조차 허용되지 않았습니다. 더 엄밀하게 이야기하자면 가슴 언저리가 나오는 것은 괜찮지만 젖꼭지가 노출되어서는 안 되었지요. 제 기억이 맞다면, 젖꼭지 노출 금지라고 하는 시대의 한계를 넘어선 것이 바로 이장호 감독의 〈무릎과 무릎 사이〉였습니다. 스포츠와 섹스를 통해 국민들의 억압된 욕구를 분출시키려 한 전두환 군사독재 정권의 우민화 정책 덕분에 이미 1982년 〈애마부인〉 시리즈가 에로 영화 도약의 고고성을 울렸지만, 이 분야에 새로운 획을 그은 영화는 〈애마부인〉이 아니라 〈무릎과 무릎 사이〉였습니다. 왜냐하면 〈애마부인〉에서 안소영 씨의 가슴이 여러 각도에서 강조, 또 강조되기는 했지만 그녀의 젖꼭지는 끝내 영화 화면에 등장하지 못했기 때문입니다. 우리는 그저 그녀의 가슴 언저리만을 보고 또 봐야 했지요. 반면에 이장호 감독의 표현대로 "신인 여배우 이보희가 모든 것을 바쳐 헌신적으로 표현한 영화"였던 〈무릎과 무릎 사이〉는 약 0.1초의 짧은 순간이기는 했지만 목욕탕 장면에서 이보희 씨의 가슴 전체를 보여주는 데 성공했습니다. 이보희 씨가 모든 것을 바쳐 헌신적으로 표현한 연기의 핵심이 바로 이 부분이었던 거구요. 덕분에 이장호 감독은 이제껏 만져보지 못한 큰 액수의 돈을 벌게 되었고, 자고 나면 또 돈이 쌓이고 매일 매일 돈이 모이는 신기한 경험을 하게 됩니다.[7] 물론 이장호 감독이 이렇게 큰 돈을 벌게 된 데에는 그의 재능이 가장 큰 역할을 했겠지요. 하지만, 달리 생각하면 이전의 노출 수준을 뛰어넘게 만든 '어떤 힘'이 영화의 성공에 작용했음을 부인하기 어렵습니다. 그 힘은 바로 검열을 담당하는 부서의 누군가가 가지고 있던 것이었겠지요.

'가슴 노출 yes, 털 노출 no'의 시절 이전에는 '등 노출 yes, 가슴 노출 no'의 시절이 있었고, 더 거슬러 올라가다 보면 섹스 장면을 오직 여배우의 얼굴을 통해 상상해야 했던 '상상력의 시대'가 있었습니다. 〈애마부인〉도 초기작에서는 목 윗부분의 여주인공 얼굴만 보면서 오묘하게 변화하는 그녀의 표정을 통해 무엇이 진행되고 있는지를 짐작해야 했습니다. 하기야 그 정도도 괜찮은 편이었지요. 더 거슬러 올라가면 남자배우와 여자배우가 심각한 얼굴로 상대방을 바라보다가 비스듬히 누우며 화면에서 사라지고 불이 꺼지면 우리가 알아서 '뭔 일이 진행되고 있나보다.' 생각해야 했던 '암흑의 시대'도 있었습니다.

이런 암흑의 시대를 주도했던 인물들, 도덕의 상징처럼 보였던 그 지도자들이 국가정보기관의 비밀숙소(안가) 또는 고급 요정에서 날마다 섹스 파티를 벌이며 향락의 밤을 보내고 있었던 것도 아이러니입니다. 남들은 못 보고, 못 즐기도록 규제하던 분들이 자기들은 그걸 보고

즐길 자격이 있다고 생각했던 모양인데, 시민을 어린아이로 보고 자신들을 어른으로 생각하는 것은 규제를 주장하는 분들이 가진 공통점이라 할 수 있습니다.

미국에 머무는 동안 저는 오랫동안 저를 제약해왔던 영화 노출의 한계를 저 혼자 뛰어넘는 경험을 했습니다. 절대적 기준인 줄 알고 있었던 '털 노출 금지의 원칙'이 존재하지 않는 세상을 보게 된 것이지요. 〈나인 하프위크〉, 〈원초적 본능〉 등 한국에서 볼 때는 매우 부자연스러웠던 영화 장면들이 자연스럽게 연결되어 있는 화면도 다시 보게 됩니다. 우리나라에서는 절대로 볼 수 없었던 털이 별 부담 없이 등장하더란 말씀입니다. 아카데미 상을 석권했던 〈잉글리쉬 페이션트〉 같은 작품에서 덜컥 여배우의 완전 나체가 등장하는 것을 보고 제 눈을 의심했던 일도 있었습니다만, 점차 별 감흥 없이 그런 영화들도 볼 수 있게 되었습니다.

코넬에서 공부할 때 일 주일에 한 번씩 대학 극장에서 상영해주던 영화들은 유난히 유럽, 일본 작품들이 많았는데, 그 중에는 오시마 나기사 감독의 〈감각의 제국〉처럼 질 속에 달걀이 들어갔다 나오는 것을 있는 그대로 보여주는 영화도 있었습니다. 영화에 있어서 노출의 한계라는 것은 시대적으로도 다른 양상을 보일 뿐 아니라, 지역 또는 문화에 따라서도 큰 차이를 보인다는 사실도 알게 되었습니다. 다른 한편, 당시 한국에서 수입 허가 여부가 논란이 되던 일본 영화들을 미국에서 마음껏 관람하면서 이것이 일종의 권력이라는 생각도 하게 되었습니다. 그렇지 않습니까? 안가와 요정에서 자신들만의 축제를 즐기며 일반 시민들의 일상생활을 통제하던 이들이 누리던 자유를, 외국에 있다는 이유만으로 저도 누리게 되었으니까요. 그와 동시에 '나는 볼 수 있지만, 너희들은 못 보는 어떤 것'의 존재가 권력을 향한 의지를 키워내는 중요한 동력이며 통제의 근원이 된다는 생각도 해보았습니다.

이쯤에서 일단 우리 영화 노출의 기준점 변화를 거칠게 정리해보면 1) 얼굴, 손 등 일상생활에서 볼 수 있는 부분만 노출, 2) 등과 엉덩이를 비롯한 몸 뒷면의 노출, 3) 가슴 일부분 노출, 4) 젖꼭지 노출, 5) 털 노출, 6) 앵글을 아래로 한 여성 신체의 완전 노출, 7) 성교 장면의 구체적 묘사 등 무제한 노출 쯤으로 순서를 매겨볼 수 있을 것입니다. 물론 1)번보다 앞선 번호를 매길 수 있는 노출 정도도 가능합니다. 이슬람권에서 약 6억~7억 명의 여성이 착용하는 다양한 종류의 베일이 바로 그 극단적인 노출 금지의 예가 될 수 있겠지요.

이 베일을 억압의 상징으로만 볼 수는 없습니다. 이슬람권에서 차도르, 부르카 등으로 불리는 이 베일은 순결과 정숙을 상징하기도 합니다만, 때로는 얼굴을 마구 드러내고 다니는 하층 계급 여성들로부터 상류층 여성이 자신의 사회적 지위와 정체성을 구분짓는 수단이 되기도 하고, 서구 문명에 대항하는 종교운동의 상징이 되기도 합니다. 아프가니스탄 여성들이 눈만 겨우 보이도록 온몸을 감싼 것을 텔레비전에서 보신 일이 있으시지요? 그 정도를 0)번으로 매겨보기로 하지요.

현재 우리나라에서는 19금 딱지를 붙이기만 하면 4)번 젖꼭지 노출까지는 자유롭게 허용되고, 5)번 털 노출은 경우에 따라 가능하며, 6)번 앵글을 아래로 한 여성 신체의 완전 노출부터는 금지됩니다. 앞서 말씀드린 〈무릎과 무릎 사이〉의 노출 허용치는 역시 4)번까지였겠지요. 최은희, 엄앵란 씨 등이 나오던 옛날 우리 영화들은 1)번 언저리를 헤매고 있었을 것이고, 정윤희, 장미희, 유지인 씨 등이 영화 화면을 장악했던 시절에는 2)번의 등과 엉덩이 정도가 노출의 기준점이 되었을 겁니다. 그런데 문제는 도대체 그와 같은 기준이 어떻게 설정되느냐 하는 데 있습니다.

예컨대 우리 영화가 가져야 할 노출의 한계에 대한 토론이 벌어졌다고 칩시다. 우선 털은 절대로 안 된다는 원칙을 지닌 분에게 이런 질문을 던져봅시다. "털은 안 되는데, 가슴 또는 젖꼭지의 노출이 가능한 이유는 무엇인가요?" 젖꼭지와 털 사이에 무슨 넘지 못할 엄청난 벽이 있기에 젖꼭지는 되고 털은 안 되는 것일까, 이 질문에 제대로 답할 수 있는 사람은 아마도 없을 겁니다. 사람에 따라서는 가슴만 보면 엄청난 성욕이 일어나지만 털을 봐서는 별 변화가 없는 경우도 있을 수 있고, 그 반대도 충분히 가능합니다. 생각하기에 따라서는 털 부분을 모자이크 처리하는 것이 사람들의 '비정상적인 성욕'을 더 자극할 수도 있습니다. 지금 우리나라 청소년들이 유난히 털까지 노출된 영상물을 열심히 찾아 나서고 있다면 그건 그들이 털에 특별한 집착이 있기 때문이라기보다는, 지금 현재의 노출 한계치가 털에 설정되어 있기 때문일 것입니다. 금기에 도전하여 벽을 넘고 싶은 잠재 심리가 작동하고 있는 것이지요.

어쨌든 현재 우리나라의 영화 노출 수위는, 우리 대법원의 표현을 빌리자면 젖꼭지까지는 정상적인 성적 수치심을 자극하지 않지만, 털부터는 경우에 따라 정상적인 성적 수치심을 해하여 사람의 존엄과 가치를 훼손·왜곡한다는 것입니다. 그런데 과연 남성들에게 신체적 변화가 일어나는 것, 혹은 인간에게 성적 욕구가 일어나는 것을 정상적인 것과 비정상적인 것으로 구분할 수 있을까요? 털을 노출하는 것만으로는 사람의 존엄과 가치가 훼손·왜곡되지 않지만, 각도를 달리해서 성기가 조금만 보이면 사람의 존엄과 가치가 훼손·왜곡되는 것일까요? 누구라도 잠깐 생각해보면 그런 구별이 불가능함을 알 수 있습니다. 젖꼭지와 털 사이에 절대적인 차이가 존재하지 않듯이 털 노출과 성기 노출 사이에도 넘지 못할 근본적인 벽이 존재하는 것은 아닙니다. 절대적인 차이가 존재하지 않는 이상, 어디까지는 허용하고 어디까지는 금지하는 데 합리적인 이유를 가져다 붙이기란 매우 어렵습니다.

그렇다면 노출의 한계에 관한 논쟁에서 설득력을 갖는 것은 오직 0)번의 노출 완전 금지와 7)번의 노출 완전 허용뿐입니다. 우선 노출 완전 금지의 입장은 논리적 일관성을 갖습니다. 털은 안 된다면서 젖꼭지는 된다는 이유가 뭐냐는 질문에 이들은 간단하게 답변할 수 있습니다.

"그래서 우리는 털도 안 되고, 젖꼭지도 안 되고, 가슴도 안 되고, 엉덩이도 안 되고, 모두 안 된다는 것입니다. 우리는 더 나아가 얼굴도 안 된다고 생각합니다. 얼굴이야말로 남성들에게 불필요한 성욕을 일으키는 가장 중요한 유혹이기 때문입니다. 얼굴에 두꺼운 베일을 씌우고 눈 부분만 구멍을 뚫어 밖을 볼 수 있게 한 이유가 바로 거기에 있습니다."

반대로 완전한 노출 허용 입장도 동일한 논리적 일관성을 갖습니다.

"그것 보시오. 털은 안 되고 젖꼭지는 된다는 것은 말이 안 됩니다. 젖꼭지가 허용된다면 털도 허용되어야 합니다. 더 나아가 구체적인 성기, 심지어 성교 장면도 굳이 금지할 이유가 없습니다. 털이 금지된다는 댁들의 논리에 따르자면 차라리 모든 여성들이 차도르를 쓰고 다니는 편이 옳습니다."

결국 이 논쟁에서는 표현의 자유에 중점을 둔 '완전한 허용'과 청소년 또는 성적 도의관념 보호에 중점을 둔 '완전한 금지'만이 논리적으로 타당성을 갖는다는 말씀입니다. 그 이외에 가슴, 젖꼭지, 털 등 양극단 사이의 어느 지점에 한계를 설정하려는 입장은 그 앞뒤 단계와의 차이를 설명하지 못함으로 인해 설득력을 갖기가 어렵습니다. 공개적인 토론에서 늘 가장 입장이 선명한 사람들이 승리하게 되는 이유가 여기 있습니다. 한쪽 극단에 서는 것보다 더 말끔한 논리는 없습니다.

저는 가끔 우리 사회의 문제는 정답을 지닌 사람들이 너무 많은 데 있다는 생각을 합니다. 정답을 몰라서 문제가 아니라, 정답을 아는 사람이 너무 많아서 문제라는 이야기는 얼핏 이해가 잘 되지 않으시지요? 극단에 선다는 것은 개인적으로는 매우 행복한 일입니다. 극단에 서 있는 사람은 고민을 할 필요가 없습니다. 자신은 언제나 옳고, 남은 언제나 틀리기 때문에, 흔들리지 않는 자기 확신 속에서 행복한 삶을 살 수 있습니다. 세상에 두려울 일이 없습니다. 심한 경우에는 그 순수함으로 인해 얼굴에서 빛이 번쩍번쩍 나게 됩니다. 종교적 확신을 가지고 여성들 모두에게 베일을 강제했던 아프가니스탄의 탈레반 지도자들도, 양민 학살에 주저함이 없었던 해방공간의 좌·우익 지도자들도 아마 비슷한 얼굴을 가지고 있었을 것입니다. 이것은 0)번과 7)번의 입장을 취하는 사람들만이 누릴 수 있는 자유입니다. 그러나 마음 아프게도 이런 분들이 누리는 자유는 다른 사람들의 불행이 됩니다. 이분들의 확신이 구현되는 세상은 다른 쪽 극단에 선 사람에게는 바로 지옥인 까닭입니다.

영화에 있어서 노출의 정도를 결정하는 것도 이처럼 쉽지 않은 문제입니다. 정답을 찾기란 정말이지 쉽지 않습니다. 더 정확히 말하자면 정답은 없다는 편이 옳습니다. 그러다 보니 차라리 완전 노출을 허용하되 이를 볼 수 있는 사람들의 연령을 제한하자는 새로운 주장도 나오게 됩니다. 하지만 이 주장도 비논리적이기는 마찬가지입니다. 왜냐하면 17, 18, 19, 20세의 나이 중에 어떤 기준점을 정하는 것 역시 가슴, 젖꼭지, 털의 기준을 정하는 것만큼이나 힘든 일이기 때문입니다. 17세는 안 되는데, 18세는 가능하다는 근거가 뭐냐고 묻는다면 대답하기가 쉽지 않습니다. 같은 17세의 소년, 소녀들이라 해도 지적 능력과 인성 면에서는 개인별로 엄청난 차이를 보입니다. 때로는 15세의 영민한 소녀가 20세의 청년보다 모든 면에서 뛰어난 이해력을 가지고 있을 수 있습니다. 그러니 어떤 기준으로 나이를 정할 수 있겠습니까? 그러나 기준이 될 나이를 정할 수 없다고 해서 초등학교 1학년 학생들까지 남녀의 노골적인 성행위를 보는 데 아무 제약이 없도록 전면 허용할 수는 없습니다. 기준을 정할 수 없지만, 기준을 만들어내야 하는 딜레마에 부딪치게 된 것입니다.

정답을 찾기 어려운 현상은 비단 노출 문제에만 국한되지 않습니다. 정답이 없는 상태가 비정상적인 일도 아닙니다. 더 이상 모두가 동의할 수 있는 절대적 정의의 기준은 존재하지 않습니다. 유교라는 하나의 가치관에 의해 우리 사회가 지배받던 시절에는 유교의 가르침이 절대적 정의였습니다. 세부적인 문제에서 기준을 정하기 어려운 상황이 되었을 때에는 임금이나 큰 스승들이 그 기준을 결정해주었습니다. 굳이 많은 논리적 근거가 제시되지 않더라도 '그분의 말씀이기 때문에' 그걸 진리로 받아들이는 것이 가능했습니다. 기독교가 절대적인 정의의 기준이 되었던 서구 사회도 마찬가지입니다. 논리가 아니라 성경이 그렇게 말하고 있다고 하면 그것이 절대적 정의의 기준이 되었습니다. 세부적인 부분에서 이견이 있을 때는 교황청과 같은 절대적 권위자가 그 분쟁을 해결해주었습니다. 그러나 이제는 그와 같은 절대적 정의의 기준이 존재하지 않습니다. 보통 자연법이라고 불리던 정의가 이제는 옛날같이 명확하지 않고 모든 부분에서 불확실해진 시대가 도래한 것입니다. 정의가 없다고 말할 수는 없지만 무엇이 정의인지를 알 수 없는 이 새로운 도전은 과학기술의 발전과 사회의 다원화에 따라 당연하게 예정되어 있던 것입니다.

자연법과 함께 일방적으로 기준을 정해줄 '사제'가 사라진 시대에는 정의를 찾기 위한 새로운 수단이 필요하게 되었습니다. 바로 '대화' 또는 '절차'라고 하는 기준이 작동하기 시작하는 지점입니다. '대화'는 "나만이 절대적인 진리를 갖고 있는 것은 아니다."라는 자각에서 출발합니다. 우리들 중 누구도 정답을 지니고 있지 않다는 것을 솔직히 인정하는 데서부터 대화가 시작되는 것입니다. 내가 잠정적으로 정답이라고, 정의라고 생각하는 것은 존재하지만, 그것은 상대방과 대화를 하면서 언제든지 수정 가능한 것이어야 합니다. 상대방과 나누는 대화에 의해 내가 가진 정보의 양이 늘어나다 보면 분명히 어느 지점에선가 내 생각을 바꿔야 하는 순간이 찾아옵니다. '대화'란 다른 사람의 생각을 받아들임으로써 내 생각을 발전시켜 나가는 재미있는 작업입니다.

누구도 정답을 갖지 못한 상태에서 우리는 각자의 생각들을 가지고 공론의 장에 모입니다. 위에서 이야기한 0)번부터 7)번까지가 바로 그런 생각들일 수 있습니다. 이런 생각을 가진 사람들이 각자의 논리를 가지고 정답을 찾아 대화와 토론을 계속하다 보면 어떤 한 지점을 향해 의견들이 서서히 모이게 됩니다. 이것이 바로 민주주의입니다. 이런 대화의 장에서 법이 해야 하는 일은 정답을 제시하는 것이 아니라 공정한 대화의 규칙 또는 절차를 보장해주는 것이며 이와 같은 절차의 핵심이 되는 것은 개방성과 민주성입니다.

털이냐 젖꼭지냐의 문제에 있어서도 만약 개방성과 민주성의 원칙 아래 공론의 장에서 토론이 벌어진다면 우리 사회에서는 아마도 5)번의 털까지는 허용되지만, 6)번 이상의 노출은 금지하자는 정도에서 결론이 날 것으로 저는 예상합니다. 그렇다면 지금의 금지 수준과 별로 다를 것도 없는 똑같은 결론 아니냐는 지적이 있을 수 있겠지요? 그러나 똑같은 결론이라 하더라도 공론의 장에서 충분한 대화를 거쳐 하나의 지점으로 모인 합의와 한 사람의 독재자 또는 몇 사람의 전문가에 의해 일방적으로 결정된 지침은 분명히 다릅니다. 앞의 것이 공론경쟁력을 갖춘 것이라면 뒤의 것은 아무런 근거를 갖지 못한 독선에 지나지 않는 까닭입니다.

현재 우리나라에서 음란물에 관한 한 아무런 기준이 없어 보이는 이유도 그러한 기준을 정하기 위한 제대로 된 토론이 이루어지지 못했기 때문입니다. 공론의 장에서 토론을 통해 찾아야 할 지점이 너무나 쉽게 몇몇 법률가들의 '리갈 마인드'에 의해 결정되어 버렸습니다. 문학작품이나 영화에서 규제되어야 할 음란성의 정도에 대한 건강한 토론 없이, 문화예술적 소양이라고는 전무한 몇몇 법률가들이 스스로 지니고 있다고 믿는 리갈 마인드라고 하는 매우 추상적인 판단 기준에 의해 처벌을 결정해온 것입니다.

뿐만 아니라 토론 하면 '양보'나 '타협'을 떠올리기보다는 끝없는 싸움만을 연상하게 되는 우리 문화도 문제입니다. 대화에서는 자꾸 승패만을 가르려 합니다. 토론이 끝날 때마다 이긴 사람과 진 사람을 가르려 하다 보니, 토론 참여자는 지지 않기 위해 목숨을 걸게 됩니다. '대화'는 승패를 가르기 위한 것이 아니라 '합의'를 도출하기 위한 것입니다. 그런데 우리 토론 문화에서 양보나 타협은 곧 변절이라는 이미지를 남깁니다. 과거 우리 정치사에서 양보와 타협을 강조했던 분들이 대개 개인의 이익을 얻기 위해 공익을 저버린 사람들이었기 때문에 생겨난 이미지입니다. 그러다 보니 일단 중요한 것은 '사쿠라'가 되지 않는 것입니다. 토론의 승리를 위해서라도 0)번과 7)번의 극단적인 의견만을 들고 싸움터로 나갑니다. 0)번과 7)번을 끝까지 고수하면 비록 싸움에는 지더라도 명분은 잃지 않을 수 있습니다. 정답을 찾기 힘든 시대에 우리 사회가 늘 0)번과 7)번의 두 정답이 벌이는 극단적 싸움 속에 허덕이게 된 이유도 여기에 있습니다.

물론 말처럼 대화와 토론이 손쉬운 것은 아닙니다. 대화와 토론은 늘 엄청난 시간과 정력을 요구하기 때문에 때로는 비효율적으로 보일 수 있습니다. 민주화 이후 우리 사회가 경험한 어려움도 따지고 보면 이런 불가피한 비효율성에서 비롯된 것입니다. 그러나 오랜 대화와 토론을 통해 기준이 결정되고 나면, 더 이상의 잡음은 없어진다는 장점이 있습니다. 민주주의는 그 과정에서 비용이 많이 들지만 합의가 도출된 이후에는, 외견상 효율적으로 보이는 권위주의 독재 체제보다 훨씬 손쉽게 굴러가게 됩니다. 초기에는 힘들어도 나중에는 오히려 쉽게 본전을 뽑게 되는 것이지요. 그 과정이 힘들다고 해서 계속 손쉬운 길을 택하다 보면 우리는 영원히 민주주의를 할 수 없게 되고 맙니다.

올바른 절차에 기초한 답 찾기

재판에 있어서도 대화와 절차는 중요합니다. 과거에 우리는 재판에도 정답이 존재한다고 믿었습니다. 그리고 아직도 그걸 믿는 판검사들이 적지 않습니다. 형사재판에서 많이 이야기되는 이른바 '실체적 진실'이라는 것이 바로 그 '정답'입니다. 텔레비전에 나오는 검사들은 입만 열었다 하면 꼭 그냥 "진실을 찾는다."라고 이야기하지 않고 "실체적 진실을 찾아내어 어쩌고저쩌고……."라고 이야기합니다. 이분들이 이야기하는 '실체적 진실'은 '형식적 진실'과 대칭이 되는 개념입니다.

민사 절차가 당사자들의 주장만 확인하면 족한 '형식적 진실'을 찾는 데 그 목적이 있다면, 형사 절차는 당사자들의 주장과 상관없이 '진짜' 범죄 사실과 범인을 찾는 데 그 목적이 있다는 것이지요.

실체적 진실을 찾는 사람들은 오직 하나의 진실이 존재한다고 믿고 그걸 찾아내기 위해 최선을 다합니다. 살해 현장을 목격한 사람들의 진술을 하나하나 맞춰나가다 보면 그 당시 상황을 완벽하게 재현할 수 있다고 믿는 것입니다. 그러나 '실체적 진실'이라는 덩어리가 존재한다는 믿음은 리갈 마인드에 과도한 믿음을 보내는 것만큼이나 허구입니다.

실체적 진실이라는 덩어리를 재생해내는 것이 불가능하다는 사실을 잘 보여주는 영화로 구로사와 아키라 감독의 〈라쇼몽(羅生門)〉이 있습니다. 1951년 베니스 영화제에서 대상을 받은 〈라쇼몽〉은 아내와 함께 여행하던 한 사무라이가 강도의 칼에 맞아 죽은 사건을 다뤘습니다. 이 영화가 그처럼 각광을 받은 이유는, 단순한 사건을 각각 아내의 시각, 강도의 시각, 목격자인 나무꾼의 시각, 심지어는 무당이 불러들인 죽은 사무라이 영혼의 시각으로까지 조명한 독특한 관점 때문이었습니다. 같은 사건이 각자의 입장에 따라 어떻게 정당화되고, 왜곡될 수 있는지를 극적으로 보여준 영화지요.

〈라쇼몽〉이 너무 옛날 영화라 진부하게 느껴진다면 홍상수 감독의 2000년작 〈오! 수정〉을 생각해보셔도 됩니다. 이 영화는 케이블 TV 구성작가인 양수정(이은주)과 프로그램의 PD인 영화감독 지망생 권영수(문성근), 영수의 후배인 화랑 주인 김재훈(정보석) 세 사람 사이에 벌어지는 에피소드들을 통해 의사 소통 부재의 우리 현실을 홍상수식 일상성으로 잘 드러내고 있습니다.

〈오! 수정〉의 앞부분 절반은 순수해 보이는 평범한 부잣집 아들 김재훈의 시각에서 양수정과의 만남을 묘사하고, 뒷부분 절반은 양수정의 시각에서 동일한 사건들을 재구성합니다. 주의 깊게 보지 않으면 두 이야기가 똑같아 보이는데, 자세히 들여다보면 둘의 기억에는 거의 일치하는 부분이 없습니다. 대충 영화를 보고 '왜 아까 한 이야기를 똑같이 반복하지?'라는 의문을 갖는 관객이 있다면 이 영화의 맛을 절반도 느끼지 못한 사람입니다. 사소한 대화이지만 상황이 전혀 다르고, 누가 존댓말을 쓰는지의 여부도 다르며, 사건의 진행 순서도 다릅니다. 아주 똑같은 장면에서도 아예 존재 자체가 오락가락하는 사람도 나옵니다. 재훈의 운전기사 같은 사람이 그런 경우지요. 재훈 자신에게 별로 중요하지 않은 운전기사는 재훈의 기억 속에는 등장하지 않습니다. 그러나 수정에게는 재훈이 그의 개인 운전기사에게 식사하라고 만 원권 지폐를 건네는 모습이 너무나 인상적이었고 그것이 재훈의 재력을 보여주는 장면이었기 때문에 그 짧은 장면이 중요한 의미를 지닙니다. 두 사람의 관계에서 매우 중요한 처녀성 문제나 생리로 인한 성관계 거부 이야기조차 두 사람의 머릿속에는 전혀 다르게 기억되고 있습니다. 똑같은 장면 같지만 이야기의 주체와 객체, 표현 등에서 사소한 차이를 보이는 이런 비교와 대칭은 이 영화의 백미입니다.

비록 흥행에는 큰 재미를 보지 못했지만, 이 영화는 홍상수 감독의 의도대로 "기억이라는 것이 얼마나 그 상황에 따라, 그 사람의 욕망에 따라 변질되는 것인지를" 잘 보여주고 있습니다. 이게 단순히 영화 속의 이야기뿐일까요? 그렇지 않습니다. 너무나 자신 있게 진실은 하나라고 이야기하지만, 한번 지나간 사건에서 남는 것은 그 사건에 관한 '이야기(Narrative)'들일 뿐 사건 자체가 아닙니다. 이미 지나간 사건의 덩어리(실체적 진실)를 완벽하게 재현해내는 것은 인간의 능력 범위에 속하는 일이 아닙니다.

우리는 이 사실을 옷 로비 사건에서도 확인한 적이 있습니다. 고위공직자, 재벌의 아내들이 동일한 사건에 대해 모두 다른 증언을 했습니다. 대개가 신앙을 가진 분들이었습니다. 국회 앞에서 한 선서도 모자라서 "하나님 앞에서 맹세한다."라고 공언한 분도 여럿 있었습니다.

맹세한 사람들 사이에서도 증언이 엇갈렸습니다. 그걸 보는 사람들은 모두 혀를 찼습니다. 누구의 말이 진실인지는 알 수 없었지만, 적어도 둘 중 한 사람이 거짓말을 하고 있는 것만은 분명했습니다. 누구의 말이 진실인지에 대해서도 특검과 검찰, 국회 등 조사한 기관에 따라 다른 결론이 나왔습니다. 어떻게 이런 일이 벌어집니까?

누가 거짓말을 하고 있는지 본인들은 알고 있을까요? 그렇지 않습니다. 옷 로비 사건에 연루된 분들 중 자기가 거짓말을 하고 있다는 사실을 알면서 거짓말을 한 사람은 없었을지도 모릅니다. 사람은 자기가 처한 입장에 따라 사건을 이해하고, 당시의 상황을 재구성하기 마련입니다. 그렇게 상황을 재구성하고 나면 나중에는 자신이 재구성한 '이야기'를 믿게 되어 있습니다. 옷 로비 사건에 등장한 사모님들이 그처럼 당당하게 자기 주장을 펼칠 수 있었던 이유가 여기에 있습니다. 그분들은 거짓말을 한 것이 아니라, '자신들이 믿는 진실'을 이야기한 것입니다. 비록 자기가 꾸며낸 진실이라 하더라도 말입니다. 자기 거짓말을 자기가 믿을 수 있는 것이 인간이라는 존재입니다.

실체적 진실 또는 정답을 찾는 것이 불가능하다는 사실을 인정하고 나면 우리는 새롭게 '대화' 또는 '절차'에 주목하게 됩니다. 적법 절차(Due Process of Law)라는 헌법 원칙이 이런 현실 속에서 다시 주목받게 된 것입니다. 즉, 과거에는 이미 존재하는 실체적 진실의 덩어리를 판검사를 비롯한 주체들이 열심히 '찾아가는' 것을 형사 절차라고 이해했습니다. 그러다 보니 '실체적 진실'을 찾아야 한다는 형사 절차의 목적과 '적법 절차'를 지켜야 한다는 헌법 원칙이 서로 충돌한다고 생각하는 것이 일반적이었지요. 예를 들어 경찰이 피의자를 고문하여 살인에 사용한 식칼을 찾아냈다고 칩시다. 이 경우에 고문을 통해서 찾아낸 식칼은 실체적 진실에 해당하고, 경찰이 피의자를 고문해서는 안 된다는 법의 요구는 적법 절차 준수에 해당됩니다. 결국 피의자를 고문하여 찾아낸 식칼은 적법 절차를 포기한 대가로 찾아낸 실체적 진실이 되는 것입니다. 이런 생각 아래에서 적법 절차와 실체적 진실은 늘 대립 관계에 있게 됩니다.

그러나 지금은 실체적 진실이 처음부터 존재하는 것이 아니라, 절차에 참여하는 주체들이 '만들어 나가는' 것이라는 의견이 힘을 얻고 있습니다.[8] 적법 절차와 실체적 진실이 서로 대립하는 것이 아니라는 사실을 깨닫게 된 것입니다. 우리가 어차피 실체적 진실이라는 덩어리를 완전하게 재현해낼 수 없다면, 적법 절차를 통해 진실에 가장 근접한 이야기를 만들어 나가는 것이 중요합니다. 그렇다면 고문이라는 불법이 개입되어 얻은 식칼은 결코 실체적 진실일 수 없습니다. 진실처럼 보이지만, 적법 절차를 위반하여 얻은 증거는 이미 진실이 아니라는 말씀입니다. 법정에서 오고가는 이야기를 통해 진실이 만들어져가는 것이라면 이 진실은 실체적 진실이라기보다는 '절차적 진실'에 가깝게 됩니다. 따라서 적법 절차를 위반하여 얻은 증거가 증거로서의 힘(증거 능력)을 상실하는 것도 당연한 결론이지요.

'신의 명령'과 같은 절대적인 규범이 사라진 세상에서 우리가 찾는 정의는 결국 올바른 절차와 합리적인 대화를 통해 어느 정도 '만들어진 것'일 수밖에 없습니다. 정답을 가진 사람들의 번쩍번쩍 빛나는 아름다운 얼굴을 포기하는 대신에 우리는 관용을 통한 평화를 얻을 수 있는 것입니다. 유일한 해답이 없다는 사실을 인정하는 것은 매우 고통스러운 일입니다. 그러나 민주주의는 바로 그 고통스러운 자기 한계 고백의 토양에서만 자라날 수 있는 나무입니다.

다만 여기서 더 머리 아픈 이야기 한 가지를 덧붙이고 싶습니다. 지금까지 저는 '털이냐, 가슴이냐'로 요약되는 음란성 문제, 〈오! 수정〉을 통해 본 진실 만들기 등의 사례를 통해, 궁극의 진리가 사라진 다원주의 사회에서는 결국 올바른 절차를 통해서 진리를 '만들어갈' 수밖에 없다는 논리를 폈습니다. 여러분들께 그럴듯한 설명으로 들렸을지 모르지만, 제가 적법 절차의 중요성을 강조하기 위해 지금까지 펼쳐온 이야기들은 그 자체로 많은 모순을 지닙니다. 무엇이 옳고 그른지에 대한 선험적 가치 판단을 배제한 채, 절차를 통해 문제를 풀어가야 한다는 이런 논리는 1971년에 출간된 존 롤스(John Rawls, 1921~2002 : 정의의 문제를 집중적으로 연구한 미국의 윤리학자이며 정치철학자)의 《정의론(A Theory of Justice)》을 통해 현대 규범철학에서 각광을 받게 된 것입니다.

그러나 '공정으로서의 정의(Justice as Fairness)'라고 하는 롤스의 정의관은 자칫 자유와 평등, 인간의 존엄과 가치 존중이라고 하는 민주주의의 기본 틀까지도 모두 상대화할 수 있는 위험성을 내포합니다. 극단적으로 이야기할 때, 도덕적이고 지적으로 성숙하고 합리적 이성을 지닌 사람들이 대화를 통해서 만들어낸 결론인 것만 확실하다면 나치 독일과 같은 파시즘 체제도 정당화할 수 있는 논리가 되기 때문입니다. 물론 롤스의 경우에는, 그가 제시한 정의 제1원칙의 기본적 자유로 양심의 자유, 사상의 자유, 평등한 정치적 권리, 결사의 자유, 사유재산의 자유, 법치주의의 원리 아래 보호되는 권리들을 열거함으로써 이와 같은 비판의 가능성을 미리 봉쇄합니다. 그러나 롤스는 이와 같은 권리들을 열거한다는 것 자체가 이미 절대적 가치의 존재를 전제하고 있다는 자기 모순을 설명하지 못합니다. 극단적인 상대주의의 입장에 서면 롤스가 열거한 자유와 평등의 이상이 나치 독일이나 스탈린의 소련 체제보다 더 낫다는 사실조차도 입증할 방법이 없기 때문입니다.

이런 한계 때문에 롤스나 하버마스(Jürgen Habermas, 1929~ : 독일의 사회철학자로 프랑크푸르트 학파의 2세대를 대표하는 이론가)의 절차주의 입장은 자유와 평등, 헌법적 기본권들이 보장되어 있는 민주주의 사회문화에서나 제한적으로 통용되는 이론이라는 비판을 받습니다. 더 나아가 절차적 진실만 옳다는 생각은 극단적인 기능주의에 빠질 수도 있습니다. 객관적인 것처럼 보이는 우리들(또는 법률가들)의 생각과 판단도 결국 각자의 주관적 관점에 따른 하나의 선입견일 뿐이라는 생각을 갖게 되면, 자칫 법과 그 해석을 순전히 자의적인 영역으로 남겨놓고 자의적 판단 자체를 정당화하게 될 위험도 가지고 있습니다.

실컷 설명해놓고 이제 와서 왜 딴소리냐고 하시는 분이 있을 수 있겠습니다만, "'절대적 진실은 없다'며 절차주의적 진실 만들기의 중요성을 강조하는 입장"조차도 절대적 진실이 될 수는 없습니다. 형사소송법 학자로서 저는 '절차주의적인 진실 만들기'를 적법 절차 보장의 기본정신으로 받아들이는 데 별 어려움을 느끼지 못합니다. 그러나 그렇다고 해서 제가 '절대적 진리는 없다'는 명제가 세상만사에 통용된다고 생각하는 것은 아닙니다. 저는 '하나님의 형상대로 창조된 인간의 존엄과 가치'라고 하는 절대적 진리의 존재, 헌법상 보장된 여러 기본권들의 절대적 가치를 믿습니다. 결국 제 생각은, 담론을 통해 양보할 수 없는 궁극적인 가치의 존재를 인정하면서도, 이와 같은 궁극적 가치가 다른 사람의 사상 선택의 자유를 침해하는 수준에 이르러서는 안 된다는 애매하고 모순된 입장이라 할 수 있습니다.

그런 의미에서 적법 절차를 강조하는 저의 입장은, 첫째, 자기 생각이 틀릴 수 있다는 인간의 본질적 한계를 인정하고, 둘째, 다른 사람의 이야기에도 귀를 기울임으로써, 셋째, 적법 절차 안에서 대화를 통해 문제를 해결해 나가야 한다는 원론적인 수준으로 정리할 수 있습니다. 저도 여전히 고민 중인 문제를 이렇게 열심히 설명한 것은 법치주의에서 올바른 절차를 통한 합리적인 대화가 얼마나 중요한지를 강조하고자 함이었습니다. 저도 모르고, 여러분도 이해하기 어려운 법철학 이야기는 이 정도에서 마치고 다음 주제인 국가의 문제로 넘어가도록 하겠습니다.

2장

국가란 이름의 괴물

국가를 사랑하지 말자고 이야기하는 것은 아닙니다. 다만 국가에 대한 '사랑 표현'을 강제할 수는 없으며, 국가를 '사랑'하는 것보다 몇 배 더 중요한 것이 국가를 '통제'하는 일임을 강조하고 싶을 뿐입니다. 국가를 사랑하는 것을 강조하는 나라보다는 국가를 통제하는 것에 관심을 가진 나라가 그나마 '덜 나쁜' 나라가 될 수 있기 때문입니다.

대한민국은 민주공화국이다. (헌법 제1조 제1항)

대한민국의 주권은 국민에게 있고, 모든 권력은 국민으로부터 나온다. (헌법 제1조 제2항)

국민의 모든 자유와 권리는 국가안전보장·질서유지, 또는 공공복리를 위하여 필요한 경우에 한하여 법률로써 제한할 수 있으며, 제한하는 경우에도 자유와 권리의 본질적인 내용을 침해할 수 없다. (헌법 제37조 제2항)

국가는 언제나 선인가?

미국에 머무는 동안, 딸아이가 공립 초등학교를 다니게 되었습니다. 등교를 시작한 지 며칠 안 되어 뭔가 이상한 걸 외우기 시작하더군요. 궁금한 마음에 무슨 내용인지 귀 기울여 듣던 저는 뒤로 자빠질 뻔했습니다. 바로 미국식 국기에 대한 맹세를 하고 있었기 때문이지요. "나는 미국 국기와 그 국기가 상징하는, 모든 사람을 위한 자유와 정의가 보장되며, 하나님 아래서 나누어질 수 없는 공화국에 대한 충성을 맹세합니다.(I pledge allegiance to the Flag of the United States of America and to the Republic for which it stands, one Nation under God, indivisible, with liberty and justice for all.)"라는 내용이었습니다. 과연 미국이 '모든 사람을 위한 자유와 정의가 보장되며, 하나님 아래 나누어질 수 없는 한 국가'인지도 의심스러웠지만, 무엇보다도 한국에서 태어난, 한국으로 곧 귀국할 제 딸이 남의 나라 국기에 충성을 맹세하는 것이 황당하게 느껴졌습니다. 군인들이 통치하는 제3세계에서나 국가를 절대시하는 그런 거짓 충성 서약이 횡행하는 줄 알았더니, 세계의 심장부인 거대 제국에서도 그런 서약이 버젓이 행해지고 있었습니다.

국기에 대한 맹세는 1892년 9월 보스턴에서 발행되던 잡지 〈청소년의 벗(The Youth's Companion)〉 보급 담당자였던 프랜시스 벨러미(Francis Bellamy)가 처음 만든 것입니다. 〈청소년의 벗〉은 국기에 대한 맹세의 사본을 전국 공립학교에 보냈고, 같은 해 10월 콜럼버스의 미 대륙 도착 400주년 기념일에 전국의 약 1200만 어린이들에 의해 암송되었습니다. 이처럼 출발 동기가 불명확한 국기에 대한 맹세는 곧 많은 학교들에 일종의 의식으로 도입되었습니다만, 미국 의회가 이를 공식적으로 인정한 것은 제2차 세계대전 중이던 1942년의 일이었습니다. 전쟁이란 비정상적인 상황이 국기에 대한 맹세의 공식화를 부추긴 셈이었지요. 그러나 다음 해인 1943년 연방대법원은 학생들에게 국기에 대한 맹세를 강요해서는 안 된다고 판결합니다.[1)]

한국전쟁이 끝나고 미국 사회가 한참 우경화하던 1954년에는 아이젠하워 행정부에 의해 하나님 아래(Under God)라는 문구가 추가됩니다. 현재는 미국의 절반 정도의 주에서 국기에 대한 맹세 암송을 법으로 정당화하고 있습니다. 결국 미국 연방대법원의 입장은 국기에 대한 맹세를 강요하는 것은 위헌이지만, 국기에 대한 맹세 자체는 위헌이라고 보지 않는 것입니다.[2)]

제가 초·중·고등학교를 다니는 동안 우리나라에서도 국기에 대한 맹세가 매주 월요일 애국조회 때마다 행해졌습니다. 저보다 조금 앞선 시대를 살아온 유시민 의원은 2003년 5월, 이에 대해서 재미있는 문제 제기를 하게 되지요. 최초 〈연합뉴스〉발로 유시민 전 의원이 했다고 보도된 말은 "국기에 대한 경례 등은 군사 파시즘과 일제 잔재라고 생각한다."라는 것이었습니다. 이 보도대로라면 유 의원이 "국회에 들어가서 한번 이의 제기를 하고 어떤 일이 벌어지는지 보는" 재미있는 사건이 추가로 벌어졌어야 하는데, 불행인지 다행인지 이후에 벌어진 격한 논쟁 덕분에 유 의원은 더 이상 문제 제기를 하지 못했습니다.

유 의원은 뒤이은 사과문에서 "제 기억으로 '국기에 대한 맹세'는 제가 초등학교 다니던 시절 박정희 정권이 만들어 온 국민이 복창하도록 만든 것입니다. 저는 애국심이 다른 어떤 것에도 뒤지지 않을 만큼 소중한 가치라고 생각하지만 주권자인 시민들로 하여금 이것을 공공연하게 고백하고 서약하도록 강제하는 것은 명백히 박정희 정권이 남긴 국가주의 체제의 유물이라고 생각합니다. 이것이 국기에 대한 경례나 국민의례 그 자체가 아니라 국기에 대한 맹세를 비판한 제 발언의 진의입니다."라고 밝혔지요.

유 의원은 국기에 대한 경례와 국기에 대한 맹세를 구분하고 자신이 주로 맹세 쪽을 비판하였음을 강조하였지만, 저는 둘 사이에 별다른 차이를 느끼지 못합니다. 국기에 대한 경례든 맹세든, 국가라고 하는 공동체 또는 조직을 '신성한 어떤 것'으로 받아들이는 데는 변함이 없기 때문입니다. 이 해프닝에서 제가 주목하고 싶은 것은 유시민 의원의 발언 자체보다 그 이후에 나타난 사람들의 반응입니다.

우선 저는 〈동아일보〉 송문홍 논설위원의 칼럼을 통해서, "나는 자랑스러운 태극기 앞에 조국과 민족의 무궁한 영광을 위하여 몸과 마음을 바쳐 충성을 다할 것을 굳게 다짐합니다."라는 국기에 대한 맹세가 1968년 충청남도 교육위에 의해 '자발적으로' 만들어져 보급되었으며, 1972년 문교부가 이를 받아들여 전국의 각급 학교에서 시행하도록 했고, 1984년 2월 '대한민국 국기에 관한 규정(대통령령 제11361호 제3조)'으로 법제화되었다는 사실을 처음 알게 되었습니다.[3)]

송 위원은 "비록 군사독재 시절이었지만 지방교육위가 자발적으로 시작했다는 점에서 국기에 대한 맹세를 독재정권의 통치 수단으로만 보는 것은 무리"라고 지적합니다. 송 위원은 친절하게 2002년 동계올림픽에서 김동성 선수가 태극기를 내팽개쳤는지 여부를 놓고 논란이 벌어졌을 때 유시민 의원이 '태극기, 던졌으면 또 어때'라는 글을 올린 적이 있다는 사실까지 우리에게 알려주면서 이번 발언이 우발적인 해프닝이 아님을 강조하지요. 형식도 필요함을 강조한 송 위원의 칼럼은 "개인 간의 사랑도 말로 표현할 때 더 깊어지듯 애국심도 국기에 대한 맹세와 같은 형식을 통해 더 고양될 수 있다."라는 주장과 함께 "국기에 대한 맹세가 싫으면 그만둘 일이다. 그걸 비판하는 이유가 무엇인지 의아하다."라는 의문 제기로 마무리되고 있습니다. 송 위원의 칼럼은 상당히 점잖은 반응에 속하는 비판이었고, 일반인들의 말을 인용하여 "유 의원은 대한민국 국민이 아니냐.", "국가의 상징물인 국기는 주권자 모두의 상징물이 아닌가.", "국민이라면 당연히 국기에 대해 경외심을 가져야 한다."라는 둥 유 의원에 대해 더 직설적으로 비판한 신문기사도 많았습니다.

그러나 저는 송문홍 논설위원의 글을 보면서, 유 의원이 〈대학신문〉 기자들과의 간담회에서 던진 말 한마디를 가지고 굳이 귀중한 지면을 낭비해가며 비판하는 이유가 무엇인지 오히려 의아했습니다. 송 위원의 말대로 "국기 하강식 때 가던 발걸음을 멈추지 않는다고 눈총 받던 시절은 오래 전에 지났으며, 국가에 대한 경의 표시가 강요해서 될 일이 아니라는 것"을 누구나 알고 있다면, 유시민 의원의 발언이 왜 이처럼 큰 파장을 불러일으킨 걸까요? 그냥 웃고 지나가면 될 일에 사람들이 이렇게 흥분하는 이유가 어디에 있을까요? 유 의원의 발언에 민감하게 반응한 사람들은 어떻든 '국가'라고 하는 하나의 인격체에 대한 충성 맹세에 아무런 문제의식을 느끼지 못하는 분들입니다. 송문홍 논설위원처럼 "국가와 정권은 분리되어야 할 대상"이라고 매우 편리하게 생각하는 분들도 있습니다. 정권은 오류를 범할 수 있지만 국가는 오류를 범할 수 없다는 전제 위에 서 있는, 이 같은 생각은 국가를 절대적인 선(善)으로 받아들이는 우리들의 의식 세계를 잘 보여주는 것입니다.

우리는 알게 모르게 '국가는 절대적인 선'이라는 교육을 받고 자라났습니다. 절대적인 선에 대한 경의 표시와 충성 서약은 그래서 당연한 것으로 받아들여집니다. "나, 너, 우리, 우리나라, 대한민국"으로 시작되던 초등학교 교과서에서부터 우리는 쉬지 않고 '국가는 우리를 지켜주는 고마운 존재'임을 배우고 익힙니다. 우리 세대는 고등학교 때까지 '국가는 절대적 선'이라는 바로 그 진리에 사로잡혀 있다가, 대학에 입학하면서 그 진리가 한 방에 무너지는 것을 발견하고 새로운 세계관에 눈뜬 세대입니다. 그 진리를 한 방에 무너뜨린 것은 다름 아닌 광주의 기억이었습니다.

'국가' 하면 여러분은 가장 먼저 어떤 생각이 떠오르십니까? 고등학교 때 사회 공부를 열심히 한 사람이라면 아마도 국민·영토·주권이란 이른바 국가의 3요소가 생각날 것이고, 그보다 더 공부를 잘한 사람이라면 로크나 루소의 '사회계약론' 같은 정치사상을 떠올리게 되겠지요. 법이란 어떤 형태로든 국가를 전제로 하기 때문에, 국가가 무엇인지를 이해하는 것은 법을 이해하는 중요한 출발점이 됩니다.

그러나 의외로 우리가 국가에 대해 가지고 있는 지식은 너무나 적습니다. 국가가 국민·영토·주권이라고 하는 형식적 요소로 구성되는 것은 알고 있지만, 그 기원이 어떻게 되고, 우리가 어떻게 해서 국가라는 조직을 가지게 되었으며, 그 정당성의 근거가 어디에 있는지, 도대체 뭘 위해서 존재하는지에 대해서는 제대로 알지 못합니다. 국가 발생에 관해서는 가족설, 계약설, 실력설 등이 주장되고 국가의 본질에 관해서는 일원설, 이원설, 다원설 등 꽤나 그럴듯한 이론들이 넘쳐나지만 그 어느 것도 공동체의 합의를 이끌어내지는 못했습니다.

대표적 헌법학자인 김철수 교수의 경우, "이와 같이 국가의 본질에 관하여는 여러 학설이 있으나 국가의 지역 사회성, 국가의 인적 조직성, 국가의 통치 조직성은 부인할 수 없을 것이다."라는 말로 결론을 내리고 있습니다.[4] 한마디로 말하자면 국가가 뭔지는 잘 모르겠지만, 이미 존재하고 있는 실체를 인정하지 않을 수 없지 않느냐는 이야기입니다.

신기하지 않습니까? '몸과 마음을 바쳐 충성을 다해야' 할 대상에 대해서 알고 있는 것이 거의 없다는 사실 말입니다. 정확히 국가가 뭔지는 잘 모르겠지만, 왜 우리가 거기에 몸과 마음을 바쳐 충성을 다해야 할지는 잘 모르겠지만, 어쨌든 무조건 그렇게 해야 한다는 것만큼 황당한 논리도 없습니다. 최초로 에베레스트에 오른 에드먼드 힐러리 경(Edmund Hilary, 1919~2008)이야 '단순히 산이 거기에 있기 때문에' 그 험난한 산을 오른다고 이야기할 수 있을지 모르지만, 국가가 거기 있기 때문에 나도 국가를 사랑해야 한다는 것은 억지가 아닐 수 없습니다.

국가를 사랑하지 말자고 이야기하는 것은 아닙니다. 다만 국가에 대한 '사랑 표현'을 강제할 수는 없으며, 국가를 '사랑'하는 것보다 몇 배 더 중요한 것이 국가를 '통제'하는 일임을 강조하고 싶을 뿐입니다. 저 역시 국가의 기원, 본질, 목적 등등에 관해 독창적 이론을 만들 능력을 갖고 있지 못하며, 그걸 규명하는 것은 처음부터 불가능한 일이라고 생각합니다. 그래도 이것 하나만은 분명하게 이야기할 수 있습니다.

국가를 사랑하는 것을 강조한 나라보다는 국가를 통제하는 것에 관심을 가진 나라가 그나마 '덜 나쁜' 나라가 될 수 있었다는 사실입니다.

국기에 대한 경례 등과 관련된 논쟁이 일어날 때마다, 저는 '왜 국가는 자꾸만 신의 자리를 넘보는 것일까' 하는 의문을 품습니다. 국가와 신이 무슨 상관이 있느냐고요? 상관이 있습니다. 충성 서약은 기본적으로 종교의 영역에 속한 것입니다. 역사적으로도 로마 제국의 황제들이 군인들로부터 충성 서약을 받은 것은 종교 제의의 일부였습니다. 이 세상에서 자신이 절대적인 선이라고 주장할 수 있는 자는 절대자인 신뿐입니다. 절대자는 불변하는 속성을 지닙니다. 자기 기분에 따라, 상황에 따라 계속 변화하는 존재는 절대적일 수 없고, 그런 가변적 존재에 대한 충성 서약은 자신의 운명을 가변적 존재의 의사에 맡기는 위험한 행동입니다. 국가에 대한 충성 서약이 정당하려면, 그 국가가 절대적으로 선한 존재이며 그 선함이 변할 수 없는 것임이 전제되어야 합니다. 신에 대한 충성 서약은 신의 존재 자체가 절대적인 정의임을 인정한 사람들에게나 가능한 일입니다. 그러나 국가는 그런 절대적인 존재가 될 수 없습니다.

국가를 '사랑의 대상'이 아닌 '통제의 대상'으로 바라보는 것은 법학의 중요한 출발점이 됩니다. 국가가 사랑해야 할 대상일 뿐이라면 사실 법은 할 일이 없습니다. 그저 절대선인 국가가 명하는 대로 우리가 따라가면 되는 것이지, 특별히 법에 의한 지배를 생각할 필요가 없을 테니까요.

국가라는 이름의 학살자

하나의 이념 속으로 몸을 던진 사람들은 국가에 대해 이야기할 때 자신의 이념과 배치되는 국가들의 범죄만을 주로 예로 듭니다. 좌파는 줄기차게 나치 독일과 제3세계 극우 독재자들의 범죄만을 이야기하고, 우파는 반대로 북한과 소련, 중국, 캄보디아 등의 범죄만을 이야기합니다. 한 쪽의 진실만을 이야기하는 과정에서 국가 폭력과 범죄는 단순한 이데올로기의 문제로 오해받기도 합니다. 그러나 좌우 어느 쪽에 의해서 주도되든지 간에 국가는 늘 괴물이 될 위험을 지니고 있습니다.

1933년 1월 30일, 불과 43세의 나이로 총통직을 쟁취한 천재적 선동 정치가 아돌프 히틀러(Adolf Hitler, 1889~1945)는 취임 후 일 주일이 되기 전에 국회에서 긴급명령을 통과시켜 공산당이 소유한 모든 빌딩과 출판사들을 몰수했고, 평화주의를 표방하는 단체들을 해산시켰습니다. 또한 취임 후 한 달이 되기 전인 2월 27일, 국회의사당에서 조작된 것으로 추측되는 방화가 발생했지요. 바로 그날, 히틀러는 또 다른 긴급명령을 들고 힌덴부르크(Paul von Hindenburg, 1847~1934 : 독일의 군인, 정치가로 바이마르공화국 제2대 대통령을 지냄) 대통령을 방문합니다.

다음 날 발효되어 제2차 세계대전 종전까지 나치 통치의 근간을 이루었던 이 긴급명령에는 민족과 국가를 보호하기 위하여 언론·출판·집회·결사의 자유를 비롯한 모든 기본권을 폐지하고, 항구적인 비상사태에 대처하기 위해 법치주의를 포기한다는 내용이 담겨 있었습니다. 이른바 보호구금(Protective Custody) 제도도 이때 도입되어 영장 없는 체포가 가능하게 되었는데, 그 주된 목표는 독일 제국, 더 나아가 유럽 전역에서 공산주의자, 사회주의자, 평화주의자, 유대인들을 박멸하는 데 있었습니다. 보호구금이 필요한 사람들은 언제든지 재판 없이 투옥

되어 강제수용소로 보내졌습니다.

처음 공산주의자들이 붙잡혀 어딘가로 사라지기 시작했을 때 사람들은 '히틀러가 빨갱이들을 강력하게 잘 처단한다'며 박수를 쳤습니다. 이때 박수를 친 사람들 중에는 사회주의자, 평화주의자들도 있었습니다. 뒤이어 사회주의자, 평화주의자들이 붙잡혀 들어가기 시작했을 때 의식 있는 사람들은 조금씩 위기감을 느끼기 시작했지만, 이미 히틀러의 권력은 굳건하게 자리를 잡은 뒤였지요. 아돌프 히틀러가 집권 첫해에 이루어낸 일들은 믿어지지 않을 정도입니다. 그가 공산당, 노동조합, 사회민주당 등 반대 세력을 완전히 격퇴하는 데 소요된 기간은 불과 3개월이었습니다.[5)]

1933년에 이미 독일에는 다하우(Dachau)를 비롯한 50개의 수용소가 건설되었고, 제2차 세계대전으로 점령지가 확대됨에 따라 수용소는 유럽 전역으로 퍼지게 됩니다. 제2차 세계대전이 끝날 때까지 이 수용소들과 동유럽의 숲속에서 학살된 유대인은 대략 600만 명으로 추산되지요. 소련군 포로들과 집시, 지적 장애인, 정신질환자, 동성애자, 사회주의자, 공산주의자, 평화주의자 등 다른 이유로 학살된 사람들까지 모두 합치면 그 숫자는 약 1100만 명에 달합니다.

많은 사람들은 나치 독일이 벌인 이 끔찍한 학살극을 그저 히틀러라는 미치광이와 그를 둘러싼 몇 명의 극렬한 동조자들에 의해 벌어진 일회적이고 지극히 예외적인 사건으로 이해합니다. 그러나 홀로코스트는 소수에 의한 광란의 잔치였다기보다는, 근본적으로 완벽한 시스템의 승리라 할 수 있습니다. 유대인은 혈통과 신앙이 섞인 개념이고 이주와 개종을 거듭했기 때문에 유럽인들 가운데서 유대인들을 구별해내기란 사실상 불가능합니다. 그럼에도 불구하고 독일군은 새로운 지역을 점령할 때마다 마치 전 유럽의 유대인 명단이라도 가지고 있는 것처럼 귀신같이 유대인들을 찾아내어 그 집을 수색하고 사람들을 잡아갔습니다. 이제는 유대교 회당에 출석하지 않는 사람들, 이미 수백 년 전에 선조가 기독교로 개종한 사람들, 외모로 다른 사람들과 전혀 구별되지 않는 유대인들을 족집게처럼 뽑아내는 작업이 어떻게 가능했을까요? 아직 컴퓨터가 존재하지 않았던 시대에 말입니다.

2001년 미국의 저널리스트 에드윈 블랙(Edwin Black)은 이 문제에 대한 해답을 제시하는 책 《IBM과 홀로코스트》[6]를 출간했습니다. 그의 주장에 따르면, 나치가 유대인들을 색출하여 분류하고, 강제 추방하고, 수용소에서 학살하는 것이 가능했던 배경에는 IBM(International Business Machines)의 최신 기술이 자리잡고 있었다고 합니다. 데마호그 홀레리스(Demahog Hollerith)라 불린 펀치 카드(Punch card)와 카드 분류 시스템이 바로 그 기술이었습니다. IBM의 독일 자회사인 데마호그가 판매한 이 최신 기계들은 엄청난 숫자의 유대인들을 분류하여 단시간 내에 처리하는 일을 가능하게 했습니다. 독일 내에서만 약 2,000대가, 독일에게 점령당한 유럽 전역에서 역시 수천 대가 활용된 이 기계의 역할은 엄청났습니다. 유대인들을 수용한 주요 강제수용소마다 빠짐없이 설치되어, 히틀러 이전의 수많은 군주들이 계획했었지만 결국 실패했던 유대인 청소의 과업(?)을 실현하는 데 최고 공신 노릇을 한 것입니다. 에드윈 블랙은 IBM이 단순히 기계를 만들어 판매하기만 한 것이 아니라, 나치의 요구에 따라 기계들을 특별히 제작해주고, 유지·보수해주었으며, 기계를 사용할 나치 장교들을 훈련시켰다고 폭로했습니다. 심지어 강제수용소 안에 설치된 기계들까지도 다달이 애프터 서비스 점검을 받았다고 합니다.

IBM은 1896년 독일계 미국인 발명가인 허만 홀레리스(Herman

Hollerith)에 의해 설립되어 주로 인구 센서스에 필요한 기계를 만들며 성장한 기업입니다. 홀레리스는 1879년 19세의 나이에 컬럼비아 대학을 졸업한 뒤 미국 인구조사청, 특허청에서 일하며 탁월한 능력을 인정받은 공학도였습니다. 한때는 MIT(매사추세츠 공과대학)에서 기계공학을 가르치기도 했지요. 1884년에서 1890년까지 그는 인구 센서스에 쓰일 기계를 만드는 데 혼신의 힘을 기울였습니다. 그리고 마침내 종이에 구멍을 뚫고 그 구멍을 통해 많은 양의 정보를 집계할 수 있는 기계를 만드는 데 성공하여 인구 센서스에 활용되도록 하지요.

1890년 미국 인구조사청이 센서스에 활용할 기계를 공모하였을 때 그의 펀치 카드 시스템은 다른 발명품들을 압도적으로 제치고 선택되었으며, 1890년 한 해 동안에만 인구조사청이 약 500만 달러를 절약하는 데 기여합니다. 10년에 한 번씩 행해지는 인구 센서스에만 목을 매달 수 없었던 홀레리스는 자신의 발명품을 다양화하면서 동시에 그의 특허가 모방되는 것을 막고자 기계를 판매하지 않고 임대만 하는 전략을 세웁니다. 기계를 임대만 하는 IBM의 정책은 이후에도 오랜 기간 지속되었고, 덕분에 IBM은 나치가 범한 홀로코스트에까지 깊숙이 관여하게 되었지요.

나중에 이스라엘 비밀첩보부 모사드에 의해 아르헨티나에서 체포되어 예루살렘에서 재판을 받은 아돌프 아이히만(Adolf Eichmann, 1906~1962 : 1962년 이스라엘에서 교수형당한 나치스의 유대인 학살 책임자)은 "오스트리아 합병 몇 주 전 오스트리아에 도착했을 때, 일할 수 있는 사람들이 모두 엄청난 분량의 카드 분류 작업에 매달려 있는 것을 목격했다."라고 증언합니다. 오스트리아에 대한 모든 중요 정보는 이미 카드화되어 있었던 것입니다. 1938년으로 예정되어 있었던 독일의 인구 센서스는 합병된 오스트리아와 함께 분류를 마치기 위해 연기되기도 합니다. 바로 이러한 사전 작업을 통해 순식간에 오스트리아의 유대인들을 청소할 수 있었던 것입니다. 바로 이 인구 센서스의 종료와 함께, 크리스탈 나흐트(Kristallnacht, 수정의 밤)라 불리는 본격적인 유대인 탄압이 시작된 것도 우연은 아닙니다.

홀로코스트를 공부하는 학자들은 나치 독일의 유대인 학살행위가 얼마나 조직적으로 이루어졌는지를 설명할 때 보통 독일과 유럽 전역을 잇는 열차 운용의 예를 듭니다. 〈쉰들러 리스트〉를 비롯한 영화를 보면서 우리들이 주로 관심을 갖는 것은, 수백 명이 열차 한 칸에 짐짝처럼 태워져 앉을 공간도 없이, 먹을 것도 없이, 화장실도 없이 이동하는 가운데 굶주림과 열기 때문에 죽어간 이야기들입니다. 그런데 학자들은 그 안에서 벌어지는 고통 못지않게 '수백만 명이 이 수용소에서 저 수용소로 이동할 수 있었던 시스템'에 주목합니다. 지금도 당시 독일 점령지역의 열차 운행 기록을 보면 입이 딱 벌어지지 않을 수 없습니다. 컴퓨터도 없던 그 시절에 분 단위, 초 단위로 어김없이 기차들이 운행되고 있었기 때문입니다. 과거에는 이렇게 철저하게 운행되던 기차 이야기를 하면서 독일 사람들의 특성이 반영된 이야기 정도로 이해하고 넘어가곤 했습니다만, 이제는 그것도 모두 IBM의 도움이 있었기 때문에 가능했다는 사실이 입증되고 있습니다.

또한 에드윈 블랙은 IBM의 트레이드 마크라 할 수 있는 '솔루션(Solution)'이라는 표현이 나치 독일이 유대인 학살계획의 암호명으로 사용했던 '최종 해결책(The Final Solution)'과 무관하지 않다는 데 착안하여 과연 IBM이 얼마나 많은 솔루션을 독일 측에 제공했는지를 조사하기 시작합니다. 그리고 세계 각지에 흩어진 단편들을 모아 IBM이 홀로코스트에서 얼마나 엄청난 역할을 했는지를 밝혀내지요. 많은 강제수용소 수용자들이 자신들은 수용소 안에서 그저 숫자에 불과했다고 말합니다. 그러나 실제로 그들은 숫자라기보다는 IBM이 만들어낸 펀치 카드 한 장에 가까웠습니다. 그 한 장의 카드에 그들의 출신 국가, 생년월일, 결혼 여부, 자녀 수, 수용 이유, 신체의 특징, 노동 기술 등이 모두 표시되어 있었기 때문입니다. 매일 죽어 나가는 생명들도 이들 카드에서는 그저 통계를 내고 관리해야 할 숫자 이상의 의미를 갖지 못했습니다.

홀로코스트는 IBM뿐만 아니라 독일이라고 하는 국가 전체가 컴퓨터처럼 착착 손발을 맞춰 작동했기 때문에 이루어진 일이었습니다. 법률가는 법률가대로, 의사는 의사대로, 공무원은 공무원대로, 군인은 군인대로, 철도원은 철도원대로, 모두가 자기 자리에서 '맡은 바 임무에 최선을 다했기' 때문에 가능한 일이었습니다. 법률과 행정 시스템을 철저히 신뢰했던 독일 사람들이었기 때문에 지적 장애인들을 안락사시킬 때는 반드시 법원에서 허가서를 발부받아 그들을 다른 곳으로 이주시킨 후에 죽였습니다. 거기에 서명한 판사들은 훗날 그것이 안락사에 악용될 줄은 모르고 서명했노라고 변명했지만, 그들이 적어도 묵시적으로는 지적 장애인들의 안락사에 동참하고 있었음은 분명합니다.

컴퓨터처럼 잘 조직되어 운영된 나치 독일의 이야기는 국가가 우리에게 얼마만큼 위험할 수 있는 존재인지를 잘 보여줍니다. 어떤 개인의 범죄도, 어떤 깡패 조직의 범죄도, 국가가 괴물로 돌변하는 순간 만들어내는 참극과는 경쟁을 할 수 없습니다. 누가 전 국민을 한 장의 펀치 카드에 입력한 후 그들을 통제하고 살해할 수 있겠습니까? 국가만이 할 수 있는 일입니다.

다른 한편, 나치 독일의 이야기는 법에 의한 지배가 그저 '외형상 법처럼 보이는 것들에 의한 지배'가 아니라 '정의에 합치되는 법에 의한 지배'가 되어야 함을 보여주고 있습니다. 법이라고 다 법이 아닙니다. 나치 독일의 법률가들이 충실히 따르려고 했던 법은 '법의 탈을 쓴 불법'에 지나지 않았습니다. 우리가 국가의 괴물화를 막기 위해 지켜내야 할 법은 반드시 '정의에 합치되는 법'이어야 합니다. '법의 탈을 쓴 불법'은 이미 괴물로 변해버린 국가를 위해 봉사하는 악의 도구일 뿐이며 더는 법일 수 없습니다.

제주도와 실미도, 두 섬 이야기

괴물이 된 국가 권력의 폐해에 대해서는 우리나라도 만만치 않은 경험을 가지고 있습니다.

'제주 4·3사건 진상 규명 및 희생자 명예 회복에 관한 특별법'에 따라 만들어진 위원회의 조사 결과는 충격적입니다. 대충 추산해 보아도 피해자 숫자가 25,000~30,000명에 이르는 이 대학살극에서 주도적인 역할을 담당한 것은 무장공비들이 아니라 국가 권력의 막강한 후원을 등에 업은 토벌대들이었습니다. 월남한 서북청년단, 대동청년단, 민보단 등 우익단체들은 살인과 고문, 강간, 방화 등으로 제주도를 공포의 섬으로 만들었고, 1948년 11월의 계엄령 선포 이후에는 군에 의한 초토화 작전으로 엄청나게 많은 민간인들이 살해당했습니다. 대표적인 주민 학살 사건인 '북촌 사건'에서는 남녀노소 가리지 않고 한 마을 주민 전체 400여 명이 국군 2연대에 의해 총살당하기도 했는데, 이에 대해서는 "군인들에게 총살 경험을 시켜주기 위해 실시되었다."라는 증언도 나왔습니다. '북촌 사건'은 훗날 마을을 습격한 무장 공비들의 소행으로 책임이 전가됩니다.

1948년 12월과 1949년 6월에 4·3사건 군법회의가 열렸다고 하나 이에 대한 소송 기록은 전혀 남아 있지 않습니다. 정상적인 재판 절차를 밟았다고는 볼 수 없는 일입니다. 증언에 따르면 재판이 아예 없거나 형무소에서 형량을 통보받는 등 형식적인 절차만 진행되었고, 하루에 수백 명씩 심리를 진행하여 이틀 만에 345명을 사형에 처한 일도 있다고 합니다. 사형당한 시신들을 암매장한 것도 이게 재판이라기보다는 학살에 가까웠음을 증명해줍니다.

고문과 학살을 주도한 송요찬 9연대장은 일본군 출신이었고, 정보참모 탁성록 대위는 마약 중독자였습니다. 특별수사대장 최난수 경감은 일제 고등계 형사 출신으로 여자들을 나체로 거꾸로 매달아놓고 고문하는 일제시대 습관을 버리지 못하고 제주도에서 이런 난행을 저질렀습니다. 임산부의 겨드랑이에 밧줄을 묶어 팽나무에 매달아놓은 후 경찰 3명이 총에 대검을 꽂아 찔러 죽이기도 했습니다. 동네에서 예쁘다고 소문났던 처녀 강조순은 하귀지서에 끌려와 '사라진 오빠를 찾아내라'며 매일 전기고문을 받다가 도망쳤지만 곧 경찰에 다시 붙잡힙니다. 경찰은 남녀 대한청년단을 모두 집합한 뒤 이미 초주검이 된 그녀를 벌거벗긴 후 대한청년단 여자 대원들에게 철창으로 찔러 죽이도록 했습니다. 당시 대한청년단원이었던 김계순의 증언에 의하면 "경찰이 그녀에게 몹쓸 짓을 하려다가 안 되니 그렇게 한 것"이었다고 합니다. 그녀를 죽인 구실이 되었던 오빠 강조행은 이미 4·3 발발 초기에 경찰에 끌려간 상태였습니다. 자수자도, 입산자 가족도 이처럼 예외 없이 살상의 대상이 되었습니다.

서북청년단 출신 경찰관인 삼양지서 정용철 주임에 대한 주민 고봉수 씨의 증언을 한번 들어보시겠습니까?

"하루는 지서에 갔더니 남편이 입산했다는 이유로 젊은 여자 한 명이 끌려와 있었습니다. 그런데 정 주임은 총구를 난로 속에 넣고 있더군요. 그러고는 여자를 홀딱 벗겼어요. 임신한 상태라 배와 가슴이 나와 있었습니다. 정 주임은 시뻘겋게 달군 총구를 그녀의 몸 아래 속으로 찔러 넣었습니다. 차마 눈 뜨고 볼 수 없는 광경이었습니다. 정 주임은 그 짓을 하다가 지서 옆 밭에서 여자의 머리에 휘발유를 뿌려 태워 죽였습니다. 우리에게 시신 위로 흙을 덮으라고 했는데 아직 덜 죽어 있던 상태라 흙이 들썩들썩했습니다."

희생된 여인 김진옥(당시 21세)은 산으로 피신했던 김태생의 아내였다고 합니다. 김태생은 이날 아내와 부모를 잃었고 이튿날에는 처조부를 잃었습니다. 다시 며칠 후에는 장모와 처제가 살해되었고요. 그런 김태생이 나중에 한국전쟁에 참전해 공산군에 맞서 싸웠다고 하니 참으로 기막힌 사연이지 않습니까.

2003년 5월 〈신동아〉가 보도한 제주 4·3사건 진상 조사 보고서를 읽으면서, 저는 여러 번 제 눈을 의심하지 않을 수 없었습니다. 이미 현기영의 소설 《순이 삼촌》, 《지상에 숟가락 하나》, 어렵게 구해 읽었던 재일동포 작가 김석범의 《까마귀의 죽음》 등을 통해 어느 정도 내용을 알고는 있었으나 늘 '과장이 있으리라' 생각하고 있었습니다. 그러나 공식적으로 확인된 사실들은 소설의 내용이 전혀 과장이 아니었음을 증명하고 있었습니다. 20년 전 같았으면 '북한에서 나온 조작된 선전 자료'라고 안기부에서 발표해도 우리가 충분히 믿었을 만한 내용들이었습니다.

제주 4·3사건은 건국의 혼란 속에서 한국전쟁을 눈앞에 둔 시기에 일어난 미친 짓이었다고 칩시다. 최근 영화화된 실미도 사건은 어떻습니까? 이제는 모두가 다 아는 것처럼 강우석 감독의 〈실미도〉는 1968년 박정희를 암살하고자 남파된 124군 부대가 서울을 휘저은 직후, 그에 대한 보복 작전으로 준비되었던 공군 2325전대 209파견대(일명 684부대) 사건을 영화화한 것입니다. 영화는 실화와 많은 부분에서 차이를 보이기 때문에 생존자들의 증언을 바탕으로 사실관계를 정리하자면 이렇습니다.

1968년 4월부터 사소한 죄를 지은 전과자, 기관원의 감언이설에 넘어간 순진한 시골 청년 등으로 구성된 훈련병 31명은 인천 앞바다의 작은 무인도 실미도에서 북한 침투에 대비해 혹독한 훈련을 받습니다. 훈련은 영화에 나오는 것보다 훨씬 무자비한 것이었습니다. 처음 제식훈련 때부터 훈련병들의 기를 꺾기 위해 발만 틀려도 그 자리에서 몽둥이로 머리를 내리쳐 피가 솟구치는 광경을 보여주었다고 합니다. 장애물 돌파장에서는 실탄을 사용하여 기관총알이 훈련병들의 옆구리를 뚫고 지나가기도 했습니다. 이런 훈련 과정에서 7명의 훈련병들이 사망했습니다. 1명은 물에 빠져 익사했고, 나머지는 모두 '처형'(당시 소대장 김모 씨의 표현)된 것이었습니다. 독도법 훈련 도중에 도망치려고 민가에 숨어 있다 붙잡힌 2명은 부대 창설시의 '약속에 따라' 동료 훈련병들로 하여금 때려 죽이게 했습니다. 1971년에는 이들 중 3명이 20대 초반의 민간인 처녀 2명을 강간한 후 사람들을 인질로 붙잡고 난동을 부리다 사살되었습니다. 나머지 한 명은 기간병을 폭행했다는 이유로 연병장에서 '즉결처분'된 후 휘발유로 불태워졌습니다. 북한에 침투하여 '김일성의 목을 딸' 날만 기다리던 이들은 남북 화해 무드가 조성됨에 따라 버림을 받게 되고, 날로 열악해져 가는 처우에 격분한 나머지 기간병들을 죽이고 탈주를 시도했다가 노량진 유한양행 앞에서 수류탄으로 자폭합니다. 여기서 부상을 입고 살아남은 4명의 훈련병은 군사재판에서 사형선고를 받고 1972년 3월 형장의 이슬로 사라졌습니다.

여기서 우리가 기억해야 할 것은 이 정도의 사실조차도 모두 '살아

남은 자들'(기간병들과 재판 과정에 관여했던 사람들)의 입을 통해 나온 '일면의 진실'에 불과하다는 사실입니다. 영화나 증언을 접할 때 이러한 대전제를 잊어서는 안 됩니다.

고양이들이 쥐를 데리고 살면서 쥐들이 저항할 때마다 한 마리씩 잡아먹었습니다. 이를 못 견딘 쥐들이 고양이 몇 마리를 죽이고 도망갔다가 모두 잡아먹혔습니다. 그러자 살아남은 고양이들은 이렇게 말합니다. "그래도 우리들 사이에는 끈끈한 동물애(인간애)가 있었어요. 영화에서 실제와 비슷한 것은 그것뿐이고 나머지는 다 픽션입니다. 훈련은 훈련이고 동물적(인간적)인 것은 동물적인 거죠. 입으로는 말할 수 있는 그런 분위기가 아니니까 가슴 속으로만 느끼는 거죠." 생존자 김모 씨의 말을 패러디한 것입니다. 죽은 자는 말이 없습니다.

〈월간조선〉 2004년 2월호는 소대장 김모 씨(영화 속의 허준호)의 증언을 바탕으로 새로운 사실도 전해줍니다. 1971년 8월 27일 국회 내무위와 국방위 합동조사단에 의한 현장 조사가 실시되었다고 합니다. 그 며칠 전 김 씨는 상부의 지시를 받고 생존자들을 만났습니다. 684부대의 보안 유지가 그에게 맡겨진 임무였습니다. 군형무소에서 생존자들을 만난 김 씨는 이렇게 말했다고 합니다. "나는 2, 3일 후 월남으로 떠나게 되었다. 지금까지 있었던 일은 모두 백지로 돌리고 우리가 닦고 배운 실력을 월남전에서 마음껏 펼쳐보자. 어느 누가 묻더라도 이제까지 겪은 우리들만의 비밀을 아무에게도 누설하지 마라. 어떤 질문이든지 '군사 보안상 말씀드릴 수 없습니다'라고만 대답해라. 그래야만 우리 모두가 살 수 있다." 이 호소 덕분인지 야당 의원들의 진상 조사는 별 효과 없이 끝나고 4명의 생존자들은 군사재판 판결에 따라 사형이 집행되었습니다.

재미있는 것은 이 사실을 보도한 〈월간조선〉 기자의 입장입니다. 훈련병들을 사살하라는 명령은 없었다는 점, 영화와 달리 훈련병들은 〈적기가〉가 아닌 〈김일성 장군의 노래〉를 불렀다는 사실 등을 언급한 그는 "영화감독의 상상력이 대한민국을 마피아보다도 못한 의리 없는 집단으로 만든 셈이다. 대한민국은 요사이 이리저리 뜯어 먹히고 능욕되는 가운데 변호사도 구할 수 없는 지경이다. 대한민국을 깎아내리면 돈도 벌고 인기도 얻는 세태 속에서 '영화 실미도'를 '사실 실미도'라고 믿는 이들이 많아진다."라고 개탄합니다. 놀라운 관점이 아닐 수 없지요. 영화 실미도가 사실관계를 조금 바꾸었다고 해서, 그 잘못이 이런 황당무계한 사건을 만들어내는 데 가장 중요한 역할을 한 국가의 잘못보다 더 클 수는 없습니다. 국가가 그들의 사살을 직접 지시하지 않았다 해서, 〈적기가〉 대신 〈김일성 장군의 노래〉를 부르게 했다고 해서, 멀쩡한 사람들을 무인도로 끌어들여 혹독한 훈련 끝에 비정상적 행동을 저지르게 해놓고 재판도 없는 즉결처분을 통해 살해하고, 나중에는 사형수들을 속여 진실을 은폐하기까지 한 국가 권력의 잘못이 용서받을 수 있는 것은 아니라는 말씀입니다. 영화감독이 사실관계를 전혀 바꾸지 않고 그대로 영화를 만들었다고 해도, 이 영화 속의 국가는 여전히 '마피아보다도 못한 의리 없는 집단'일 뿐입니다. 누가 뭐라고 해도 실미도 사건은 법의 통제를 벗어난 '국가라는 이름의 괴물'이 저지른 만행에 지나지 않습니다. 이 사건을 보도하면서도 '대한민국'을 여러 번 강조하며 끝까지 그 사랑을 과시하는 기자의 태도 앞에서, 저는 괴물화한 국가 권력보다 더 큰 공포를 느꼈습니다.

2004년 1월 22일자 〈주간조선〉 인터뷰에서 위의 김 씨는 이탈한 훈련병들을 처형한 것에 대해서 "나중에 생길 수 있는 법적 문제 같은 것은 생각하지 않았고 그럴 상황도 아니었다."라고 증언했습니다. 그에게는 "나라를 위해서라면…… 큰일을 위해서라면…… 임무를 완수하는 것이 중요"했을 뿐입니다. 그는 1965년 공군 하사관으로 입대하여 특수전 교관을 지내다가 나중에는 보안사 준위로 예편한 사람인데, 이 인터뷰를 통해 그야말로 무법의 시대를 살아온 사람다운 한마디를 남겼습니다. "임무는 어디까지나 임무였다."라고.

법을 잘 모르는 소대장 김 씨는 그럴 수 있다고 칩시다. 당시 공군 검찰부장으로서 이 사건을 직접 수사하고 나중에 사형 집행까지 참관했던 김중권 전 민주당 대표가 〈월간중앙〉 2004년 2월호 인터뷰에서 밝힌 내용은 저를 더욱 놀라게 했습니다. 김중권 씨는 고려대 법대를 졸업하고 사법시험에 합격한 후 1969년부터 1972년까지 군법무관으로 복무할 때 이 사건을 담당했습니다. 제대 이후에는 10년 가까이 판사 생활을 했고, 제5공화국 출범과 동시에 민정당 국회의원으로 정치 활동을 시작, 나중에는 김대중 정권의 대통령비서실장 등을 지냈지요. 법률가로서나 정치인으로서나 대단히 화려한 이력을 지녔을 뿐 아니라 독실한 기독교인으로도 잘 알려져 있는 분입니다.

김중권 씨가 이 영화에서 가장 우려한 것은 무엇보다도 "군 난동자들을 너무 미화시켜 진실이 왜곡될 수 있다"는 점이었습니다. 당시 사건 관계자들이 재판받고 사형된 마당에 그들을 미화함으로써 국가나 정부에 대한 불신감을 심어줄 수 있다는 것입니다. 김 전 대표는 아무리 군번 없는 훈련병들이지만 그렇게 즉결처형할 수 있는 것이냐는 기자의 질문에 대해 "원칙대로라면 재판받아야 합니다. 그렇지만 당시는 전시 상황이라고 교육대장이 판단한 것으로 보입니다. 또 그곳은 대한민국 영토지만 영토 밖에 있는 것으로 간주됐던 것 같습니다. 교육대장에게 생사 여탈권이 쥐어져 있던 셈이죠."라고 대답합니다.

도저히 법학을 전공한 분의 답변이라고는 믿을 수 없는 이야기였습니다. 우선 당시는 전시 상황이 아니었습니다. 전시 상황이라고 해도 교육대장이 마음대로 생사 여탈권을 행사하지는 않습니다. 사람들이 흔히 법전 어딘가에 존재하고 있으리라 믿는 '즉결처분'이란 건 민주국가인 우리나라에서는 아예 존재가 불가능한 개념입니다. 그런 게 존재하는 나라라면 이미 민주국가가 아니지요. 뿐만 아니라 누구도 대한민국 영토인 실미도를 대한민국 영토 밖으로 간주할 수는 없습니다. 재판 없이 사람을 죽인 것은 그 대상이 아무리 강간범이라 해도 그저 살인행위일 뿐입니다. 법률을 공부한 사람이 그런 살인행위를 '전시 상황', '생사 여탈권', '대한민국 영토 밖' 같은 황당한 논리로 정당화하기 시작하면 이건 그야말로 실미도 영화의 상황이 언제든지 우리들의 실제 상황이 될 수도 있다는 이야기밖에 안 됩니다.

김중권 씨는 주민등록이 말소되었다는 영화의 내용에 대해서도 "주민등록을 없애버렸다는 것도 과장입니다. 영화에서는 이들을 국민 대접도 못 받는 '1회용 인간'으로 만들었습니다. 그렇지 않습니다. 이들은 분명히 주민등록에 올라 있는 대한민국 국민이었습니다. 국가의 횡포를 강조하기 위해 그렇게 한 것 같은데, 사실과 다릅니다."라고 언급합니다. 저는 이 이야기를 읽으면서 '그런 대한민국 국민들을 섬에다 잡아놓고 훈련시키다 마구 죽여버리는 것이 어떻게 정당화될 수 있느냐'고 꼭 한 번 물어보고 싶었지만, 〈월간중앙〉 기자는 그걸 물어주지 않았습니다.

김중권 씨는 군번도 없는 사람들을 군사법정에서 재판한 것에 대해서도 "이들 난동자는 문서에는 나와 있지 않지만 군에 배속되어 군 훈련을 받았기 때문에 군인으로 본 것입니다. 이들에게는 훈련할 때 소위 계급장(군번 없는)을 달아주기도 했습니다."라고 이야기합니다. 그걸로 끝입니다. 실미도에 들어간 사람들은 아무리 자발적으로 그곳을 택했다 해도 결국은 속임수에 의해 납치된 것에 지나지 않습니다. 어린애들을 사탕 준다고 속여 유괴한 것과 똑같은 것이죠. 그렇게 붙들려 간 사람들이 반란을 일으키고 군인들을 죽였다는 이유로 무조건 군사재판을 받아도 좋다는 것은 적반하장이지요.

그의 마지막 한마디도 압권입니다. "냉전시대의 상황을 영화로 그려 놓았는데 감개무량합니다. 우리 민족의 어려운 남북 대치를 이해하면서도 비인간적이고 비인도적인 특수 훈련에 의해 인간병기가 만들어지고, 그들을 국가가 방치한 것은 잘못된 일입니다. 국가가 이들을 잘 관리할 수 있었을 텐데 하는 아쉬움이 많습니다. 그러나 정부만 탓해서는 안 됩니다. 당시의 시대적 상황은 북한을 깨부수는 것이었고, 그것이 국민의 염원이었습니다. 따라서 지금의 시각으로 부대를 만든 것 자체가 잘못됐다고 할 수는 없을 것입니다. 영화가 실미도 사건의 진상을 규명하는 데 도움이 되겠지만 국가와 정부에 대한 반감을 키우는 것은 아닌지 걱정스럽습니다." 저는 김중권 전 대표의 마지막 말에다가 "시대적 상황, 국민의 염원을 이유로 인권 유린이 가능하다고 생각하는 사람은 절대 법률가가 되어서는 안 된다."라는 말을 꼭 덧붙이고 싶습니다.

제주 4·3사건도, 실미도 사건도 모두 국가 권력의 조직적인 개입이 있었기에 가능한 일이었습니다. 법이 제대로만 작동했더라면 절대로 있을 수 없는 사건들이었지요. 그리고 이런 사건들에는 늘 엉터리 재판이나 국가 권력의 무조건적 정당화를 통해 이를 묵인한 법률가들이 끼어 있었음을 잊어서는 안 됩니다.

누가 괴물에게 봉사하나

국가가 언제든지 괴물로 변할 수 있는 존재라고 해서, 현재 지구상에 존재하는 모든 국가가 이미 괴물이라는 이야기는 아닙니다. 제가 강조하고 싶은 것은 괴물화의 위험성이지, 지금 어떤 나라가 괴물이냐 하는 문제가 아닙니다. 국가의 범죄는 절대 권력을 지닌 소수 독재자들의 야욕과 그들에게 복종하는 다수 봉사자들의 협력에 의해 현실화됩니다. 정신 나간 사람들 몇 명의 손으로는 이런 거대한 범죄가 이루어질 수 없습니다. 다수의 평범한 사람들이 독재 권력의 전횡에 참여하거나 방관할 때에만 비로소 국가라고 하는 괴물이 힘을 발휘하기 시작하는 것입니다.

아우슈비츠 생존자로 《이것이 인간인가(Si c'est un homme)》 등 많은 작품을 남겼으나 평생 아우슈비츠의 악몽에서 벗어나지 못한 채 끝내 자살로 생을 마감한 프리모 레비(Primo Levi, 1919~1987)의 말처럼 "괴물들은 존재하지만, 그들의 숫자는 너무 적어서 큰 위협이 되지 못하며, 정말로 위험한 존재는 아무런 의문도 제기하지 않은 채 정부의 말을 그대로 믿고 행동하는 관료들"입니다.[7)]

국가에 의해서 대량 학살 등의 범죄가 벌어질 때, 그에 관여하는 사람은 대개 가해자, 피해자, 방관자, 구조자의 4유형으로 분류할 수 있습니다. 아돌프 히틀러, 아돌프 아이히만, 이오시프 스탈린, 라브렌티 베리야(Lavrentiy Beriya, 1899~1953 : 스탈린 시대 대숙청 조직자 중 한 사람이었던 소련의 정치가) 등이 가해자의 전형이라면, 오스카 쉰들러(Oscar Schindler, 1908~1974)나 라울 발렌베리(Raoul Wallenberg, 1912~? : 헝가리의 유대인들을 구조하는 데 헌신한 스웨덴 외교관) 같은 사람은 구조자의 모범이고, 대학살 사실을 알면서도 이를 방관한 연합국이나 동유럽의 주민들은 방관자로 분류될 수 있지요.

국가에 의해 자행된 대량 학살 이야기를 들으면서 자신을 가해자와 동일시하는 사람은 거의 없을 것입니다. 대개 "만약 그런 일이 일어난다면 나는 아마도 오스카 쉰들러 같은 구조자가 되었거나, 최소한 방관자 정도에 머물렀을 것"이라고 생각하기 쉽지요. 그래서 우리는 너무나 쉽게 광주 학살에 참여한 공수부대원들을 '나와는 전혀 다른 종류의 인간들'이라고 생각합니다. 내가 그 작전에 참여했다면, 나는 결코 양민을 학살하는 위치에 서지는 않았으리라고 생각하는 것이지요. 광주민주항쟁 당시 공수부대원들에게 흥분제를 먹였다든지, 술을 먹였다든지 하는 식의 확인되지 않은 추측들도, 이들의 상태가 비정상적이었다는 사실을 전제로 한 것입니다. 그러나 대량 학살에 대한 전문적인 연구 결과들은 가해자들이 결코 비정상적인 사람이 아니었다는 쪽으로 의견을 모으고 있습니다.

여러분은 미국의 행동하는 역사학자인 하워드 진(Howard Zinn, 1922~2010) 교수 등의 저술을 통해 널리 알려진 스탠리 밀그램의 실험에 대해 들어보신 적이 있을 겁니다.[8] 예일 대학교의 뛰어난 사회심리학자였던 스탠리 밀그램(Stanley Milgram, 1933~1984) 박사는 1961년과 1962년에 걸쳐 '징벌에 의한 학습 효과'를 측정하는 실험에 참여할 자원자를 약 1,000명 모집했습니다. 실험 방법은 다음과 같았습니다.

우선 자원한 사람들을 두 그룹으로 나누어 한 그룹에게는 선생 역할을, 다른 그룹에게는 학생 역할을 맡깁니다. 그리고 선생 역할 담당자 1명과 학생 역할 담당자 1명이 서로 짝을 짓도록 한 다음, 학생 역할 담당자들을 가죽 끈으로 의자에 묶고 그들의 양쪽 손목에 전기충격장치를 연결했습니다. 둘 사이는 벽으로 가로막아 서로 볼 수 없도록 했습니다. 그 후 학생 역할 담당자에게는 암기해야 할 단어들이, 선생 역할 담당자에게는 테스트할 문제들이 주어졌지요. 선생 역할 담당자에게는 "학생들을 테스트한 후 만약 틀릴 경우 15볼트의 약한 전기충격을 가하고, 계속 틀릴 때마다 전압을 15볼트씩 올리도록" 지시했습니다. 문자 그대로 징벌(전기충격)에 따른 학습 효과(암기력의 향상)를 연구한다는 명목으로 말이지요.

그러나 이 실험의 실제 목적은 다른 데 있었습니다. 선생 역할 담당자들이 전압을 높여 가는 과정에서 어떤 태도를 보이는가를 연구하고자 했던 것입니다. 선생 역할 담당자에게는 비밀로 했지만, 사실 학생 역할 담당자는 자원자가 아니라 모두 실험 팀의 일원이었고, 전기충격도 가짜여서 그저 놀라는 시늉만 했습니다. 완전한 사기였던 셈이지요. 과연 선생 역할 담당자가 인간에게 치명적일 수 있는 450볼트에 이를 때까지 전압을 높여 가는지를 관찰하는 것이 이 연구의 주된 목적이었습니다. 실험이 진행되는 동안 선생 역할을 맡은 자원자들 옆에는 실험 주관자(권위자의 역할)가 앉아서 "걱정 말고 계속 전압을 높여라. 책임은 내가 진다."라는 말로 격려 내지 압력을 행사하도록 했습니다.

실험이 시작되기 전 밀그램 박사는 150볼트 이상으로 전압을 높여야 할 상황이 되면 대부분의 사람들이 이를 거부하고 실험 중단을 요구할 것으로 추정했습니다. 누구라도 실험 참여의 대가로 4달러(약 5천 원)을 받기 위해 사람을 죽일 수도 있는 위험한 일을 벌이지는 않을 테니까요. 아마 잘해야 1,000명 이상의 실험 대상자 중 0.1퍼센트 정도가 450볼트에 이르도록 계속 전기충격을 가할 것이라는 가정을 세웠습니다.

저는 이스라엘의 야드 바셈(Yad Vashem) 연구소에 머무는 동안 이 실험을 녹화한 테이프를 직접 시청하였습니다. 대체로 이런 식이었습니다. 처음 15볼트 정도의 전기충격을 가할 때, 선생 역할 담당자는 벽 너머로 들리는 상대방 학생(사실은 실험 팀의 연기)의 가벼운 비명소리에 키들키들 웃기 시작합니다. 전압이 90볼트를 넘어가면서 약간 의심스러운 표정을 짓기 시작하지요. 옆을 돌아보며 "이거 계속해도 되는 겁니까?"라고 묻기도 합니다. 150볼트가 넘어가자 걱정스러운 얼굴로 바뀌면서, "나 이거 더 이상 못하겠어요."라고 말합니다. 벽 너머에서 학생 역할을 맡은 자원자가 "으악, 그만 해요. 나는 그만두겠어요. 내보내줘요!"라고 소리를 지르고 있으니 이렇게 반응하는 것도 당연하지요.

그런데 문제는 그 다음입니다. 실험 주관자가 선생 역할 담당자에게 차가운 목소리로 "괜찮아요. 실험의 일부일 뿐이에요. 계속해요. 계속하라고 했죠? 책임은 모두 내가 져요."라고 이야기하자, 선생 역할 담당자는 괴로운 표정을 지으면서도 계속 전압을 높여 갔습니다. 사실 언제든지 "나는 못하겠어요."라고 자리를 박차고 나가면 그만인데도 그렇게 하지를 못하는 겁니다. 나중에 300볼트가 넘어가면서부터는 그도 무감각해져서 그냥 계속 전압을 높여 갔습니다. 중간 중간 "이래도 되는 거요?"라는 식의 의혹을 표현하기는 했지만, 그 빈도는 전압이 높아질수록 계속 낮아졌습니다. 실험 결과는 충격적이었습니다. 실험 참가자 중 무려 65퍼센트가 450볼트까지 전압을 높인 것입니다.

나중에 밀그램 박사의 실험은 더욱 다양한 상황으로 확대됩니다. 예컨대 조금 덜 학술적인 분위기에서 실험을 했을 때 확률은 48퍼센트까지 떨어지고, 실험 주관자가 같은 방에 있지 않을 때는 21퍼센트까지 떨어집니다. 더 재미있는 것은 실험 주관자 두 사람을 한꺼번에 선생 역할 담당자 방에 집어넣고 두 실험 주관자가 '전압을 더 올려도 되는지'에 대해 논쟁하는 상황을 설정하면, 참여도가 10퍼센트까지 떨어진다는 사실입니다. 학생 역할을 맡은 실험 조교를 선생 역할 담당자와 한 방에 집어넣고 실험을 계속하도록 했을 때는 40퍼센트, 선생 역할 담당자가 학생 역할 담당자의 손목에 직접 전기충격기를 대도록 했을 때는(물론 실제로는 모두 학생 역할자의 연기) 30퍼센트까지 떨어졌습니다. 참고로 이 실험 이후 밀그램 박사는 실험 대상자들을 속이고 진행한 이 실험의 비윤리성이 문제가 되어 예일 대학을 떠나야 했고, 이후에는 1984년 사망할 때까지 뉴욕 시립대학의 심리학 교수로 일하며 많은 제자들을 길러냈습니다. 미국 대학들이 그의 실험을 계기로 인간을 대상으로 한 실험의 윤리 문제에 눈을 뜨게 되어 더이상 이런 충격적인 실험은 불가능하게 되었지요.

스탠퍼드 대학의 심리학자인 필립 짐바르도(Philip Zimbardo, 1933~) 박사는 이 실험에 대해 조금 다른 시각으로 접근했습니다. 즉, 여기서 실험 중간에 더 이상 계속하지 못하겠다고 말한 사람들(일종의 의로운 사람들)이 그렇게 말한 후 어떻게 행동했는가에 주목한 것이지요. 예컨대 이런 말도 안 되는 실험이 진행되고 있다면, 당장 자리를 박차고 일어나 실험 주관자를 비난하든지, 아니면 상급자를 만나겠다고 항의하는 것이 당연합니다. 그런데 불행히도 그렇게 행동한 사람은 단 한 명도 없었습니다. 이른바 '의인'들조차도 자리에 앉아서 "정 못하겠다면 이제 집으로 가도 좋다."라는 말을 들을 때까지 조용히 기다리고 있었던 것입니다. 벽 너머에는 학생 역할을 맡은 자원자가 여전히 고통받고 있을 게 분명한데도 말입니다. 실험을 중간에 거부한 사람조차도 실제로는 부당한 권위에 복종하고 있었다고 볼 수 있는 실험 결과였습니다.

1971년 짐바르도 박사는 여기서 더 나아가, 모두 70명의 지원자 중 '성숙하고, 감정적으로 안정되어 있으며, 정상적이고, 지적 능력이 뛰어난 대학생' 24명을 선발해서 새로운 실험에 착수합니다. 이번에는 상황을 감옥으로 설정하여 각각 '간수'와 '죄수' 역할을 맡겼지요. 실험 참가의 대가는 15달러였습니다. 그러나 이 실험은 끝내 결과를 얻지 못했습니다. 5일 만에 실험을 중단했기 때문이지요. 너무 끔찍한 상황이 전개되어 실험을 더 이상 계속했다가는 완전히 인간성이 파괴될 수 있다는 판단이 들었던 것입니다. 간수 역할을 맡은 몇몇 남학생들은 죄수 역할의 학생들을 마치 짐승 대하듯 가혹하게 다루었고, 죄수 역할을 맡은 몇몇은 겉으로 노예처럼 비굴하게 굴면서도 속으로는 오직 탈출과 복수만을 꿈꾸는 말도 안 되는 상황이 벌어졌습니다. 역할과 자아가 뒤섞이면서 엉망진창이 되어 버린 이 실험을 통해 짐바르도 박사는 우리 인간들이 언제든지 나약한 죄수와 악랄한 간수 사이를 오갈 수 있다는 사실을 날카롭게 지적했습니다.

밀그램과 짐바르도의 실험은 인간이란 과연 무엇인가를 생각하게 해줍니다. 우리는 과연 문명화된 존재일까, 아니면 그저 문명의 탈을 쓴 야만인에 지나지 않은 것일까. 만약 여러분이 바로 밀그램의 실험에 참여한 자원자들이었다고 생각해보십시오. 여러분은 어떤 행동을 취했을 것 같습니까? 과연 자리를 박차고 일어나 "이런 미친 짓 그만 둬." 라고 소리치고 책임자를 만나 혼을 내준 후, 경찰서에 이 엉터리 실험을 신고하러 갈 수 있었을까요? 너무 쉽게 대답하지 마십시오.

우리들 모두는 어려서부터 '순종'을 최고의 미덕으로 받아들이며 살아온 사람들입니다. 고등학교 시절을 생각해보십시오. 지금도 저는 제가 왜 그 고등학교를 끝까지 다녔는지 이해할 수 없습니다. 학교를 박차고 나왔다면 제가 영원히 사회에 적응하지 못하는 인생 낙오자가 되었을까요? 어쨌거나 그 당시에 제가 학교를 뛰쳐나오면 '인생 낙오자가 될지도 모른다'는 두려움을 가졌던 것만은 분명합니다. 모두가 다 별 문제 없이 한 방향으로 나아가고 있는 것으로 보일 때 그 흐름을 벗어나는 것은 확실히 부담스러운 일입니다. 특히 선생이나 성직자, 통치자 등 강력한 권위를 지닌 사람들에 저항하는 길로 가고자 할 때는 더욱 어렵습니다.

가공할 만한 국가의 범죄에 참여한 사람들은 우리와 다른 괴물들이 아닙니다. 우리와 똑같이 정상적인 교육을 받고, 사회 속에서 늘 칭찬받으며, 윗사람 말에 순종하는 사람들이었습니다. 어른들 또는 권위자들이 시키는 일이라면 "왜?"라고 묻지 말고 그냥 "예!"라고 말하라는 가르침을 충실히 따랐던 사람들이었습니다. 그렇게 사는 것만이 이 사회에서 왕따당하지 않고 '원만하게' 살아가는 길이라 생각했던 사람들이었습니다. 윗사람, 어른, 권력자, 권위를 가진 사람의 명령이나 가르침이 그들의 말이기 때문에 옳다고 믿는 것이 아니라, 정말 옳은 것인지를 판단할 수 있는 사람이라야 진짜 시민이 될 수 있습니다. 연구실에서 자기 몸에 자꾸 손을 대는 성희롱 지도교수에게 앞뒤 볼 것 없이 "야, 이 씨방쉐이야!"라고 소리 지를 수 있는 사람만이 자유를 지켜낼 수 있습니다. 그런 시민을 길러내는 교육이 진정한 교육입니다.

괴물의 시대는 갔는가?

1987년 민주항쟁 이후 우리나라는 점진적인 민주화의 길을 걸어왔습니다. 김영삼-김대중-노무현 대통령을 거치는 동안, 우여곡절은 많았지만 시민의 자유와 권리가 증진되어온 것만은 틀림없습니다. 그래서 우리 사회 구성원들 사이에는 '과거와 같이 무자비한 군사독재정권이 다시 등장하는 것은 불가능할 것'이라는 믿음이 광범위하게 자리 잡게 되었습니다. 이런 믿음에는 분명히 긍정적인 면이 있습니다. 이런 생각 자체가 독재정권의 출현을 막을 수 있기 때문입니다. 그러나 그런 일이 없으리라 믿고 완전히 방심해서는 안 됩니다. 지금 우리 시대는 과거와 다른 새로운 독재의 위험 앞에 벌거벗겨져 있습니다.

저는 대구에서 대학교수 노릇을 하고 있습니다. 아내도 서울에서 학생들을 가르치고 있기 때문에 주말이면 제가 서울로 올라와 가족과 시간을 보냅니다. 이른바 주말 부부인 셈이지요. 이런 제가 서울로 올라오는 어느 하루의 일상을 살펴봅시다.

오후 4시 15분에 수업이 끝납니다. 잠시 후 교수회의가 있어서 학교 밖의 식당에 나가 같은 학부 소속 교수들과 식사를 합니다. 오랜만에 돈을 한 번 내기로 작정하고 신용카드로 식사비를 계산합니다. 학교로 다시 들어갔다가 자동차를 몰고 역으로 향합니다. 역으로 가는 길에 주유소에 잠깐 들러 기름을 넣습니다. 계산은 물론 신용카드로 합니다. 동대구역에 들어가서 기차표를 끊고 역시 신용카드로 계산합니다. 1시간 40분 후 서울역 도착. 기차에서 내려 지하철 입구까지 가는데 약 5분이 소요됩니다. 지하철 입구에서는 늘 그렇듯이 신용카드에 포함된 교통카드를 삑 긋고 들어갑니다.

바로 집으로 갈까 하다가 시간이 남은 김에 오래 전부터 봐두었던 렌즈 하나를 사기로 마음먹습니다. 개발도상국 법률 지원을 하러 키르기스스탄, 몽골 등을 방문하면서 찍사(카메라 기사) 역할을 자원한 이후 가지게 된 사진 취미는 저만의 작은 기쁨입니다. 그러나 사진 장비 가격이 만만치 않아 렌즈 하나를 사려고 해도 몇 달을 망설여야 합니다. 오늘은 어렵게 결심을 굳히고 카메라 도매 상가가 있는 남대문 시장으로 발걸음을 돌립니다. 집이 있는 충정로역에서 내려야 하는 사람이 엉뚱하게 남대문 시장이 있는 회현역에서 내린 것입니다. 몇 군데 가게를 돌아다닌 후 가장 싼 곳에서 렌즈 하나를 구입합니다. 그리고 속으로 '이번 렌즈 구입은 아내에게 비밀로 해야겠다'고 마음먹습니다.

일부러 신용카드 대신 현금으로 결제하고, 완전 범죄를 위해 핸드폰으로 아내에게 전화를 겁니다. "여보, 응. 잘 도착했어. 곧 갈게." 다시 남대문에서 지하철을 타고 충정로로 이동합니다. 역시 교통카드를 '삑'. 집에 도착한 저를 가족들이 반갑게 맞아줍니다. 즐거운 하루였습니다.

자, 이렇게 장황한 저의 일상 이야기 중에서 누군가의 감시망에 잡히지 않을 수 있는 것은 무엇일까요? 불행히도 하나도 없습니다. 식사와 주유, 기차 탑승, 지하철 이용, 핸드폰 통화 중에서 기록을 남기지 않은 행동은 하나도 없습니다. 저의 일거수일투족은 저도 기억하지 못하는 정확한 시간과 함께 모두 어딘가에 기록되고 있는 것입니다. 유일하게 기록을 벗어난 것은 현금을 직접 사용한 렌즈 구입뿐인데 그것도 결국은 은행 통장에서 나온 것이기 때문에 체크가 불가능한 것은 아닙니다. 과거에는 신용카드의 사용 범위가 물건을 사는 데 제한되어 있었기 때문에, 이 정도로 정확한 일상생활 체크는 불가능했습니다. 그러나 신용카드에 교통카드를 비롯한 여러 기능이 통합되면서 놀랄 만큼 정밀한 일상생활 체크가 가능해졌습니다. 때로는 본인도 기억 못하는 일, 가족도 모르게 저지른 일이 어딘가에 기록으로 남아 있게 된 것이지요. 아내는 제가 남대문 시장에 간 것을 모르지만, 신용카드 회사의 누군가는 원하기만 한다면 제가 남대문 시장에서 얼쩡거린 시간을 알 수 있습니다. 우리도 모르는 사이에 우리에 대한 엄청난 기록이 쌓여 가고 있다는 것은 참으로 위험한 일이 아닐 수 없습니다.

물론 이와 같은 현상은 전 세계에서 공통적으로 진행되고 있습니다. 하지만 정보화에 있어서 우리나라만큼 앞서 가는 나라는 손으로 꼽을 정도입니다. 거기다가 우리나라는 세계 어느 나라의 국민관리시스템보다도 정교한 주민등록 제도를 실시하고 있습니다. 김기중 변호사가 적절히 지적했다시피 "주민등록 제도는 모든 주민에게 강제되는 거주지 등록 제도, 모든 국민에게 고유하고 불변하는 번호를 부여하는 고유 번호 제도, 모든 성인에게 강제 발급하는 국가 신분증 제도를 모두 포함하고 있다는 점"[9]이 특징입니다. 거주지 등록, 불변의 고유 번호, 강제 발급되는 국가 신분증 제도의 세 가지 성격을 모두 갖춘 강력한 주민등록 제도를 유지하는 나라는 유례를 찾기가 힘듭니다.

주민등록 제도는 우리의 일상 속에 깊숙이 파고 들어와 신용카드, 통장 발급 등의 은행 업무뿐만 아니라 인터넷의 중요하지 않은 사이트에 회원 가입을 하려고 해도 반드시 요구받는 필수조건이 되었습니다. 그러다보니 인터넷상에 자기 주민등록번호를 적어 넣으면서도 거부감을 느끼는 사람은 거의 없습니다. 심지어 동네 DVD 가게에서 DVD를 하나 빌리기 위해 회원 등록을 할 때조차 주민등록번호를 요구받고 우리는 큰 부담 없이 주민등록증을 제시합니다. 성인물 대여를 제한하기 위해서라는 그럴듯한 명분도 있지요.

이런 식으로 쌓인 우리의 정보는 언제든지 누군가에게 악용될 수 있습니다. 지금까지는 인터넷 사이트에 회원 가입을 했더니 이미 다른 사람이 등록을 했다든지, 포털 사이트 회원으로 등록하니 그 업체가 운영하는 인터넷 쇼핑몰 회원으로 자동 가입되었다든지, 우리 딸이 어떤 사이트에 회원 등록을 했더니 그 후에 아동 관련 광고물이 무차별적으로 날아온다든지 하는 것이 주된 피해 내용이었습니다. 그러나 집적된 정보를 중앙에서 통제하려고 마음만 먹으면 이 정도의 피해는 아무것도 아닌 엄청난 결과가 야기될 수 있습니다. 날로 발전하는 컴퓨터의 성능이 이런 다양한 정보의 무제한 집적을 가능하게 만든 것입니다.

저는 앞서 제가 아내 몰래 카메라용 렌즈 하나를 구입한 예를 들었습니다만, 사람은 누구에게나 말 못할 비밀이 있기 마련입니다. 숨겨둔

자식이 있을 수도 있고, 남몰래 하는 투자가 있을 수도 있습니다. 아무에게도 말 못하는 질병도 있을 수 있습니다. 성적(性的)으로 남과 다른 취향을 가지고 있을 수도 있고, 남편 몰래 사랑하는 사람이 생겼을 수도 있습니다. 몰래 지원하는 정치인도 있을 수 있고, 오른손이 하는 일을 왼손이 모르게 하는 선행도 있을 수 있습니다. 아주 범위를 좁히면 남몰래 보는 동영상, 남몰래 듣는 음악, 남몰래 내려 받는 프로그램도 있을 수 있습니다. 돈이 한 푼도 없으면서 부자인 척 허풍을 떠는 일도 있을 수 있습니다. 이렇게 약간의 어두운 부분이 공존하는 것이 인간 세상입니다.

그런데 그런 비밀을 친지들조차 모르는데, 중앙의 집적된 정보 시스템과 그것을 통제하는 사람들은 매우 손쉽게 알 수 있다고 생각해보십시오. 이 정보들은 언제든지 사람을 협박하여 협조를 얻어낼 수 있는 수단이 됩니다. 과거에는 총과 칼, 고문에 의한 철권통치가 독재를 상징했다면 이제는 얼마든지 정보에 의한 독재가 가능해진 것입니다. 꼭 협박이 아니더라도, '그들'이 원한다면 언제든지 당신의 소비 패턴과 생활 리듬을 파악할 수 있습니다. 또한 핸드폰을 통한 위치 추적과 디지털 카메라의 보급은 모든 시민들을 감시의 대상이자 감시의 주체로 자리매김하게 만들었습니다. 만인의 만인에 대한 감시의 시대가 된 셈입니다.

이전 시대와 21세기 정보 독재 시대의 차이가 있다면, 이런 통제 사회의 도래를 내다보면서도 막을 방법이 없다는 사실입니다. 놀랄 만큼 빠른 기술의 발전은 이제 누구도 멈출 수 없습니다. 기술의 발전에 따른 사회 통제의 증대도 그렇습니다. 기술문명이 가져다 준 효율성과 편리함을 거부하는 것도 불가능합니다. 앞서 말씀드린 비밀 또는 프라이버시의 영역도 "비밀 없이 깨끗이 살면 되잖아? 죄 짓지 않고 사는 사람에게야 통제 사회가 된들 달라질 것이 무엇이 있어?"라는 한마디 반박으로 언제든지 무시될 수 있습니다. 거기다가 새로 등장하는 테크놀로지 독재는 그 주체도 뚜렷하지 않습니다. 히틀러나 스탈린처럼 뚜렷하게 보이는 주도 인물이 없는 것입니다. 주체의 불분명성은 국가 권력의 괴물화를 촉진하는 요인이 됩니다. 이를 막고자 하는 사람들도 도대체 정확히 어디에서 무엇을 막아야 하는지 알 수 없기 때문입니다.

어쩌면 지금이야말로 이전에 상상도 못했던 독재 권력이 출현할 수 있는 최적기일 수 있습니다. 그런데 이런 독재 권력의 출현을 감지하고 이를 예방해야 할 의무를 지닌 가장 중요한 사람들이 누구일까요? 바로 법률가들입니다. 그러나 현재로서는 법률가 집단에게도 큰 기대를 걸기가 어렵습니다. 대부분의 법률가들이 국가 권력의 통제를 생각하기보다는 국가 권력을 누리는 쪽으로 자신의 역할을 고정하고 있기 때문입니다. 참으로 암담한 현실이지요.

괴물로 변할 수 있는 국가 권력 이야기를 너무 많이 하다 보니 제가 마치 뉴스를 진행 중인 방송국에 뛰어들어 "내 귀에 도청장치가 달려 있다."라고 외쳤던 사람이 된 느낌입니다만, 어쨌든 국가는 언제든지 괴물로 변할 수 있는 존재이며, 그 위험성은 오늘날에도 변함이 없다는 기초 위에서 우리의 이야기는 법률가들의 역할이라는 다음 주제로 넘어갑니다.

3장

법률가의 탄생

국가를 통제해야 할 법을 운용하는 사람들이 시민의 이익 대신 자신들의 이익만을 챙기게 되었을 때 우리 사회의 정의는 무너집니다. 우리는 그런 현상을 수없이 보아왔습니다. 맡겨진 역할의 수행을 포기한 채, 자기 자신과 자신이 속한 집단의 이익을 위해 봉사하는 법률가들은 결국 괴물의 수족 신세로 전락합니다.

사회적 특수계급의 제도는 인정되지 아니하며 어떤 형태로든 이를 창설할 수 없다.
(헌법 제11조 제2항)

특권의 내면화

10여 년 전만 해도 사법시험 합격자 발표가 나면 수석, 최고령, 최연소 합격자 이야기가 신문 지면을 장식했습니다. 그들이 어떤 역경을 딛고 그 자리에 섰는지 등 감동적인 사연이 소개된 후에는 대개 "왜 사법시험에 도전했는가?"라는 무의미한 질문이 던져졌고, 대부분의 합격자들은 "가난하고 소외된 이웃을 돕기 위해서"라는 모범답안을 내놓곤 했습니다. 어려운 환경에서 성장한 분들일수록 이런 경향이 강했습니다. 요즘은 그런 보도도 줄었고, 합격자들의 답변도 많이 바뀌었습니다. 최근 유행은 "국제 변호사가 되어 국제무대에서 활동하고 싶다"거나 "통상 전문가가 되고 싶다"는 쪽으로 흐르는 것 같습니다. 우리 사회가 어느 정도 먹고살 만하게 되었음을 반영하는 변화겠지요.

가끔 그 옛날의 합격자 인터뷰들을 생각할 때마다 저는, '가난하고 소외된 이웃을 돕기 위해 사법시험을 준비했다던 그 많은 사람들은 지금 어디에서 무엇을 하고 있을까?' 하는 의문을 품게 됩니다. 처음부터 국제 변호사나 통상 전문가를 꿈꾸는 요즘의 세련된 합격생들은 논외로 치더라도, 지금 법조계 물을 먹고 있는 대부분의 사람들은 한때 '가난하고 소외된 이웃을 위한 삶'을 꿈꾸었던 사람들입니다. 신문 인터뷰를 하며 '가난하고 소외된 이웃'을 이야기했던 법조인들만이라도 자기 약속에 충실했다면 시민과 법 사이의 엄청난 괴리 현상이 조금은 완화되었을지도 모릅니다.

그러나 그들은 그렇게 하지 못했습니다. 왜냐하면 그들이 사법시험이라는 장벽을 넘어 들어간 곳에서는 '새로운 세계'가 그들을 기다리고 있었기 때문입니다. 그 새로운 세계는 결코 그들에게 특권을 향유하라고 강요하지 않았습니다. 특권과 특권의식은 가랑비처럼 소리 없이 그들의 삶 속에 젖어들었습니다. 새로운 세계의 법과 논리는 그 나름대로 완결성을 지니고 있었기 때문에 그 흐름에 저항하기란 쉽지 않았습니다. 저도, 저의 동료들도 그렇게 서서히 변화해 갔습니다.

사법연수원은 우리나라 법조인들의 요람입니다. 서울대 사법대학원에서 사법시험 합격생들을 위탁받아 교육하던 1970년대 이전의 법조인들을 제외하면, 현재 우리나라에서 활동하는 대부분의 법조인들이 사법연수원에서 공부한 사람들이지요. 제11회 사법시험 출신들이 사법연수원 제1기생이 되었기 때문에 사법시험 횟수와 사법연수원 기수 사이에는 10년의 차이가 있습니다. 따라서 1991년 시험에 합격한 제 경우, 사법시험으로는 33회이고 사법연수원은 23기가 됩니다. 제33회 사법시험은 모두 289명의 합격자를 배출했고, 사법연수원 23기는 291명이 수료했습니다. 숫자가 약간 차이 나는 이유는 사법시험에 합격한 후 연수원 입소를 미루었다가 후에 들어왔거나, 건강상의 이유로 중간에 퇴직했다가 다시 들어온 사람들이 있는 까닭입니다. 인권변호사로 유명한 고 조영래 변호사의 경우처럼, 사법연수원 재직 중에 시국사건으로 구속되어 실형을 살고 나서 한참 후 다시 사법연수원에 들어와 변호사 자격을 취득한 예외적인 사례도 있습니다. 조 변호사는 사법시험 횟수는 13회지만, 징역, 수배 등으로 8년을 손해본 까닭에 사법연수원은 사법시험 21회와 함께 11기로 수료했지요.

사법시험 횟수 및 사법연수원 기수는 법조인으로서 어떤 사람의 위치를 가늠해볼 수 있는 가장 간편한 수단입니다. 서열을 중시하는 법원, 검찰뿐만 아니라 변호사 사회에서도 사법연수원 기수는 그 사람의 법조계 경력과 능력을 간접적으로 말해줍니다. 담당 판검사와의 관계가 변호사 개인의 능력보다 더 중요한 사건 수임 조건이 되는 우리 법조계 풍토에서는 동기생들의 성장이 곧 나의 성장을 의미하기도 합니다. 그러다 보니 몇 년 전에는 판검사들과 친한 변호사들을 쉽게 골라 선임할 수 있도록 담당 판검사와 변호사의 관계를 점수로 환산하는 희한한 데이터베이스까지 인터넷 유료 서비스로 등장해 눈길을 끌었습니다.

예를 들어 A라는 검사와 제가 사법연수원을 함께 다녔다면 검색 결과 2점을 받게 됩니다. 고등학교까지 함께 다녔다면 거기에 3점이 추가되고, 대학을 함께 다녔다면 또 2점이 추가, 군법무관을 함께 했으면 또 2점이 추가됩니다. 고교, 대학, 연수원, 군대 등을 모두 함께 마쳤다면 대략 9점 정도를 받게 되지요. 이 점수가 높아질수록 당연히 두 사람 사이의 친밀함도 증가합니다. 언젠가 동료들과 이 데이터베이스 이야기를 하며 서로 "너와 나의 관계는 몇 점짜리"라며 농담을 주고받은 적이 있습니다. 불행히도 이 데이터베이스의 점수는 상당히 정확했습니다. 아무래도 많은 시간을 함께 보낸 사람들일수록 쉽게 연락을 주고받을 수 있는 관계이기 때문입니다. 우리 법조계의 한 단면을 보여주는 데이터베이스인 셈이지요.

사법시험에 합격하고 사법연수원에 들어가는 순간, 저는 법원에 소속된 5급 공무원으로서 신분을 보장받게 되었습니다. 최하 호봉을 받기 때문에 월급은 많지 않았지만 5급은 행정부 사무관에 해당하는 상당히 높은 직급입니다. 그리고 사법연수원 1년을 마치고 2년차가 되면서는 직급이 다시 올라가 4급이 되었습니다. 보통 행정고시에 합격한 사무관이 4급 서기관이 되는 데 10여 년이 소요되는 것을 생각하면 파격적인 승진이 아닐 수 없습니다. 이는 모든 판사와 검사가 3급 이상의 예우를 받는 데 따른 것입니다. 연수원 1년차 때 5급, 2년차 때 4급이 돼야 연수원 수료와 동시에 3급에 상당하는 자리로 가는 것이 자연스러울 수 있는 것이지요. 그러나 문제는 사법연수생들에게 너무 높은 직급을 부여한다는 데 있는 것이 아니라, 사법연수생이라는 이유로 주어지는 특권이 너무 많다는 데 있습니다. 그리고 이들 특권의 대부분은 눈에 보이는 것이 아니었습니다.

무엇보다 중요한 것은 나를 바라보는 주변의 눈이 바뀌었다는 점입니다. 4학년 때 사법시험에 합격한 약 20여 명의 동기생들을 제외하고는 대부분의 연수생들이 고시 공부에 3, 4년씩 쏟아부은 사람들이었습니다. 2, 3회부터 20여 회에 이르기까지 고시 실패를 거듭한 사람도 많았습니다. 고시 낙방 경험이 있는 연수생들은 한때 스스로를 벌레처럼 느끼는 경험을 해본 사람들입니다. 주변 사람들이 모두 다 "저 녀석은 벌써 두 번이나 시험에 떨어졌대. 누가 봐도 안 될 놈 같은데 괜히 고시 공부한다며 폼을 잡고 있어."라고 자신을 손가락질하는 것 같았습니다. 한두 번까지는 그나마 참을 수 있지만, 몇 번 더 시험에 떨어지고 나니 세상을 보기가 두려워졌습니다. 빨리 취직하라는 가족들의 압박도 만만치 않았습니다. 대학입시에 실패해본 사람이라면 다 알 겁니다. 세상이 모두 자신을 향해 등을 돌린 것 같은 느낌……. 그런데 그런 실패 경험을 서너 번 했다고 생각해보십시오. 누구라도 정상일 수 없습니다. 자신이 바퀴벌레나 파리처럼 느껴지는 시점에서 합격 소식이 들려옵니다. 그리고 이전과 똑같은 것은 하나도 없는 새로운 세상이 펼쳐집니다. 이전에 자신을 우습게 보던 주변 사람들은 "그 친구가 역시 뭐가 달라도 달랐어."라며 축하와 경의를 표합니다. 가족들은 선조의 묘소에 모여 만세를 부릅니다.

신분이 수직으로 상승하는 이런 경험은 우리들의 정신세계에 충분히 나쁜 영향을 끼쳤습니다. 그날부터 습관적으로 "뭘요, 저는 운이 좋았을 뿐이에요."라고 겸손한 척하는 법도 배우지만, 이미 시험 합격자의 내면에 '나는 남과 다르다'는 의식이 자리 잡은 후입니다. 스스로를 벌레처럼 느끼게 하던 마음의 상처를 특권의식이 메워가게 되는 것입니다. 겉으로는 늘 겸손한 사람이지만 내면세계는 '땅값 상승으로 한몫 잡은 졸부들'의 그것과 갈수록 비슷해져 갑니다.

이때 나타나는 사람들이 바로 마담 뚜 아줌마들이지요. 사법연수원에 들어간 며칠 뒤부터 우리 집에는 '김두식 연수생 어머니'를 찾는, 정체를 알 수 없는 아줌마들의 전화가 걸려오기 시작했습니다. 마담 뚜들은 절대 사법연수생 본인과 직접 거래함으로써 시간을 낭비하지 않습니다. 이들의 주된 목표는 어디까지나 어머니였습니다. 마담 뚜를 통해 아들을 처분할 생각이 없으셨던 어머니는 그런 전화를 받을 때마다 "죄송합니다. 관심 없습니다."라며 전화를 끊곤 하셨지요. 가끔은 "우리를 나쁘게 생각하지 마시구요. 정말 좋은 집안의 좋은 색시들이 많이 있습니다. 우리가 아무한테나 전화 드리는 것 아닙니다. 사법연수생이라고 무조건 전화 드리는 것도 아니고요. 이야기나 한번 들어보시지요."라고 집요하게 조르는 사람들도 있어서 어머니의 혀를 차게 했습니다. 어머니의 거절에도 불구하고 한 달에 한 번씩 꼬박꼬박 전화를 걸어 문안을 여쭙는 '프로' 마담 뚜 아줌마도 있었지요.

사법연수원에 들어간 초기에는 친구들과 이런 마담 뚜 아줌마들 이야기로 웃음꽃을 피운 적이 많았습니다. 누구는 빌딩 한 채를 제안 받았다고 했고, 누구는 최소한 10억을 지참금으로 보낼 거라는 약속을 받았다고 했습니다. 그런 이야기를 들을 때마다 우리는 허리를 구부려 가며 웃었지요. '공식적으로는' 이런 마담 뚜 아줌마들이 혐오의 대상이었고, 마담 뚜의 도움으로 결혼을 하게 될 사람은 하나도 없어 보였습니다. 우리가 순진했던 것이죠. 이런 이야기를 듣는 동안 우리 머릿속으로 알게 모르게 '우리는 얼마짜리'라는 생각이 자라나고 있음을 깨닫지 못했던 것입니다. 그리고 주변에는 하나 둘, 신부감을 설명할 때 '신부가 어떤 사람인지'를 이야기하는 대신, 묻지도 않은 '신부 아버지의 신분과 직업'을 이야기하는 연수생들이 늘어갔습니다.

적지 않은 동료들이 마담 뚜의 도움을 받아 결혼에 성공한 것은 사실이었지만, 그렇다고 모두가 돈에 팔려 결혼한 것은 결코 아니었습니다. 사법시험 합격 이전에 사귀던 사람이 있는 연수생들은 보통 그 아가씨들과 결혼했습니다. 드라마에 나오는 것처럼 오랫동안 고시 공부를 뒷바라지해준 애인을 버리고 부잣집 딸을 선택하는 경우는 그리 많지 않았습니다. 그러나 그렇다고 해서 우리가 마담 뚜 문화로부터 완전히 자유로웠던 것은 아니었습니다.

그 복잡한 심리적 변화를 어찌 설명해야 할지는 잘 모르겠습니다만, 제 경우를 예로 들자면, 주변에서 자꾸 그런 이야기를 듣는 동안 '나는 세상 부귀영화에 욕심이 없는 사람이므로, 재산 없는 집 출신과도 결혼할 수 있을 것'이라는 일종의 자부심이 생기기 시작했습니다. 어처구니없는 일이었지요. 결혼은 그저 결혼일 뿐, 가난한 집 처녀와 결혼했다고 해서 그게 곧 그 사람의 인격이 훌륭하다는 것을 보여주는 증거는 아닙니다. 그런 생각을 한다는 것 자체가 특권의식이었음을 그때는 잘 몰랐습니다. 주변의 총각들이 하나씩 여유 있는 집에 장가가서 좋은 집과 자동차를 장만하는 것을 볼 때마다, 우리는 "그 친구가 그럴 줄 몰랐다."며 한탄했지만, 은연중에 '나도 그 정도는 받을 수 있는 사람'이라는 의식이 싹터가고 있었던 것입니다. 혐오 속에서 내면화되는 특권의식이라고 해야 할까요?

영혼을 좀먹는 법조계의 논리

서서히 내면화되는 특권의식과 함께, 늘 1등을 지향하는 수재들은 법조계 내부를 지배하는 몇 가지 논리에 순응해가기 시작했습니다.

법조계 내부의 제1논리는 무슨 일이 있어도 판검사 임용을 받으라는 것이었습니다. 사법연수원 시절 내내 우리들은 부장판사와 부장검사로 구성된 교수진에게 '임용을 못 받으면 끝장'이라는 세뇌교육을 받았습니다. 사법연수원 수료 후 바로 변호사로 나가게 되면 수임에서도 고생을 하고 전관예우도 못 받고 여러 가지 불편한 점이 있는 것은 사실이지만, 그때만 해도 먹고사는 데 지장이 있을 정도는 아니었습니다. 그런데도 저를 아껴주시던 지도교수(부장판사)님은 제가 딴생각하는 것을 여러 번 나무라시며 "김 시보가 지금은 그렇게 생각할 수 있지만 나중에는 반드시 후회한다. 무조건 판검사 임용을 받도록 공부하라." 라고 말씀하셨지요. 이런 분위기에서는 누구라도 자신이 왜 판검사가 되려고 하는지 진지하게 생각해볼 기회를 얻기 힘듭니다. 사법시험을 준비할 때는 가난하고 소외된 사람을 변호하는 사람이 되겠다고 결심했더라도, 이런 분위기 속에서는 "그래도 일단 임용받을 수 있는 성적은 확보하고 변호사를 하더라도 하자."라는 쪽으로 방향을 바꾸게 됩니다. 사법시험 합격자 수가 1,000명에 이른 지금은 제1논리가 더욱 강화되고 있다고 합니다.

제1논리와 함께 가는 것은 좋은 일은 나중에 해도 늦지 않다는 제2논리입니다. 이런저런 꿈을 가진 연수생들에게 선배들은 현실의 벽을 이야기하며 "일단 너의 위치부터 확보한 다음 좋은 일을 해라."라고 충고합니다. 제1논리와 제2논리는 동전의 앞뒷면과도 같습니다. 실력을 더 쌓고 사회적 지위를 확보하는 핵심 수단은 바로 임용을 받는 것이기 때문입니다. 실력을 더 갖춘 다음에 네가 하고 싶은 좋은 일을 하라는 것은 사법연수원뿐만 아니라 우리 사회 전체를 지배하는 아주 중요한 이데올로기이기도 합니다.

예컨대 어떤 고등학생이 공부 못하는 친구의 공부를 도와주거나 장애인 친구의 등하교를 돕기로 마음먹었다고 칩시다. 당장 그 학생은 부모님으로부터 이런 이야기를 듣게 됩니다.

"물론 네가 좋은 마음으로 그 일을 시작한 것은 잘 알고 있다. 그러나 모든 일에는 때가 있는 거다. 지금은 네 공부에 주력해야 할 때고, 좋은 일은 나중에 해도 늦지 않다. 네가 만약 지금 공부에 주력하지 않아서 대학입시에 실패한다면, 나중에 너는 진짜로 누군가를 돕고 싶어도 도울 수 없는 사람이 되고 만다. 우선 실력을 갖추는 것이 중요하다."

그런데 일단 선한 일 하기를 뒤로 미뤄놓고 그 학생이 '좋은' 대학 법학과에 진학했다고 합시다. 그러면 이웃을 돕고자 하던 원래의 꿈을 이룰 수 있을까요? 그렇지 않습니다. 이번에는 이런 이야기를 듣게 됩니다.

"네가 하려고 하는 일이 옳다는 것은 안다. 그러나 모든 일에는 시기가 있는 거다. 지금 네가 고시 공부를 그만두고 학생운동에 뛰어든다면 사람들이 뭐라고 하겠니? 고시에 한두 번 떨어지더니 공부하기 싫어서 그런다고 하지 않겠니? 모든 일에는 순서가 있다. 우선 고시부터 붙고 나서 남을 돕는 일에 나서도 늦지 않다. 지금 네가 아무리 자유와 평등을 떠들어봐야 누가 네 말에 귀 기울여주겠어? 변호사 타이틀이라도 딴 후 뭔가를 말하는 것과 그냥 평범한 학생으로 말하는 것 사이에는 큰 차이가 있다. 먼저 너 자신부터 남들이 귀 기울여줄 만한 사람이 되는 게 중요하다."

자, 이 학생이 열심히 노력해서 사법시험에 합격했다 칩시다. 이번에는 무엇이 기다리고 있을까요? 이때쯤에는 충고하는 분이 부모님에서 장인어른으로 바뀌어 있을지도 모릅니다. 어느 정도 사회적 지위를 갖춘 장인께서는 아마도 이렇게 말씀하시겠지요.

"변호사는 원래 연수원에서 판검사로 임용될 성적이 안 되는 사람들만 하는 거라면서? 자네, 그렇게 성적이 나쁜가? 가난하고 소외된 사람들을 돕는다는 건 참 좋은 뜻이야. 하지만 세상 일이 그렇게 간단하지가 않네. 자네 무슨 돈으로 개업을 할 건가? 그리고 자네가 아무리 '나는 성적이 되지만 그래도 변호사를 택했다'고 말한다 한들 사람들이 그 말을 믿어줄 것 같은가? 아무리 자네 뜻이 그렇다 하더라도, 우선은 판검사 임용을 받은 후 나중에 변호사 개업을 하는 게 순서일세. 그래야 다른 사람들로부터 무시당하지 않을 수 있어. 단 하루를 해도 좋으니 일단 판검사 임용을 받도록 하게. 그 이후에는 자네가 어떤 선택을 하든 내가 뭐라 하지 않겠네. 그리고 남을 돕는다는 것은 원래 자기가 충분히 먹고살 기반을 다진 다음에 가능한 일일세. 돈도 없이 어떻게 남을 돕나? 그러니 우선 자네부터 남을 도울 만한 위치에 올라가는 것이 바람직한 길이네."

장인의 말씀대로 좋은 성적으로 검사 임용이 되면 그가 자유로워질까요? 한 가지도 마음대로 할 수 없는 층층시하의 검찰 조직 안에서 괴로워하는 그에게 아마도 사람 좋은 선배 부장검사가 이런 충고를 해줄 것입니다.

"일단 부장이 될 때까지만 참아봐. 그 다음에는 정말 자네 마음대로 정의를 실현할 수 있는 날이 온다네. 부장도 못 해보고 그만둔 사람을 누가 검사로 쳐주기나 한다던가? 이미 이 길에 들어선 이상, 지금 와서 길을 바꾸기도 쉽지 않네. 나중에 부장만 딱 달고 나서 개업하면 초기에 돈도 많이 벌 수 있고, 그 돈으로 자네가 하고 싶은 좋은 일을 하면 되지 않겠나? 그리고 사실 검사 일만큼 보람 있는 일이 어디 있나? 변호사만 남을 도울 수 있나? 검사야말로 약자들을 도울 수 있는 좋은 자리지."

이런 충고에 귀를 기울이다 보면 어느새 자녀들 사교육비로 엄청난 돈을 지출해야 하는 중년의 남성이 된 자신을 발견하게 되는 것입니다. 아마도 그의 묘비명에는 이런 문구가 남게 되겠지요.

"평생 가난하고 소외된 이웃을 돕겠다고 '생각만' 한 사람, 여기 잠들다."

이건 남의 이야기가 아니었습니다. 바로 저의 이야기이기도 하고, 제 동료들의 이야기이기도 했습니다. 우리는 누구나 패배자로 낙인찍히는 것이 두려웠습니다. 그 두려움은 특권을 잃을지 모른다는 공포로 이어집니다. 법조계에는 법조계의 논리가 있고, 법조계 특유의 사람을 평가하는 기준이 있습니다. 사법연수원에는 사법연수원의 논리가, 검찰에는 검찰의 기준이, 법원에는 법원의 기준이, 대형 로펌에는 대형 로펌 나름대로 성공을 평가하는 기준이 있습니다. 그리고 법조계 전체를 관통하는 가장 중요한 기준은 '쓸데없이 튀지 말라'는 것입니다. 이것이 바로 법조계 제3의 논리입니다. 튀는 사람에게는 무척이나 가혹한 곳이 법조계입니다. 남들이 보기에 선한 일을 하는 사람들, 시민단체에서 쥐꼬리만한 보수를 받으며 일하는 변호사들, 무료 상담을 자원하는 사람들도 법조계 내부의 눈으로 보면 그저 '튀려고 하는 사람들, 그렇게 떠서 국회의원 하려는 사람들'에 불과합니다. 어차피 남을 인정하고 싶은 마음이라고는 조금도 없는 이 수재집단에게 튀는 동료의 존재는 술안주로 씹기에 딱 알맞은 대상입니다.

사법 개혁과 관련하여 국민들의 신망을 얻고 있는 부장판사, 변호사들 중에 법조계 내부에서 좋은 평가를 받고 있는 분은 거의 없다고 해도 과언이 아닙니다. "너무 독선적인 사람", "남의 말에 귀 기울이지 않고 늘 자기 의견만 말하는 사람", "자기가 승진 안 되니까 그에 대한 반발로 저러는 것" 등등 한결같이 부정적인 이야기들뿐입니다. 문흥수 서울지법 부장판사가 법관 인사 시스템을 비판하고 나왔을 때 제가 주변에서 제일 처음 들은 반응은 "고법부장 승진에서 탈락했다고 그러는구먼."이었고, 박시환 부장판사가 대법관 임명제청과 관련하여 사표를 제출했을 때 들은 반응은 "자기가 대법관 못 되었다고 그러나?"라는 것이었습니다. 올바른 비판을 일순간에 아주 우스운 일로 만드는 반응입니다. 그만큼 일반인들과 평가의 잣대가 다르다는 이야기도 될 수 있을 겁니다.

이런 법조계 분위기에서 '가난하고 소외된 이웃'을 향한 삶을 시작하기란 쉬운 일이 아닙니다. '가난하고 소외된 이웃을 위해 몸을 던진' 변호사의 삶은 법조계 내부의 논리에 따르자면 "그저 공부를 못해서 판검사 임용을 못 받고(제1논리), 그러다 보니 실력도 못 갖춘 사람이(제2논리), 어떻게든 뜨려고 발버둥치는(제3논리)" 것에 지나지 않게 됩니다.

사법시험을 준비할 당시 한결같이 그런 삶을 지향했던 사람들이 모두 다른 길로 가게 된 데에는 다 이유가 있는 것입니다. 법조계 내부의 논리와 기대를 충족시키기 위해 노력하면 할수록, 일반 시민들이 기대하는 법률가의 모습으로부터 멀어지게 되는 안타까운 현실……. 처음에는 그 현실에 저항하던 사람들도 연수원의 치열한 경쟁 속에서 살아남으려 몸부림치는 가운데 점차 전형적인 법조인의 모습으로 변해갑니다.

특권집단의 이상한 군사 훈련

저는 군복무 기간 동안 '얼차려'를 받은 적이 없습니다. 장교로 복무했으니 임관 이후에야 얼차려를 받지 않은 것이 당연할 수 있지만, 장교 훈련 기간 동안에도 얼차려를 받지 못했습니다. 저만 그랬던 것이 아니라, 저하고 함께 훈련을 받았던 장교 후보생들 중 누구도 얼차려를 받지 않았습니다. 이유는 간단합니다. 우리가 받기를 원치 않았기 때문이었습니다. 그게 말이 되느냐고 생각하시겠지만 사실입니다. 제가 얼차려 한 번 받지 않고 훈련을 마친 이야기는 내면화된 우리의 특권의식이 어떻게 외부로 표출되는지를 잘 보여줍니다.

사법연수원을 수료한 1994년 2월 19일, 군미필자로 사법시험에 합격한 117명이 함께 경상북도 영천의 제3사관학교에 입대했습니다. 제3사관학교는 군법무관, 군의관, 군종장교, 학사장교 등과 '3사' 출신으로 불리는 장교들을 육성하는 사관학교인데, 3사 출신들을 제외한 다른 과정은 12주 동안 기초 군사 훈련과 장교 교육을 받은 후 소위 또는 중위로 임관하게 됩니다. 과거에 '석사장교'라고 해서 6개월 훈련받은 후 바로 예비역 소위가 되던 사람들도 이곳에서 훈련을 받았습니다. 전직 대통령들의 자녀들을 위한 특혜로 만들어졌다는 이야기가 있을 정도로 매력적이었던 석사장교는 이미 폐지된 후였으므로, 1994년에는 주로 군의, 법무, 군종 등이 순차적으로 들어와 장교 훈련을 받았습니다. 보통 '특과장교'들로 불리는 사람들을 훈련시키는 과정인지라 아무래도 육사나 사병 훈련보다는 널널하기로 소문난 12주 과정이었지만, 그래도 군대라고 갓 신혼 한 달을 넘긴 우리 부부는 제3사관학교 앞에서 눈물의 이별을 했지요.

입대 후 며칠 되지 않아, 옆 내무반에서 시끄러운 소리가 들렸습니다. 마치 싸움을 하는 것처럼 들렸습니다. 무슨 일인지 궁금해 고개를 내밀어보니, 동료 후보생 한 명이 구대장으로부터 뭔가를 지적받고 있었습니다. 정확한 내용이 기억나지는 않지만 아마도 이불을 제대로 개지 않았거나, 사물함 정리를 제대로 안 했다는 정도의 아주 사소한 지적이었을 겁니다. 대학을 졸업하고 사법시험에 합격하여 사법연수원까지 마친 우리들은 막 중위를 단 구대장들보다 적게는 두 살, 많게는 대여섯 살이 많았지요. 패기 넘치던 구대장은 그 자리에서 나이든 후보생에게 '팔굽혀펴기 10회'를 명령했습니다. 하지만 그 후보생은 그런 건 할 수 없다고 말했습니다. 구대장은 명령에 불복종하면 벌점을 부과하겠다고 했습니다만, 후보생은 맘대로 하라며 눈도 깜짝하지 않았습니다. 그 과정에서 언성이 계속 높아졌습니다. 누구나 상상할 수 있듯이 상당히 살벌한 분위기였지요. 구대장은 더 이상 참을 수 없다며 훈육대장에게 보고하겠다고 자리를 떴습니다.

그때 우리 117명을 대표하는 최연장자 형이 나서서 훈육대장과 담판을 벌였습니다. 담판은 의외로 싱겁게 끝났습니다. 싱싱하고 정의감에 넘치는 구대장과는 달리 훈육대장은 능수능란한 고참 소령이었습니다. 군법무관 후보생들과 충돌하여 시끄러운 소리를 내느니 조용히 타협하는 것이 자신에게 유리하다는 것을 알 만한 사람이었지요. "명예를 중시하는 귀관들의 요구를 받아들여 앞으로 팔굽혀펴기 같은 것은 시키지 않겠다. 나는 여러분이 한국 최고의 지성인답게 알아서 훈련에 응해줄 것으로 믿는다." 대충 이런 면피성 훈시가 있은 후에 우리는 훈련이 끝날 때까지 한 번도 얼차려를 받지 않았습니다.

첫 번째 얼차려 대상이 제가 아니었던 것은 저에게나 117명 동기들에게나 다행스러운 일이었습니다. 저 같으면 아마도 얼차려 명령을 받고 한참을 망설였을 것이고, 어쩌면 명령대로 팔굽혀펴기 10회를 실시했을지도 모릅니다. 그랬더라면 구대장들과 후보생들 사이의 첫 번째 기(氣) 싸움에서 패배한 불명예를 제가 뒤집어썼을 것이고 훈련도 몇 배는 더 힘들어졌겠지요. 다행히 심지가 굳은(?) 동료가 첫 번째 규율 위반자가 되었기 때문에 우리도 앞선 법무관들의 예에 따라 무척이나 쉬운 훈련을 받게 된 셈입니다. 그렇다고 우리들 사이에 팔굽혀펴기 같은 건 하지 말자고 미리 약속이 되어 있었던 것은 아니었습니다. 그런 육체적인 처벌을 받을 수 없다는 것은 일종의 묵시적인 합의에 속했습니다. 그런 처벌을 받기에는 우리 나이가 너무 많고, 그런 처벌이 없어도 필요한 훈련이라면 충분히 잘 받을 수 있으며 더욱이 우리는 군대에 법무관 역할을 하러 온 것이지 전투병과 장교 노릇을 하러 온 것이 아니라는 생각이 우리들을 지배하고 있었던 것입니다. 그러나 그런 생각의 바탕에 자리 잡고 있는 것은 역시 내면화된 특권의식이었습니다.

사관학교에 들어가고 일 주일쯤 되었을 때에는 휴게실 게시판에 신문기사가 하나 붙었습니다. 사법연수원을 마치고 판검사에 신규 임용된 사람들의 명단이었습니다. 지난주까지만 해도 우리와 함께 사법연수원에 재직하던 동기생들의 이름을 보는 우리들의 마음은 착잡했습니다. 그들은 판검사의 자리로 바로 가는데, 우리는 계급도 없는 후보생 신분으로 훈련을 받고 있다는 게 억울하게 느껴졌던 것 같기도 합니다. 그날 저녁에는 법무훈육대 동기생 전체 회의가 열렸습니다. 첫 번째 회의의 가장 중요한 이슈는 훈련 기간 12주 동안 두 번밖에 허용되지 않는 외박을 어떻게 세 번으로 늘리느냐는 것이었습니다. 그 전 해인 제22기 연수생들까지만 해도 세 번 허용되던 외박이 우리 때 와서 두 번으로 줄어든 것은 말도 안 된다는 것이 우리들의 주장이었습니다. 사관학교 측은 외박에 관한 방침이 바뀐 것이므로 외박 횟수는 절대로 양보할 수 없고 대신에 매주 면회를 허용해주겠다는 조건을 제시하였습니다. 후보생들은 이 문제만은 절대 타협해서는 안 된다며 집단행동을 불사하겠다는 쪽으로 의견을 모았습니다.

3주 정도 지난 후에 학교 측에서는 외박 횟수를 1회 늘려주겠으니 대신 훈련에 열심히 응하겠다는 약속을 해달라는 새로운 조건을 내놓았습니다. 우리 요구가 관철된 셈이었지요. 그런데 그에 대한 후보생들의 반응이 또 재미있었습니다. 지금 와서 치사하게 그런 양보를 할 수는 없고, 차라리 외박을 안 가도 좋으니 절대로 저들의 요구대로 훈련에 열심히 응해서는 안 된다는 의견들이 나오기 시작했습니다. 훈련에 열심히 응하는 것이 마치 군사정권에 순응하는 것이라는 듯, 나중에는 "이유는 없다. 무조건 개기자."라는 의견이 우레와 같은 박수를 받기도 했습니다.

훈련 시작 1개월이 지난 후 가족들과 첫 번째 면회가 있었습니다. 서울에서 내려온 버스들이 제3사관학교 교정에 늘어섰습니다. 한 달 만에 가족들과 함께한 시간은 누구에게나 소중한 것이었습니다. 그런데 면회 이틀 후, 수류탄 투척 훈련장에서 훈육대장으로부터 "훈육대로 돌아가면 귀관들에 대한 놀랄 만한 조치가 기다리고 있다."라는 통보를 받았습니다. 막사로 돌아가니 면회 때 후보생들이 가족에게 전달받아 숨겨 들어온 다량의 술병들이 모두 적발되었더군요.

면회 끝난 후 술병을 찾기 위한 소지품 검사가 있으리라는 것을 똑똑한 후보생들이 예상하지 못한 것은 아니었습니다. 그래서 면회일 저녁 후보생 대표가 술병들을 모두 걷어 폐쇄창고에 숨겨놓았고, 혹시나 그게 걸리더라도 누구의 술인지 알 수 없도록 술병에 이름 대신 가명이나 A, B, C 등으로만 표시해놓았지요. 그렇게 기호로만 표시해놓으면 나중에 우리는 술병을 찾을 수 있지만, 구대장들에게 걸릴 경우에는 모두가 발뺌하면 된다고 생각했던 것입니다. 정말 법률가들다운 치밀한 대비가 아닐 수 없었습니다. 그런데 구대장들이 그걸 찾아낸 것이었습니다.

문제는 엉뚱한 곳에서 터졌습니다. 너무 치밀했던 우리 후보생 대표가 이름이 비슷한 두 사람을 구별하느라 그들의 이름만 본명으로 적어놓았던 것이지요. 학교 측이 놀랄 만한 조치라고 이야기했던 것은 바로 그 두 사람에 대한 징계였습니다. 이들에 대한 징계는 결국 외박 전면 통제 및 한계 벌점의 50퍼센트 부여로 결론이 났지요. 다른 장교 훈련 과정이었다면 예외 없이 퇴교 조치를 내리고도 남을 사안이었을 테지만, 역시 '법무'는 강하다는 사실을 확인해주는 결정이었습니다.

사관학교 측의 징계 결정에 대한 후보생 측의 대응은 지금 생각해봐도 터무니없었습니다. 징계 결정이 알려진 그날 저녁부터 단식투쟁을 시작한 것입니다. 식당 앞에 정렬하여 식사하러 들어가려는 순간, 모두가 징계 철회 때까지는 식사를 하지 않겠다고 버텼고 당황한 구대장들은 일단 우리를 내무반으로 돌려보낸 뒤 상부에 이 사실을 보고했습니다. 식사 거부를 선언하고 내무반에 들어가자마자 후보생 자치회에서 초코파이 2개, 썬듀 1개, 초코바 1개씩을 나누어주었습니다. 저녁

식사 대신 자치회에서 준비한 음식이었습니다. 표면상으로는 단식투쟁이지만, 실제로는 간식을 먹으면서 하는 간식투쟁이었던 셈이지요. 군에서는 도저히 있을 수 없는 항명 건을 터뜨리고 나서도 내무반에 모인 동기생들은 천하태평이었습니다. 각자 신문 보고, 책 읽고, 바둑 두고……. 저는 주로 아내에게 편지를 쓰고 있었지요.

중간 중간 투쟁 방향을 놓고 토론도 열렸습니다. 이런 이상한 투쟁에 대한 반대 의견도 없지 않았지만 결론은 늘 가장 강경한 쪽으로 나기 마련이었습니다. 토론 과정에서 초강경파들만 힘을 얻는 모습을 보면서 저는 마침 그 당시 읽고 있던 김태길 교수의 《체험과 사색》의 한 장면을 떠올렸습니다. 서울이 북한군에게 점령된 뒤 대학생들이 분위기에 휩쓸려 의용군에 '자원'하는 부분이었지요. 그렇게 자원하여 평양까지 끌려갔다 온 김태길 선생처럼 저도 같은 상황이 되면 꼼짝없었으리라고 자탄했습니다.

단식이 이틀째 계속되자 사관학교 측에서도 더는 그대로 놓아둘 수 없다고 생각했는지 117명 전원을 퇴교시키겠다는 강경한 입장을 표명했습니다. 그러나 대부분의 동기생들은 흔들리지 않았습니다. 우리를 모두 자르고 나면 육·해·공군 전체의 군 사법 업무가 마비되리라는 현실적 계산과 함께 '감히 누가 우리들을 자르겠느냐'는 자신감이 넘쳐흘렀습니다. 단식투쟁의 논리도 차근차근 마련되었습니다. 사법연수원을 수석으로 마친 친구에게는 학교장에게 보내는 성명서 작성이 맡겨졌고, 거기에는 징계 문제뿐 아니라 추운 날씨와 난방시설 고장으로 우리가 겪고 있던 동상의 아픔 같은 문제들도 추가되었습니다. 처음에는 억지스럽던 주장들이 장문의 성명서로 꾸며지자 한결 그럴듯해 보였습니다.

단식 사흘째 저녁, 동료 중 한 명이 식당 앞에서 "나는 이제 배신자

소리를 듣든 무슨 욕을 먹든지 간에 내 양심에 따라 행동하겠다."라며 혼자 식당으로 들어갔습니다. 비록 식사 거부는 하고 있었지만, 매 끼니 때마다 식당까지 행진해 가서 식당 앞에 마치 연좌시위를 하듯 앉아 있다 돌아오는 일은 계속되던 때였습니다. 그 자리에서 그렇게 선언하고 식당 안으로 들어가는 것은 보통 용기가 아니었습니다. 그러나 평소 사람들과 그리 잘 섞이는 편이 아니었던 그 후보생의 행동은 다른 동조자를 만들지 못했습니다. 온건하고 합리적인 지도자였던 후보생 대표는 "이제 의사 표시는 충분히 한 것 같으니 식사는 하자."라고 동기들을 설득했지만 여전히 다수는 그의 말에 귀를 기울이지 않았고, 그도 나중에는 지쳐서 한 발 물러서 있게 되었습니다.

그날 저는 아내에게 "내 생각에는 117명 전체를 퇴교시키는 것이 군 전체를 위해서 좋을 것 같다. 졸병 몇몇을 잡아 군의 기강을 잡는 것보다는 이런 기득권 집단을 과감히 뭉갬으로써 문민시대를 맞이하는 새로운 군의 모습을 보여주는 것이 옳다."라는 편지를 보냈습니다. 그날 저녁에는 우리들 처리 문제가 국방부에서 논의 중이라는 소식이 들렸고, 후보생들은 오랜 토의를 거친 끝에 다시 식사를 하기로 의견을 모았지요. 이미 이탈자가 생긴 이상, 단식을 계속할 명분을 찾기 힘들다는 것이 단식 중단의 이유였던 걸로 기억합니다.

3일간의 단식이 끝나자 후속 조치가 이어졌습니다. 우선 술이 적발되었던 징계 대상자들에 대해서는 외박 전면 통제가 아니라 외박 1회 통제로 처분이 가벼워졌습니다. 국방부는 원래 단식 주동자 10명을 색출하여 퇴교시키고, 나머지 107명에 대해서는 군법무관 수급에 차질이 없도록 이후 '무슨 사고를 치든 무조건' 임관시킨다는 계획을 세웠다고 합니다. 그러나 이런 이야기에도 겁을 내는 사람은 없었습니다. 주동자 색출이란 처음부터 불가능한 일이었고, 연수원 시절의 우정에다

훈련받으며 쌓인 동지애로 뭉친 사람들이 주동자 색출에 협력할 리도 없었기 때문입니다.

이 사건은 이렇게 조용히 해결되었습니다. 아무도 징계를 받지 않았고, 젊은 후보생 117명은 다시 한 번 자신들의 파워를 확인할 수 있었습니다. 117명을 전원 퇴교시키고 이 사건을 신문 기사화해야 한다고 주장했다는 젊은 구대장 한 명은 이후 "군 생활이 싫다"는 이야기를 많이 했다고 합니다. 그에게는 이 특권집단이 가진 힘과 현실의 벽이 너무나 높았던 셈입니다. 후보생 내부에서는 오히려 "얻은 것도 없이 너무 빨리 투쟁을 종결했다."라고 비판하는 강경론자들도 없지 않았지만 우리들의 싸움은 이렇게 끝났지요.

보기에 따라서는 강자에 맞서는 법률가들의 결연한 의지로 비칠 수도 있는 사건이었지만 제 눈에는 그렇게 보이지 않았습니다. 우리를 지도하는 훈육대장이나 구대장들, 심지어는 별을 단 장군들조차 분명히 사회적 강자는 아니었습니다. 오히려 특권집단 117명의 눈치를 보는 데 급급한 나약한 사람들에 불과했습니다. 3년 후면 모두 판검사, 변호사가 될 사람들인 데다가 후보생 다수는 전·현직 국회의원, 장관, 법원장, 검사장 등을 아버지 또는 장인으로 두고 있었습니다. 친구나 선후배는 대개 법조인들이었고, 동기생들은 이미 판검사가 되어 있는 집단이었습니다. 누구도 함부로 대할 수 없는 사람들이었고, 무엇보다도 후보생들 자신이 그 사실을 가장 잘 알고 있었습니다.

단식투쟁이 끝난 후에도 훈련받는 내내 우리는 중요한 안건이 있을 때마다 117명이 모여 회의를 했습니다. 유격 훈련은 얼마나 열심히 받아줄 것인지, 행군 갈 때는 군장에 어느 정도나 짐을 꾸려 갈 것인지 등등이 주된 논의 대상이었지요. 그런 회의 중 어느 날인가는 아주 젊은 동기생 하나가 "군법무관치고 도대체 우리처럼 열심히 훈련받는 사람들이 어디 있느냐. 나는 내일부터 아침 점호에 안 나가겠다."라고 선언하기도 했습니다. 그 친구는 자기가 말한 대로 진짜 아침 점호에 안 나갔고, 징계하겠다고 엄포를 놓는 연대장에게 "나를 처벌하면 전후방의 군법무관들이 가만히 안 있을 거다."라며 오히려 큰소리를 치기도 했지요. 그렇다고 그 친구가 악독한 사람이거나 군대에 대해서 심한 악의를 지닌 사람은 결코 아니었습니다. 개인적으로 이야기를 나눠보면 순진하고 착한 사람이었는데 아직 어린 나이라 치기가 좀 강한 편이었지요. 믿어지지 않겠지만 그 친구도 아무 처벌 없이 넘어갔습니다.

시험 때 손바닥에 컨닝 문구를 적어놓았다가 교관이 손바닥 검사를 하겠다고 하자, 한 후보생이 손을 들고 일어나 "헌법상 보장된 기본권 침해"라고 강력히 반발한 일도 있었습니다. 사법시험에 합격한 117명의 두뇌들은 모두 그 이야기에 고개를 끄덕이며 손바닥 검사를 거부했지요. 훈련 기간 12주 동안 이런 식의 크고 작은 집단행동이 얼마나 많았는지 지금은 다 기억도 할 수 없습니다.

군대에 다녀온 분이라면, 제가 지금까지 한 이야기를 듣고 아무리 군법무관들이라지만 설마 그럴 수가 있었겠냐고 생각하실 겁니다. 얼차려를 거부한다든지, 면회 때 술병을 반입한다든지, 그게 적발되자 오히려 단식투쟁에 나섰다든지, 그래도 아무 일 없이 넘어갔다든지 하는 이야기가 모두 딴 세상 이야기처럼 느껴지시겠지요. 하지만 군대라는 곳은 놀라울 정도로 강자에게 약하고, 약자에게 강한 곳이었습니다. 우리는 초반부터 누가 더 강자인지를 확실히 보여줬고 일단 관계가 정리된 후부터는 모든 것이 수월했습니다.

그리고 더욱 믿지 못하시겠지만, 적어도 우리 기수까지의 군법무관들 중에서는 우리가 가장 열심히 훈련에 임했다는 평가를 받았습니다. 우리보다 드셌던 어느 기수는 행군 도중 일부가 이탈하여 목욕탕에 가서 총을 세워놓고 목욕을 한 후 택시를 타고 집결지로 갔다는 전설 같은 일화를 남기기도 했습니다. 야전삽이 무겁다는 이유로 쇠로 된 부분을 잘라낸 후 달랑 나무 손잡이만 군장에 달고 다녔다는 기수도 있었습니다.

우리들 모두는 그런 행동에도 불구하고 법무관으로 임관했고, 이후 3년 동안 군검찰관, 군판사, 법무참모, 송무장교 등등 다양한 보직을 오가며 군대 내의 모든 사법 업무를 담당했습니다. 군무 이탈이나 항명을 한 사람들을 군교도소로 보냈고, 사소한 명령 위반자들을 징계에 회부했습니다. 훈련받을 당시의 태도대로라면 군대에서 벌어지는 각종 불의에 맞서 결연히 투쟁하는 법무관들로 인해 사건이 넘쳐나야 했을 테고, 군 내부의 압력에 맞선 양심선언들이 끊임없이 터져 나와야 했을 테지만, 그런 일은 일어나지 않았습니다. 막상 군검찰관이 된 다음에는 우리들 대부분이 정작 해야 할 일에 충실하지 못했습니다. 군 내부의 비리를 캐내려면 우선 우리가 깨끗해야 하는데, 우리들은 출근을 대충 하거나 각종 통제로부터 자유로운 특권을 누리는 대가로, 법무관 고유 업무를 상당 부분 포기하거나 방관했습니다. 어떻게든 3년만 때우고 나가면 된다는 의식이 우리의 정의감을 누른 셈이었습니다. 그리고 그렇게 은근슬쩍 우리의 삶을 지배하게 된 특권의식은 결코 그 3년의 군복무와 함께 사라지지 않았습니다. 어느새 우리는 일반 시민들과 전혀 다른 새로운 계급을 형성하게 된 것입니다.

괴물의 수족이 된 사람들

법은 기본적으로 국가를 통제하기 위한 것이라는 말씀은 이미 여러 번 드렸습니다. 법이 국가를 통제하기 위한 도구라면, 법률가들은 바로 그 법이 올바로 기능할 수 있도록 돕는 역할을 하게 됩니다. 법전 속에서 잠자고 있는 법이 우리 생활 속에서 살아 숨 쉬며 국가의 괴물화를 방지하는 역할을 할 수 있도록 손발 역할을 하는 것이 법조인들인 것입니다. 그런데 국가를 통제해야 할 법을 운용하는 사람들이 시민의 이익 대신 자신들의 이익만을 챙기게 되었을 때 우리 사회의 정의는 무너집니다. 우리는 그런 현상을 수없이 보아왔습니다. 맡겨진 역할의 수행을 포기한 채, 자기 자신과 자신이 속한 집단의 이익을 위해 봉사하는 법률가들은 결국 괴물의 수족 신세로 전락합니다.

1982년 부산미국문화원 방화 사건을 주도한 문부식 씨의 책을 보면 이런 이야기가 나옵니다. 어느 날 문부식 씨가 고문을 당하고 있는 조사실에 수사를 지휘하는 검사가 찾아옵니다. 검사는 심각한 얼굴로 이런 질문을 던집니다. "흰색과 노란색과 검은색 가운데 어느 색이 가장 좋은가?" 문부식 씨는 도무지 그 질문의 의도를 알 수 없었지요. 특별히 좋아하는 색이 없다고 하자 검사가 이번에는 이렇게 고쳐 묻습니다. "그 셋 중에서 어느 색을 가장 싫어하는가?" 특별히 싫어하는 색도 없다고 하자 검사는 묘한 미소를 짓더니 방을 나가버리더랍니다. 문부식 씨는 아직도 그 검사가 왜 그런 질문을 했는지 정확히 이해할 수 없다고 하면서도, "그는 아마 내가 흰색을 증오하고 노란색을 광적으로 좋아하는 편집증적인 민족주의자라는 것을 확인하고 싶었을 것이다."라는 추측을 덧붙입니다. 그리고 이런 질문을 던지지요. "그것이 어려운 사법고시를 패스해 검사가 된 한국 엘리트의 의식 수준이었다면?"[1)]

이 이야기를 읽고 나서 저도 역시 그 검사가 왜 그런 질문을 던졌는지 이해할 수 없었습니다. 그러나 그런 이상한 질문을 던진 뒤 묘한 미소와 함께 방을 떠나는 그 검사의 표정만은 마치 눈앞에 보이는 것처럼 선명하게 그릴 수 있습니다. 비슷한 법조인들을 너무 많이 보아온 까닭입니다. 피의자가 고문을 당하는 현장에 와서 고문을 중단시키지는 못할망정, 머리 좀 굴렸답시고 그런 말도 안 되는 질문이나 던진 다음, 그 질문을 생각해낸 자기의 명석함에 스스로 만족하며 고문 현장을 떠났을 그 검사의 모습은 문부식 씨가 던진 질문에 명확한 답을 제시해줍니다. 바로 그것이 어려운 사법시험을 패스해 검사가 된 한국 엘리트들의 의식 수준인 것입니다.

검사나 판사들이 정치범들에 대한 가혹행위에 '사실상' 가담한 이야기는 문부식 씨 경우 이외에도 얼마든지 찾아볼 수 있습니다. 문부식 씨의 책에는 방화 사건 이후 함께 구속된 동료들이 받은 고문 이야기도 나옵니다. 사건 직후 부산 치안본부 대공분실 조사실로 끌려간 문 씨의 여자 동료들은 건장한 체구의 남자 수사관들에 의해 알몸이 되어 욕조에 거꾸로 처박혔고, "너 몇 번 해봤니? 너희들 자취방 같은 데 모여서 그룹 섹스 자주 했지?" 같은 추잡한 질문을 받아야 했습니다. 차가운 물을 뒤집어쓴 채 겁에 질려서 팬티에 방뇨한 것을 돌볼 겨를도 없었던 나이 어린 여학생들의 귀에 대고 그들이 속삭인 질문들이었습니다.[2)]

국가 권력으로부터 '남의 몸을 마음대로 다룰 권한'을 위임받았다고 착각한 사람들은 결국 노동운동에 뛰어든 여대생을 노골적으로 강간하는 범죄행위에까지 이르게 됩니다. 문귀동에 의해 자행된 성고문 사건이 그것이었지요. 물론 이런 가혹한 고문의 주범은 이근안, 문귀동을 비롯한 경찰 수사관들 또는 정보기관 요원들이었습니다. 그러나 이런 고문 끝에 범행을 자백하고 검찰에 송치된 피의자들을 수사하고 기소한 검사들과 이들에게 유죄 판결을 내린 판사들은 과연 이들이 고문받았다는 사실을 몰랐을까요?

1971년 보안사 서빙고 대공분실에 끌려가 심한 고문을 견디다 못해 자살하고자 난로를 껴안았던 서승 씨의 경우, 그가 병원에서 의식을 회복하자마자 가장 먼저 찾아온 사람이 검사였다고 증언합니다.[3] 조서를 작성해 발 도장을 받으러 온 것이었지요. 그 다음에는 서울지법 판사실로 나가 이름, 주소 등을 확인한 후 서울구치소에 수감됩니다. 전신에 화상을 입은 서승 씨의 모습을 본 판검사들은 그가 고문 끝에 자살을 시도했다는 사실을 몰랐을까요?

2002년 11월 서울지검의 젊은 엘리트 검사가 피의자 고문치사 혐의로 구속되던 날, 저는 연구실에서 책 한 권을 받았습니다. 《아직 끝나지 않은 죽음》. 1973년 중앙정보부의 고문에 목숨을 잃은 서울대 법대 최종길 교수의 삶을 추모하는 책이었지요. 강신옥, 김근태, 김정남, 김학준, 문정현, 박형규, 백기완, 백낙청, 이부영, 장기표, 한완상 등 가나다 순서로 정리된 필자들의 이름을 짚어 가는 가운데, 저는 한 가지 공통점을 발견할 수 있었습니다. 이제는 비록 다양한 정치적 입장 속에서 서로 다른 길을 걷고 있는 사람들이지만, 이들 모두는 지난 시절 끔찍한 고문의 대상이 되어본 경험을 공유하고 있었습니다. 문부식, 권인숙, 서승뿐만 아니라 독재의 어두운 그늘 아래 참으로 많은 고문 피해자들이 남겨진 것입니다.

그런데 건국 이후 수없이 자행된 고문과 조작의 기록들 사이에서 우리가 종종 간과하는 사실이 있습니다. 즉, 어떤 고문이나 조작도 법률가들과 완전히 무관하게는 이루어질 수 없다는 것입니다. 예컨대 고문의 전제가 되는 구속은 검사의 영장 청구와 판사의 영장 발부에 의해 이루어집니다. 물론 유신헌법 치하의 불법·불량 국가 시절에는 판검사의 개입 없이도 정보기관이 마구잡이로 사람을 잡아다 고문하는 일이 없지 않았지요. 그러나 그런 무지막지한 경우에도 결국은 법률가들의 손을 거치지 않을 수 없었습니다. 엉터리이기는 했지만 그래도 법치국가의 탈을 쓰고 있었던 까닭입니다. 많은 판검사들이 때로는 소신에 의해, 때로는 정보기관의 눈치를 보며, 구속영장, 피의자 신문 조서, 공소장, 판결문 등 각종 문서에 자신의 이름을 적어 넣었습니다.

의문사진상규명위원회 등의 노력에 의해 인혁당 간첩 조작 사건 등 많은 사건이 상상을 초월하는 고문에 의해 조작되었음이 밝혀지고 있지만, 우리는 아직도 그 수많은 서류들에 서명·날인했던 법률가들의 이름을 알지 못합니다. 참 신기한 일이지요. 아마도 그들은 이렇게 이야기하고 싶을 것입니다. 그때는 어쩔 수 없었다고. 지금의 잣대로 그 시절을 단죄해서는 안 된다고. 그 당시에는 간첩인 게 분명해서 그렇게 판결했다고. 먹고 살자니 어쩔 수가 없었다고(이런 변명이라도 하는 사람은 그나마 양심이 있는 사람입니다).

그러나 법률가는 다른 직업과 다릅니다. 판검사들의 서명·날인행위가 고문 경찰관이나 중앙정보부 수사관들의 행위와 똑같이 취급될 수도 없습니다. 왜냐하면 판검사는 '그 자리를 그만두고 나와도 오히려 더 많은 수입을 올릴 수 있는' 이 나라에서 거의 유일한 직업이기 때문입니다. 그때도, 지금도 그들에게는 공직을 떠나 변호사로 일할 무궁무진한 기회가 열려 있습니다. 그럼에도 불구하고 그들은 고문과 조작의 희생자가 분명한 사람들의 공소장과 판결문에 자기 이름을 적어 넣었고, 그 공로로 지금도 이 나라 어딘가에서 여전히 회전의자에 앉아 떵떵거리며 살아가고 있을 것입니다. 자기 기관의 최고위직에서 자유와 인권에 관한 고상한 이야기를 늘어놓고 있는 사람도 있을 수 있고, 어쩌면 최고 권력자의 자리를 향해 열심히 뛰고 있는 사람들 중에 '그들'이 있을 수도 있습니다.

이근안 씨처럼 직접 손에 피를 묻혀 가며 '반공 일선에서 혁혁한 공을 세운' 사람들 중 일부는 고문기술자로 몰려 감옥에 갔습니다. 감옥까지는 안 간 사람들도 이제는 그 화려한 과거를 숨긴 채 조용히 살아가는 것이 보통입니다. 그런데 같은 일에 '간접적으로' 관여한 법률가들은 이상하게도 여전히 잘 나가고 있습니다. 이제는 국회의원이 되어 공안을 주특기로 삼던 자신의 검사 경력을 여전히 자랑으로 삼는 사람도 있습니다. 노무현 대통령의 인생관을 바꾼 사건으로 널리 알려져 있는 부림 사건을 수사한 최병국 한나라당 의원은 2000년 총선 당시 시민단체에 의해 낙선 대상으로 지목되자 "부림 사건은 부산 운동권이 지하로 들어가 처음으로 주사파 학습을 시작한 충격적인 사건으로 이들 바로 다음 세대가 부산미문화원 방화 사건을 일으켰다."는 반론을 폈고 결국 금배지를 다는 데 성공했습니다. 그는 대통령 선거 기간 중 노무현 후보에 대해 "고문만 물고 늘어진 떨거지 변호사로 보고 별로 주목하지 않았다."는 냉소적인 한마디를 던져 화제를 낳기도 했습니다. 1980년대 초반 서울지검 남부지청에서 공안 검사로 일하며 명성을 날린 김원치 전 대검 형사부장은 노무현 정부의 검찰 개혁을 정면으로 비판하는 글을 검찰 통신망에 올려 유명해지기도 했습니다.[4] 이들은 모두 지금도 잘 나가고 있고 앞으로도 아마 변함없이 잘 나갈 것입니다. 고문으로 떡이 된 학생들의 모습에 충격을 받아 돈 잘 버는 변호사에서 시국사건 전문 변호사로 인생 진로를 바꾼 사람이 대통령이 되었어도, 그 고문에 간접적으로'만' 관여한 법률가들의 인생에는 어떤 변화도 없습니다.

미셸 푸코(Michel Foucault, 1926~1984 : 후기 구조주의를 대표하는 프랑스의 철학자)는 사법당국으로부터 형의 집행이 떨어져 나감으로써 법률가들이 '처벌'이라고 하는 불명예스럽고 불유쾌한 일을 직접 수행하지 않게 된 과정을 신체형의 소멸과 관련하여 흥미롭게 설명합니다. 형벌의 집행이 자율적인 영역이 되고, 행정기구가 사법당국이 담당하던 일을 면제해주어, 사법 쪽은 형벌의 관료정치적인 은폐의 도움으로 그 막연한 불쾌감에서 벗어날 수 있게 되었다는 것이 푸코의 주장입니다.[5] 사법과 형벌의 분리를 이야기한 푸코의 주장과는 조금 거리가 있지만, 저는 이런 '막연한 불쾌감으로부터의 자유'를 우리나라 법률가들만큼 제대로 누린 사람들도 없다고 생각합니다.

오랜 세월 고문에 간접적으로 관여해 온 법률가들은 직접적인 가해자 역할을 대공 경찰 또는 정보기관의 손에 맡김으로써 모든 윤리와 도덕으로부터 자유를 누려왔습니다. 붙잡혀온 피의자·피고인이 고문으로 만신창이가 되어 있어도, '내가 고문 장면을 직접 목격하지 않았고, 내가 고문을 지시하지 않은 이상 나는 직접적인 책임이 없다'는 자기 암시를 수십 년 동안 반복해온 것입니다. 그런 거짓말을 계속하다 보니 이제는 스스로도 그 거짓말을 믿게 되어 '공안 사건에는 언제나 고문당했다는 주장이 있기 마련이며 이건 빨갱이들의 상투적인 수법'이라는 생각까지 하게 됩니다.

역사 속에서 엄청난 고문과 억지 자백시키기의 선수로 인식되어온 종교재판관들은 검사와 판사, 고문기술자, 처형자의 역할까지 모두 직접 또는 자신의 지휘 아래 수행했던 사람들입니다. 이들은 그래도 고문과 처형을 직접 수행해야 했기 때문에 그에 대한 최소한의 책임감을 가지고 있었습니다. 그러나 지난 세월 동안 고문과 조작에 관여했던 우리 법률가들은 중세의 종교재판관들 수준의 책임감도 지니지 못한 파렴치한 사람들입니다.

뻔뻔스러움이 도가 지나쳐 역사 앞에 자랑스럽게 자기 이름을 밝힌 몇몇을 제외하고, 우리는 그 많은 법률가들의 이름을 알지 못합니다. 피해자들도 이제 다 지난 일 아니냐며 그들의 이름을 밝히는데 소극적입니다. 여의도 언저리를 돌고 있는 피해자들 중에는 그들을 용서했다며 먼저 손을 내민 사람들도 없지 않습니다. 잘못한 사람은 잘못했다고 말하지 않는데, 참혹한 고문의 희생자들이 먼저 화해의 손을 내미는 이 장면이 제 눈에는 그리 아름답게 보이지 않습니다. 저는 지금이라도 고문에 직·간접적으로 관여한 법률가들의 이름을 알고 싶습니다. 그들의 참회와 변명을 듣고 싶습니다. 미국처럼 일정 기간이 지난 역사 속의 문서들을 내 눈으로 확인하고 거기에 서명·날인된 이름들을 하나하나 찾는 권리도 누려보고 싶습니다. 그런 이름들이 만천하에 공개될 때 비로소 판검사들도 자신들이 행하는 하루하루의 업무가 역사의 준엄한 심판을 전제로 이루어지고 있음을 깨닫게 될 것입니다.

국가의 괴물화를 막아야 할 법률가들이 오히려 괴물이 된 국가 권력의 손발이 되어 인간의 존엄성을 유린한 사례는 세계 어디에서나 찾아볼 수 있습니다. 그러나 국가가 제정신을 되찾은 후에도, 괴물의 수족이 되었던 법률가들이 우리나라처럼 떳떳하게 잘살고 있는 사례를 찾기란 쉽지 않습니다. 과거에 대한 반성 없이 더 나은 미래는 만들 수 없습니다. 역사 앞의 정직한 반성과 공개만이 고문 재발을 막을 수 있는 유일한 길입니다.

4장

똥개 법률가의 시대

절대로 가족적이어서는 안 되는 것이 바로 법조계입니다. 검사는 국가를 대표하여 범죄자와 싸움을 벌이는 존재입니다. 변호사는 무엇보다 의뢰인을 위해 싸움을 벌여야 하는 존재입니다. 판사는 법리에 의해 냉철한 판단을 해야 하는 고독한 존재입니다. 이들 모두에게 가장 중요한 덕목은 바로 독립성입니다. 그러나 사법연수원 기수에 따라 그 법률가의 위치가 좌우되는 풍토에서 독립성 보장이란 생각하기 힘듭니다.

법관은 헌법과 법률에 의하여 그 양심에 따라 독립하여 심판한다. (헌법 제103조)

변호사는 기본적 인권을 옹호하고 사회정의를 실현함을 사명으로 한다. 변호사는 그 사명에 따라 성실히 직무를 수행하고 사회질서의 유지와 법률제도의 개선에 노력하여야 한다. (변호사법 제1조)

아직도 검사장, 법원장인 변호사님들

어느 선배 검사의 방에 놀러갔다가 목격한 일입니다. 편안한 분위기에서 몇 명의 검사들이 함께 이야기를 나누던 중, 전화벨이 울렸습니다. 상석에 있던 고참 선배가 여유 있게 전화를 받더니 곧 굳은 표정으로 "예, 검사장님. 예, 예." 하며 응답하기 시작했습니다. 하지만 전화가 계속되는 동안 그의 표정에는 서서히 여유가 흘렀고, 마지막으로는 "걱정하지 마십시오."라는 말로 통화를 끝냈습니다. 옆에 있던 신참 검사들은 모두 속으로 '어느 검사장이 직접 전화를 건 모양이구나. 역시 선배 검사는 다르다'고 생각했습니다. 누구냐고 묻지 못하고 주저주저하던 후배들에게 선배 검사는 "○○○ 변호사야, 내 방에 사건이 있다네." 하며 자청하여 통화 상대방을 밝혔습니다. 검사장 출신의 변호사가 사건을 부탁하기 위해서 건 전화였습니다. 아마도 그 선배 검사가 예전에 모셨던 분인 모양이었습니다.

전관예우 논란이 있을 때마다 저는 그날 그 장면을 가장 먼저 떠올립니다. 퇴직한 관료들을 부를 때는 그가 올라간 가장 높은 관직을 이를 뒤에 붙여줘야 한다는 '관행'이 실천되는 현장이었습니다. 한 번 법무부 장관을 역임한 사람을 부를 때는 그가 지금은 아무리 변호사라 하더라도 "장관님"이라고 불러드려야 하고, 검사장을 역임한 사람에게는 "검사장님" 호칭을 붙여주어야 합니다. 이걸 제대로 실천하는 사람들은 본인도 '현직' 출신인 경우가 많습니다. 처음부터 변호사 일을 시작해서, 주로 민사 사건들을 담당하는 로펌 변호사들 중에는 이런 관행을 잘 모르거나 여기에 동참하지 않는 분들도 많지요. 관직에 찌들어본 적이 없는 사람들이라면 굳이 여기에 동참할 이유도 없을 겁니다.

이와 관련하여 관공서 주변에 회자되는 말 중에 "꺼진 불도 다시 보자."라는 말이 있습니다. 지금은 관료직에서 물러나 재야에 있는 사람이지만, 그가 정권의 변화에 따라 언제 되살아나 장관직 등에 복귀할지 알 수 없기 때문에 나온 말입니다. 법조에서는 이런 경향이 훨씬 심각합니다. 검사장 출신 퇴직 변호사들의 경우, 그와 젊은 시절을 함께 보낸 사람들은 여전히 고등검사장 또는 검찰총장으로 남아 있는 것이 보통입니다. 꺼진 불이 다시 살아날 가능성이 남아 있을 뿐 아니라, 꺼진 불 옆의 불들은 여전히 '켜진' 불이기 때문에 적지 않은 영향력이 살아 있는 것입니다. 이런 '꺼진 불'들을 함부로 대하는 것은 매우 위험한 일입니다.

예컨대 전직 검사장 출신 변호사가 초임 검사에게 뭔가를 부탁하기 위해 찾아왔다고 합시다. 이런 경우 변호사는 자기가 잘 아는 검사를 통해 그 초임 검사에게 미리 전화를 걸어놓는 것이 보통입니다. 그런데 만약 그 전관 변호사가 부탁하는 것을 초임 검사가 매정하게 거절했다고 칩시다. 그 변호사는 며칠 후 친하게 지내는 현직 검사장들과 식사를 함께 하게 됩니다. 그리고 이렇게 이야기하겠지요. "○○○ 검사라고 있지? 그 친구 참 싸가지가 없더구만. 변호사인 내가 부탁하는 걸

거절하는 거야 충분히 있을 수 있는 일이지만, 선배를 대하는 태도가 영 아니더라고. 말도 함부로 하고……. 자기가 검사라고 해서 변호사들을 그렇게 함부로 대하면 안 되지." 그 이야기를 듣는 사람들은 대개 그 초임 검사를 모르는 사람들입니다. 그러나 그들의 머릿속에 ○○○이라는 버릇없는 검사의 이미지만은 남게 됩니다. 그러니 인간이라면 누구라도 이런 전관 변호사들에게 신경을 쓰지 않을 수 없습니다. 이게 전관예우의 출발점입니다. 이런 여러 가지 이유로 법원장, 검사장에서 퇴직하고 한참이 지난 이후에도 자신이 여전히 법원장, 검사장인 줄 착각하는 변호사들도 없지 않습니다. 남들도 법원장이라 불러주고, 자기도 법원장 당시에 지녔던 위엄을 잃지 않고 있으니 그야말로 손색없는 법원장이라 할 수 있지요.

'현직'이라는 표현도 그렇습니다. 사법연수원을 수료하는 사람들은 '현직'에 나갈 것인지, 처음부터 변호사를 할 것인지 고민합니다. 여기서 '현직'은 판사와 검사만을 의미하는 것입니다. 변호사도, 대학교수도, 기업에서 일하는 변호사도 '현직'은 아닙니다. 저는 분명히 현직 대학교수인데도 여기서 말하는 '현직'에는 포함되지 않습니다. 우리나라 사람들이 가지고 있는 공직에 대한 과도한 선망이 낳은 잘못된 용어 사용이지요.

법조인이 아닌 사람들은 전관예우에 대해 생각할 때 흔히 내부의 담합이 존재하는 것으로 오해하는 경향이 있습니다. 어떤 규칙이 정해져 있어서 전관 출신 변호사가 보석 신청을 하면 판사들이 쉽게 받아주고, 전관 출신이 아닌 변호사가 신청을 하면 기각을 하는 것으로 생각하기 쉽다는 것이지요. 그러나 전관예우는 어떤 규칙이 있다기보다는 대부분 '인간관계'에서 출발하는 것입니다. 이런 '인간관계'에 상하 관계만 포함되는 것은 아닙니다. 어쩌면 상하 관계보다는 수평적인 관계들이 더 무서울 수도 있습니다.

법조계에서는 변호사 개업 시기를 이야기할 때 지방법원의 단독판사를 마치는 경력 10년 전후를 최적기로 꼽습니다. 어느 정도 실력을 갖춘 시기이기도 하지만, 무엇보다 동기들 혹은 함께 근무한 친한 판사들이 한창 단독판사를 하고 있기 때문에 변호사 개업을 할 경우 그동안 쌓아놓은 인간관계의 효과가 극대화된다는 것입니다. 보통 생각하는 것처럼 고등법원 부장판사 등 법원의 높은 자리에 있다가 변호사 개업을 한다고 해서 무조건 유리한 것이 아니라는 이야기지요.

변호사가 피고인의 딱한 사정을 설명이라도 하려면 우선 담당 판사를 만나야 합니다. 그런데 엊그제까지 법원의 같은 판사실 혹은 옆방에서 근무하며 점심식사를 같이 하던 변호사라면 이런 사정을 설명하는 데 절대적으로 유리한 위치를 차지할 수밖에 없습니다. 보통 변호사라면 판사에게 함부로 전화를 걸어서 피고인에 관한 이야기를 할 수가 없습니다. 어렵게 전화를 걸어 약속을 잡고 판사를 찾아간다 하더라도 그저 최대한 짧은 시간 안에 용건만 간단히 설명하고 판사실을 나올 수밖에 없습니다. 이런 경우에 판사들은 겉으로는 경청하는 태도를 취하지만 속으로는 아무래도 귀찮은 마음을 지울 수 없습니다. 그러나 전관 출신 변호사 같은 경우에는 친한 판사에게 마음 놓고 전화를 걸어 그저 지나가는 이야기처럼 슬쩍 사정을 설명할 수 있습니다. 잘 알고 지내던 변호사가 하는 설명에는 담당 판사도 귀를 기울이게 됩니다. 변호사의 인격에 대한 신뢰까지 있다면 효과는 배가 되겠지요

검찰청도 이 점에서는 큰 차이가 없습니다. 변호사가 형사 사건을 수임하여 담당 검사실을 한 번 찾아가려면 '괜한 부탁을 하려다가 망신이나 당하는 것 아닌가' 걱정하며 몇 번씩 망설일 수밖에 없습니다.

어렵게 결심하고 검사실을 찾아가서 조심스럽게 검사실 문을 열고 검사를 향해 90도로 인사하는 순간, 검사실의 누군가가 물어봅니다. "누구신데요?" 그러면 변호사는 어색함을 애써 감추며 "○○○ 변호사인데, 검사님을 뵙고 설명드릴 것이 있어서 왔습니다."라고 자기 신분을 밝혀야 합니다. 이런 어색함 속에서는 부탁하는 사람과 부탁받는 사람 사이에 이미 명확한 권력관계가 설정됩니다. 대부분의 검사들은 변호사를 최대한 친절하게 맞아들여 이야기를 듣습니다만, 역시 이런 식의 대우는 지극히 형식적일 수밖에 없습니다.

그런데 만약 엊그제까지 함께 근무하던 검사가 변호사 개업을 했다고 칩시다. 위에서 말한 복잡한 과정들은 간단하게 생략될 수 있습니다. 검사실 문을 턱 열면서 "어이, 김 검사님, 많이 바쁘신가?"라고 손을 흔들며 들어가면 검사실의 계장도, 타이피스트 여직원도 반갑게 그를 맞이합니다. 엊그제까지 옆방에서 근무하던 검사이니 당연한 일입니다. 검사도 선배 변호사를 향해 당장 안면을 바꿀 수는 없으니, 아무래도 "선배님." 하면서 반갑게 맞이하게 됩니다. 이런 분위기에서 변호사는 자연스럽게 이야기를 꺼낼 수 있습니다. "김 검사님 방에 무슨 무슨 사건 있지요? 그놈 부모님이 찾아와서 사건을 맡아 달라고 하는데, 기록을 보니 정말 나쁜 놈이더라고요. 내 참, 그런 놈은 제 손으로라도 잡아넣었어야 하는데, 검사님께서 이번에 큰일 하셨습니다. (한참 다른 이야기를 하다가) 그런데 그놈이 나쁜 놈이기는 한데, 그런 놈한테도 딱한 사정이 있기는 하더라고요. 그 어머니가 지금 암에 걸려서……."

이런 부탁을 받았을 때 여러분이라면 어떻게 하시겠습니까? 냉정하게 한마디로 잘라버릴 수 있을까요? 마침 그 사건이 좀 봐줄 수도 있고 엄하게 처벌할 수도 있는, 그야말로 경계선에 있는 사건이라면 이런 경우 대개의 검사들은 선처하는 쪽으로 방향을 틀게 됩니다.

형편이 이렇다 보니, 저처럼 사건을 수임하지 않는 대학교수에게도 가끔 엉뚱한 전화가 걸려오는 일이 있습니다. 전혀 모르는 사람이 "○○○ 검사실에 사건이 하나 있는데, 혹시 맡아보지 않겠느냐?"는 제안을 하는 것인데요, 참 신기할 정도로 거론된 그 검사가 저하고 친한 사람인 경우가 많습니다. 이들이 바로 '법조 브로커'라는 사람들입니다. 사건을 물어서 변호사를 찾은 다음, 그 사건을 변호사에게 넘겨주는 대가로 수임료의 30퍼센트 정도를 챙기는 사람들이지요. 구속된 사람들의 가족은 누구나 지푸라기라도 잡으려는 심경을 갖게 됩니다. 이런 때 브로커들이 접근해서 "그 검사하고 잘 통하는 변호사를 소개해주겠다. 현직 출신 변호사를 사면 사건을 직방으로 해결할 수 있다."라고 이야기하면 누구라도 귀가 솔깃하게 되지요. 그러면 브로커들은 인맥을 통해 그 검사를 잘 알 만한 변호사를 찾게 됩니다. 법조계 내부를 조금이라도 아는 사람이라면 그런 변호사를 찾는 것은 별로 어려운 일도 아닙니다. 담당 검사의 고등학교, 대학교, 연수원, 군대, 검찰 등에서 두 개 이상의 공통분모를 가진 사람을 찾으면 좁은 법조 안에서 대개는 서로 아는 사이이기 때문입니다. 대학교수인 저는 그냥 "사건을 수임하지 않습니다."라고 이야기하고 전화를 끊지만, 날로 경쟁이 심화되고 있는 법조계 현실 속에서 브로커들의 이런 제안을 거절하기란 쉬운 일이 아니지요. 그래서 심지어는 변호사를 고용하는 브로커 이야기까지 나오게 된 것입니다.

전관예우의 뿌리가 '인간관계'라면, 문제를 해결하기란 쉽지 않습니다. 워낙에도 학연, 혈연, 지연이라고 하는 '인간관계'에 의해 움직이는 나라에서, 그 인간관계를 무 자르듯이 잘라낸다는 것은 불가능합니다. 이것이 바로 법조 개혁이 어려운 이유입니다. 수직과 수평의 관계들로

꽉 짜인 틀 속에 갇힌 법률가 집단이 국가 권력의 통제라고 하는 근본적인 역할을 수행하기란 쉽지 않습니다. 자신의 행동이 국가와 사회에 어떤 영향을 미칠 수 있는가를 생각하기에 앞서 눈앞의 관계들과 자신의 앞날만을 생각할 수밖에 없는 것이 우리 법률가들의 현주소이기 때문입니다.

그들만의 엘리트 공동체

서정우 변호사가 이회창 씨의 대선 비자금 모집책 노릇을 했다는 소식을 처음 접했을 때 법조인들의 반응은 두 가지로 갈렸습니다. 저 같은 삼류 변호사들은 '그런 분이 도대체 왜 그런 일에 끼어들었을까?' 하는 의문을 품었고, 서 변호사와 가까운 일류 법조인들은 '걱정스러웠는데 올 것이 오고 말았다'는 반응을 보였습니다. 저의 머리로는 정말이지 이해가 가지 않는 일이었지만, 법조계에 오래 몸담은 사람들일수록 그럴 수도 있다는 반응을 보였습니다. 서정우 변호사가 법조계 안에서는 워낙 유명한 분이었기 때문에 그만큼 법률가들이 받은 충격도 컸습니다.

저도 사법연수원 시절 서울고등법원 부장판사이던 서정우 씨로부터 강의를 들은 일이 있습니다. 누구에게나 호감을 줄 만한 깔끔한 인상을 가진 고위 법관이었습니다. 고등법원 부장판사까지 올라간 분들 중에는 사람들을 함부로 대하기로 소문난 성깔 있는 분들도 적지 않습니다만, 서정우 부장판사는 누구에게나 대체로 평이 좋은 겸손하고 온유한 분이었습니다. 실력을 갖춘 분답게 사법연수원 강의에서도 "실력 있는 법조인이 되라"고 우리들에게 여러 차례 강조했습니다.

사법연수원에서 강의를 듣고 얼마 지나지 않아 서정우 부장판사가 개업한다는 소식을 듣게 되었습니다. 서 판사의 퇴직은 당시 여러 신문에서 기사로 다룰 정도로 비중 있는 사건이었습니다. 신문들은 서 판사에 대해 "평소 명쾌한 법 해석 논리와 행정실무 능력까지 고루 갖춘데다 항상 동기생 중 선두를 달려온 법원의 재목"이라면서 "서울법대 수석 졸업의 화려한 경력을 갖고 있어 법원에서는 그의 퇴진을 큰 손실로 여기고 있다."라고 보도했습니다.[1] "장래 대법관 후보로 꼽히는 서정우 고법 부장판사까지 사표를 냈다는 소식을 듣고 현직에 남아 있어야 하는가에 회의가 생겼다"는 소장 법관들의 고뇌를 기사화한 것도 눈에 띄고,[2] "국가에 대한 봉사 의무를 어느 정도 했으니 이제 가정에도 충실하면서 새로운 길을 찾으려는 것"[3]이라는 서 부장판사 본인의 언급을 기사화한 것도 보입니다. 고등법원 부장판사까지 올라갔지만, 경제적으로 어려움을 느낄 정도로 청렴한 생활을 했음을 간접적으로 보여주는 내용들이었습니다.

보통은 승진에서 밀려난 사람들이 변호사 개업을 하기 마련인데, 서정우 부장판사의 경우에는 승진도 할 만큼 했고, 장래도 확실히 보장된 상태에서 개업을 했기 때문에 화제가 되었을 겁니다. 이런 기사들이 나간 것에 대해 그는 훗날 '기자들하고 친한 덕분'이라고 겸손하게 이야기했습니다. 대법원 수석재판연구관으로 일할 당시 오보를 막기 위해 판결이 날 때마다 "기사를 제공하고 박스기사까지 주제를 잡아주곤 해서 기자들이 좋아했다."는 것입니다.

개업 이후 우리는 서정우 변호사 이야기를 상당히 자주 들을 수 있었습니다. 슬롯머신 업계의 대부 정덕진 씨의 동생 정덕일 씨로부터 뇌물을 받은 혐의로 구속 기소되었던 이건개 전 대전고검장, 상지대 운영비리 혐의로 구속 기소된 김문기 전 민자당 의원, 성수대교 붕괴 사건의 서울시,《무궁화 꽃이 피었습니다》 명예훼손 사건의 피고 김진명 씨, 노태우 전 대통령 비자금 사건과 한보 특혜대출 비리 사건의 정태수 총회장, 외환위기 축소은폐 사건의 강경식 전 부총리, 대우그룹 경영비리 사건의 유기범 대우통신 사장, 아시아 자동차를 상대로 4천억대 사기행각을 벌이고 브라질로 도주한 희대의 사기범 전종진 씨, 듀스 멤버 김성재 씨 살해 사건의 피고인 김유선 씨 등, 90년대 초중반 서정우 변호사의 고객 명단에 올랐던 사람들은 대부분 보통 사람이 아니었습니다. 맡은 사건의 규모를 보면 알 수 있다시피 그는 그야말로 최고였고, 최고답게 강경식 전 부총리 사건, 김성재 살해 사건 등에서 무죄 판결을 이끌어내기도 했습니다. 이렇게 큰 사건들을 많이 맡다 보니, 개업 다음해인 1994년에는 변호사 소득 랭킹 3위로 이름을 올렸습니다. 국내 최대 로펌인 김앤장 소속 변호사들을 제외하면 개업 변호사 중 1위였습니다.

대형 사건의 변호인으로 이름을 날리던 그는 〈조선일보〉가 자신 있게 도입한 변호사 사전기사열람제 전담 변호사, 행정심판위원, 방송평가위원 등으로 활동 영역을 넓혀가는 한편, 이회창 씨가 국무총리, 대통령 후보로 성장해감에 따라 이 씨의 대표적인 측근으로 거론되기 시작하지요. 한나라당의 세풍 사건도 당연히 그가 맡았습니다. 그러다가 2002년 이회창 씨가 다시 한 번 한나라당의 대통령 후보가 된 이후에는 이 후보의 공식적인 법률고문으로 아예 전면에 나섭니다. 이회창 씨가 대통령이 될 경우 법무부 장관 또는 감사원장으로 사정 업무를 주도할 사람으로 꼽히기도 했습니다.

그러나 우리가 다 아는 바와 같이 이회창 씨는 대통령이 되는 데 실패했고, 서정우 씨는 2003년 12월 8일 검찰에 긴급 체포됩니다. 그의 체포 소식도 적지 않은 충격이었지만 이후에 밝혀진 그의 모금 방법은 제 귀를 의심케 했습니다. 엘지그룹으로부터 돈을 받을 때 경부고속도로 만남의 광장 휴게소에서 현금 150억이 실린 2.5톤 탑차 1대를 자동차 열쇠와 함께 건네받아 직접 운전해 가지고 왔다는 이른바 '차떼기' 수법 때문이었습니다. 뒤이어 밝혀진 것처럼 삼성이 국민채권 등의 방식으로 제공한 15억을 받은 것도 서정우 변호사였습니다. 자타가 공인하는 최고의 자리에서 어느 날 갑자기 끝 모를 나락으로 추락함으로써 '추락하는 것에는 날개가 없음'을 보여주게 된 것입니다.

서정우 변호사의 차떼기 사건 이후 〈한겨레〉는 그를 가리켜 "한쪽으로는 정치 권력에게 비자금을 바친 기업을 변호하면서, 다른 쪽으로는 기업을 윽박질러 천문학적 규모의 불법 정치자금을 조달한 두 얼굴의 괴물 야누스와 같다"[4]고 평했지만, 그는 사실 이런 험한 말을 들어야 할 정도의 인격 파탄자는 아니었습니다. 문제는 왜 서정우 변호사 같은 사람까지도 그런 일을 저지를 수밖에 없었는가에 있습니다.

그는 경기고를 졸업하고 서울대 법대를 수석으로 졸업한 엘리트 중의 엘리트였습니다. 서울고등법원 부장판사까지 지내며 법원 내부에서도 존경받는 법관이었습니다. 기자들과 관계도 좋았습니다. 변호사 개업 이후에는 중요하다는 사건에는 거의 빠짐없이 이름을 내밀며 돈도 벌 만큼 벌었습니다. 굳이 정치에 관여하지 않아도 충분히 누릴 것을 누리며 행복하게 살 수 있는 위치에 있었습니다. 도무지 이런 일을 벌일 이유라고는 찾으려야 찾을 수가 없습니다. 이런 서정우 변호사의 비정상적인 범죄행위 가담을 이해하는 유일한 열쇠는 바로 이회창 후보와의 '인간관계'뿐입니다. 고등학교와 대학의 선후배로서, 법조계의 선후배로서 두 사람이 주고받은 특수한 관계를 빼고는 서정우 변호사가 보여준 이 이상한 행위를 이해할 방법이 없습니다.

한 잡지와의 인터뷰에서 서 변호사는 이회창 씨에 대해서 "제가 가장 존경하는 분으로 꼽을 수 있는 분입니다. 저를 무척 귀여워해 주셨고요. (중략) 어느 정권이고 법을 도구로 이용해왔지만 이 대법관은 법을 행동규범으로 여기시는 분입니다. 이론도 탁월하신 분으로 만날 때마다 왜 나는 이런 생각을 못할까 하는 깨우침을 주셨습니다. 법 이론뿐만 아니고 법의 정신이 무엇인지를 배웠습니다."라고 언급하고 있습니다.[5] 이회창 씨와는 문자 그대로 가르침을 주고받는 정신적 스승(Mentor)과 제자의 관계였음을 자랑스럽게 털어놓고 있는 것입니다.

자타가 공인하는 최고의 법률가 서정우의 추락은 역시 최고의 법률가였던 그의 멘토 이회창 씨가 보여준 한계와 함께 우리 법조 엘리트들의 현주소를 이해하는 중요한 출발점이 될 수 있습니다. 그들도 주변 사람들과의 관계에서는 한없이 나약한 인간에 불과했습니다. 저는 이들을 나락으로 몰고 간 이 관계들을 '가족'이라는 표현으로 요약할 수 있다고 생각합니다. 이회창 캠프 내에서 불법이 자행될 경우, 그걸 가장 앞장서서 막아야 하는 사람은 법률가인 서정우 변호사입니다. 그런데 내부 통제에 앞장서야 할 법률가들로 하여금 오히려 불법에 앞장서게 만드는 구조의 중심에는 바로 '법조계는 한 가족'이라는 환상이 자리 잡고 있다는 말씀입니다.

'가족'은 더할 수 없이 따뜻하고 좋은 말입니다. 그래서 그런지 법조계에서도 '가족'이란 말이 참 많이 쓰입니다. 대부분의 검찰총장들은 신년사를 비롯한 내부용 연설문을 "친애하는 전국의 검찰 가족 여러분"으로 시작합니다. 대법원장이나 법원장들도 취임사나 신년사에서 흔히 '법원 가족 여러분'이라는 표현을 사용합니다. 아무리 해도 '가족'이라는 표현을 사용하기 곤란한 대한변호사협회의 경우에도 협회장들은 때때로 "결국 우리는 공동운명체입니다." 같은 말을 통해 연대감을 과

시합니다. 실제로도 법조계는 지금까지 일종의 가족이었고 공동운명체였습니다.

우선 법률가들은 사법연수원이란 단 하나의 뿌리를 가지고 있습니다. 1970년 사법연수원이 개원한 이후, 모든 법조인들은 이 하나의 국립 법률가 교육기관을 통해 배출되었습니다. 그러다 보니 법조인들은 모두 사법연수원 선후배 또는 동기라는 끈으로 연결됩니다. 거기다가 사법연수원의 다수를 차지해온 몇몇 법대 출신이라는 끈이 추가되면 결속은 더욱 강화됩니다. 과거에는 여기에다가 경기, 서울, 경북, 경남, 경복, 부산, 광주, 전주, 춘천, 강릉 등 몇몇 비평준화 시절의 세칭 명문고 출신 배경까지 더해짐으로써 정권의 부침에 따라 특수한 엘리트 그룹이 형성되기도 했습니다. 서정우 변호사 같은 분은 이런 엘리트 그룹의 정점에 있던 사람이라고 할 수 있지요.

그러나 권력의 통제 또는 국가 권력의 괴물화를 방지해야 할 사명을 지닌 법률가들에게 이와 같은 '하나의 뿌리'는 거의 폭약에 가깝습니다. 단일한 뿌리는 내부 통제를 불가능하게 하는 가장 대표적인 장애물이기 때문입니다. 우리처럼 인간관계가 거미줄처럼 얽힌 나라에서는 더욱 그렇습니다. 절대로 가족적이어서는 안 되는 것이 바로 법조계입니다. 검사는 국가를 대신해서 범죄자와 싸움을 벌이는 존재입니다. 변호사는 국가고 뭐고 신경 쓸 것 없이 의뢰인을 위해 싸움을 벌여야 하는 존재입니다. 판사는 거대 담론과 여론으로부터 한 발자국 떨어져 법리에 의해 냉철한 판단을 해야 하는 고독한 존재입니다. 이들 모두에게 요구되는 가장 중요한 덕목은 바로 독립성입니다. 그러나 사법연수원 몇 기냐에 따라서 그 법률가의 위치가 좌우되는 풍토에서 독립성 보장이란 생각하기 힘듭니다.

실력을 갖춘 청렴한 법률가로 평가받던 사람조차 인간관계 때문에 언제든지 차떼기 범죄자로 전락할 수 있는 나라가 대한민국입니다. 이런 현실에서 우리는 이 거미줄 같은 인간관계망을 정리해야 할 필요가 있습니다. 물론 인위적인 방법으로 이런 촘촘한 관계망을 끊어내기란 쉽지 않겠지만 우선 단일하고 폐쇄된 특권집단의 탄생을 막는 것을 의미 있는 출발점으로 삼을 수 있을 것입니다.

어떻게 법조계를 바꿀 것인가?

이런 상황에서 2009년 로스쿨 제도가 도입되었습니다. 미국식 로스쿨의 도입은 사법연수원 제도를 포기하는 대신 대학원 과정의 3년제 법학전문대학원에서 법률가들을 양성하고, 그 졸업자들은 이변이 없는 한 변호사 자격증을 따도록 한 혁명적 변화입니다. 사실 저는 미국식 로스쿨로 우리 법조계와 법학 교육의 개혁이 가능하다고 믿는 이른바 '로스쿨 추진론자'는 아니었습니다. 법조계의 개혁도 교육 개혁만큼 힘든 것이어서 어떤 방안도 문제를 단번에 해결할 만병통치약이 될 수 없음을 잘 알고 있었던 까닭입니다.

외국에서 잘 시행되고 있는 어떤 제도도 인천공항을 통해 우리나라로 수입되는 순간 여러 가지 형태로 왜곡되곤 합니다. 양반과 상놈을 나누는 문화, 관(官)에 대한 외면적 거부와 내면적 숭상, 과도한 교육열과 상호 간의 질투심이 상승 작용을 일으키는 나라에서 어떤 형태의 개혁도 열매를 거두기는 쉽지 않습니다. 로스쿨도 도입 이후 수없이 많은 난관에 부딪히고 있습니다.

로스쿨의 도입 이후 일반적으로 많이 논의되는 것은 변호사 숫자의 급증에 따른 졸업생의 취업 문제입니다만, 제가 개인적으로 걱정하는 것은 오히려 공정성의 훼손 가능성입니다.[6] 과거에 사법시험이 가졌던 거의 유일한 장점은 공정성이었습니다. 성적으로 합격 여부와 판검사 임용 여부가 결정되었기 때문에, 지방대 출신이든 여성이든 장애인이든 성적만 좋으면 판검사 임용 등 적어도 공적인 영역에서는 차별받지 않았지요. 전체 법조인을 한 줄로 세운 사법시험 제도하에서는 예컨대 선순위의 여성을 배제하고 후순위의 남성을 판사나 검사로 뽑게 될 경우, 그에 대한 정당한 이유를 제시할 책임을 법원과 검찰이 져야 했습니다. 그리고 그렇게 제시할 정당한 이유라는 게 애초부터 있을 수 없었으므로 성적 순위만 높으면 당연히 여성이 채용될 수 있었습니다.

그런데 로스쿨의 도입 이후에는 누가 선순위인지를 정할 기준이 사라졌습니다. 학교별 학력 격차가 있는 데다 학생들이 변호사 시험에만 목을 매면 학교 교육이 사법시험 시대처럼 왜곡될 수 있다는 이유로 변호사 시험 성적을 공개하지 않는 까닭입니다. 그런데 획일화된 기준을 없애고 나니 학벌이나 성별에 따른 차별이 심화될 개연성이 커집니다. 사법시험 시절에도 비서울대 출신이나 여성은 대형 로펌 취업에서 적지 않은 불이익을 감수해야 했습니다. 특히 여성 연수생들 사이에서는 '로펌 채용에는 외모가 중요한 조건이다', '여성 연수생은 같은 조건이라도 남성보다 100등 이상 높아야 취업이 가능하다', '같은 성적이면 남자를 채용한다', '나이가 많거나 결혼 1, 2년차는 출산 예정자로 보아 기피한다', '여성에게는 남성보다 뛰어난 성적을 요구하지만, 용모가 출중하면 성적이 안 좋아도 채용한다'는 등의 괴담이 정설로 받아들여질 정도였습니다.[7] 로스쿨 도입 이후에는 이른바 '명문' 법학전문대학원 출신들이 주로 대형 로펌에 취업하는 데다, 그 '명문' 법학전문대학원의 최우수 학생들 중에서도 남성들이 우선적으로 취업한다는 소문이 들립니다. 강남이나 외고 출신이 우대받는 대학입시의 문제점이 그대로 법학전문대학원에도 나타나기 시작한 것입니다.

과도기적 혼란 속에서 법학전문대학원 학생들은 또 다른 불공정성에 노출됩니다. 미국 로스쿨의 경우 학부 때 본격적으로 법학을 전공한 학생이란 존재하지 않습니다. 그런데 우리 법학전문대학원에는 학교별로 33~49퍼센트 정도의 법학 학사 학위 소지자가 있습니다. 따라서 법대를 졸업하고 사법시험에 수차례 도전했다가 실패한 '사법시험 2차 경험자'들과, 공대를 졸업하고 생전 처음 법학을 접한 학생들이 동일한 수업을 듣고 동일한 시험을 쳐서 상대평가의 엄정한 기준에 따라 성적을 얻습니다. 학교에 따라서는 변호사 시험 합격률을 높이기 위해 선발 과정에서 '2차 경험자'들에게 우선권을 부여하기도 합니다. 법학적성시험(LEET)·학점·영어 성적이 높지 않아, 합격을 기대하지 않고 가볍게 응시했다가 졸지에 합격 통보를 받은 '2차 경험자'의 이야기는 수험가에서 흔히 들을 수 있습니다. 그런 기준 없이 객관적인 점수만으로 공정하게 학생을 선발해온 법학전문대학원에서는, 뒤늦게 변호사 시험 결과를 걱정하면서 앞으로 그런 우선권을 부여해서라도 '2차 경험자'를 뽑아야 하는 것 아니냐는 논의도 벌어집니다. 입학 전에 '프리 로스쿨' 강좌를 통해서 법학을 맛볼 기회를 주는 학교가 많지만, 그것만으로 법학사와 비법학사 사이의 공정한 경쟁이 보장되지는 않습니다. 입학 후 50일쯤 지난 시점에서 중간고사를 치는데 대부분 사법시험 2차 수준의 문제가 출제됩니다. 기껏 한 달 동안 법을 공부한 초보가 풀기에는 애당초 불가능한 문제입니다. 그러나 교수 입장에서는 상대평가를 위해 어떤 방법으로든 학생들 사이의 격차를 벌려놓아야 하기 때문에 난이도 높은 문제를 출제할 수밖에 없습니다. 비법학사 출신인 상당수가 충격을 받아 나가떨어지고, 어떤 시험에라도 대응할 자세가 되어 있는 소수의 '시험 기계'들만이 살아남습니다. 법학의 기본이 되는 대부분의 과목을 1학년 때 배우기 때문에 취업에 있어서도 1학년 성적이 가장 중요할 수밖에 없음을 생각하면, 비법학사들에게 이보다 큰 재난이 없습니다. 법학사와 비법학사를 분리하여 강의하고 학점을 주는 방안이 학교마다 연구되고 있으나 이를 강제할 수단이 없고, 비법학사 중에도 '2차 경험자'가 존재할 수 있으므로, 완벽한 대안이 될 수는 없습니다. 이런 말도 안 되는 불공정 경쟁 구도 속에서 학생들은 벼랑으로 내몰리고 있습니다.

그렇다고 이 구도가 반드시 법학사들에게 유리한 결과를 만들어내는 것도 아닙니다. 취업 시장에서는 법학사와 비법학사의 역전 현상이 일어납니다. 아무리 '2차 경험자'라 하더라도 법학사는 로펌 입장에서 매력적인 채용 대상이 아닙니다. 사법시험이 존속되는 2017년까지 법학사들 중 가장 우수한 자원은 사법연수원에서 충원 가능하다고 로펌들이 믿기 때문이죠. 결국 로펌에서 우선적으로 채용할 학생은 비법학사 출신으로(그것도 사회과학 전공자보다는 공학, 자연과학, 약학 등 출신으로), 법학사와의 경쟁에서 살아남아 1학년 때부터 좋은 학점을 유지한 특수한 사람들입니다. 법학사가 아무리 좋은 성적을 거두어도 이 사람들보다는 후순위로 밀릴 수밖에 없습니다. 로펌들은 사법연수원과 법학전문대학원이라는 꽃놀이패를 양쪽에 들고 있는 반면에, 학생들은 누구도 승자가 될 수 없는 경쟁에 내몰리고 있는 것입니다.

법학전문대학원 3년 교육으로 법과대학 4년, 고시 준비 기간 2~10년, 사법연수원 2년 교육을 완벽하게 대체할 수 있다고 믿는 사람들이 이 시스템 운영에 자꾸 관여하는 것도 문제입니다. 법학전문대학원은 법과대학+사법연수원 제도를 뒤집고 완전히 새로 도입되는 시스템이지 그 제도와 똑같은 결과물을 만들어내는 대체재가 아닙니다. 법학전문대학원 3년 교육만으로 사법연수원 1년차와 똑같은 실력을 보유한 졸업생을 만들어내는 것은 처음부터 불가능합니다. 법학전문대학원은 기존 제도의 한계를 극복하기 위한 국가 차원의 결단으로 도입된 완전히 새로운 시스템이므로 그 평가 기준도 새로 만들어져야 합니다. 처음부터 불가능한 기준을 만들어놓고 학생들을 몰아붙이는 것은 국가나 학교가 할 일이 아니니까요.

극단적인 상대평가의 도입에 따른 문제도 심각합니다. 변호사 증원을 우려한 기성 변호사들은 로스쿨 정원의 50퍼센트만 변호사 시험에 합격시키고, 최소 30퍼센트는 아예 배제하자는 의견을 내놓았습니다. 이런 반발을 무마하기 위해서 법학전문대학원협의회는 2010년 12월 이른바 '학사관리 강화방안'을 공표합니다. 최대 20퍼센트까지 탈락시킬 수 있는 강력한 유급제도의 시행, 절대평가의 완전 폐지, 엄격한 상대평가 배분 비율의 적용, 재학연한 최대 5년 이후 자동 제적 등의 내용을 담고 있는 이 방안은 졸속으로 만들어진 까닭에 실제 적용 과정에서 여러 가지 문제가 드러나고 있는데도 그대로 시행 중입니다.[8] 극단적인 상대평가가 법학전문대학원에 도입되면서, "풍부한 교양, 인간과 사회에 대한 깊은 애정과 이해 및 자유·민주·평등·정의를 지향하는 가치관을 바탕으로, 건전한 직업윤리관과 복잡다기한 법적 분쟁을 보다 전문적·효율적으로 해결할 수 있는 지식과 능력을 갖추고, 개방되어 가는 법률시장에 대처하며 국제적 사법체계에 대응할 수 있는 세계적인 경쟁력과 다양성을 지닌" 법률가를 양성한다는 법학전문대학원 설치 목표도 퇴색되었습니다. 10명 이하 단위 강좌에서까지 극단적인 상대평가 기준이 적용되면서 학생들은 소규모 강좌를 기피하게 되었고, 국제 경쟁력과 다양성을 기르기 위해 필요한 과목들은 대부분 폐강 위기에 몰리고 있습니다. 학생들이 서로를 잘 알고 있기 때문에 신학기 첫 강의에 들어가면 학생들은 대충 자신의 성적을 예상할 수 있고, 소규모 강좌에서는 하위 성적 예상자부터 순서대로 한 명씩 이탈하는 현상을 보입니다. 결국에는 1, 2, 3등 세 명만 남는데, 엄격한 상대평가 아래에서 이 세 명은 각각 A, B, C를 받게 됩니다. 최상위층 세 명이 들어도 무조건 한 명은 C를 맞아야 하는 거죠. 결국 C를 받을 위기에 처한 학생부터 또 한 명씩 빠져나가면 마지막에 폐강이 됩니다.

폐강을 걱정할 필요 없는 변호사 시험 과목들은 학생들의 학원식 강의 요구에 시달리고 있습니다. 성적 노이로제에 걸린 학생들은 시험이 끝날 때마다 성적 확인과 정정을 요구하고 있고, 교수들은 자기 방어를 위해 몸부림칩니다. 주관식 시험의 경우 이의 제기로부터 완전히 자유로울 수 없기 때문에, 일부 교수들은 아예 객관식만 출제합니다. 학교 교육을 살리자고 시작한 개혁이 학교 교육을 죽이고 있는 것입니다. 학사관리 강화방안 도입 과정에서 볼 수 있듯이 외부의 입김에 대학이 굴복하게 된 것도 문제지만, '대학의 자치' 같은 고상한 가치에 대해서는 아예 말도 할 수 없는 분위기가 된 것이 더 심각한 위기입니다. 교수들 사이에서는 "차라리 법학부로 돌아가자"는 이야기가 힘을 얻는 형편입니다.

그러나 이런 아우성 속에서 법학전문대학원은 지난 3년 동안 다양성의 확보라는 소중한 성과를 이루어냈습니다. 제가 《헌법의 풍경》을 처음 썼을 때 로스쿨 제도에 가장 크게 기대했던 것도 바로 다양성의 확보였습니다. '똥개 법률가'라는 표현도 바로 여기에서 나왔습니다. 개를 기르는 분들의 이야기를 들어보면 요즘 우리나라에 수입된 고급 견종일수록 내장기관과 소화력이 약한 경우가 많다고 합니다. 좋은 종자일수록 그 종을 보존하려다 보니 자연히 남매나 사촌 간에 교배를 하게 되고, 이러한 근친 교배로 인해 유전적으로 허약한 개들이 많아졌다는 것이지요. 아무래도 건강에 있어서는 잡초처럼 자라난 똥개들이 강하다는 이야기입니다. 동종 교배로 얻어진 순수한 혈통은 귀공자가 될 수는 있겠지만 건강을 담보하기는 힘듭니다.

법조계도 이와 크게 다르지 않습니다. 존경받는 순수 혈통의 귀공자 법률가 시대는 이회창, 서정우를 마지막으로 막을 내리는 것이 옳습니다. 순수 혈통 귀공자 법률가들의 한계도 볼 만큼 보았습니다. 전국적으로 다양한 색깔을 지닌 로스쿨의 존재는 순수 혈통주의 시대를 접고 비로소 '똥개 법률가' 시대로 들어가는 출발점이 될 수 있을 겁니다. 유일하고 완전한 대안은 아닐지라도, 싸움을 할 줄 아는 법률가들, 의뢰인들의 권익을 최우선으로 생각하는 법률가들이 탄생할 기초는 될 수 있다는 말씀입니다.

이미 시작된 희망

제가 '똥개 법률가'들의 태동을 감지한 것은 벌써 오래 전의 일입니다. 사법연수원을 수료할 당시, 저는 특수교육을 전공한 아내 덕분에 기회가 되면 꼭 장애인 입법을 공부하겠노라 마음먹었습니다. 그런데 그때는 제 주변 어디에서도 장애인 차별에 관심을 가진 동료를 찾아볼 수 없었습니다. 모두들 판검사, 변호사라는 정해진 길만 생각했지, 장애인 인권운동 같은 새로운 방향을 생각하는 이는 아무도 없었습니다.

그러다가 2000년 귀국해 보니, 이전에 볼 수 없던 새로운 법률가들과의 만남이 저를 기다리고 있었습니다. 사법연수원에서부터 장애인 인권운동에 관심을 두고 따로 공부 모임을 꾸려오던 30기 연수생들이 그들이었습니다. 이들은 나이가 아주 많은 사람부터 재학 중 합격한 젊은이들까지 연령대도 다양했고, 출신 대학과 학과도 모두 달랐습니다.

대학 시절부터 시민운동, 학생운동 등 다양한 현장에서 젊음을 불태우다 뒤늦게 사법시험 준비를 시작한 사람도 있었고, 처음부터 장애인 운동만을 염두에 두고 공부한 사람도 있었습니다. 그런 다양한 사람들이 함께 모여 장애인법을 공부하다 보니 궁금한 점이 생겼고, 의문을 해결해줄 사람을 찾다 저한테까지 연결된 것이었지요.

이 새내기 법률가들과 이야기를 나누는 가운데, 저는 재미있는 생각을 하게 되었습니다. 웃기는 얘기지만 이들은 사법시험 합격자 300명 시대에 도무지 찾아보기 어려웠던 (달리 말하면 300명 시대에는 도저히 300명 안에 들어올 수 없었던) 새로운 법률가형이었습니다. 어쩌면 합격자 수가 증원되지 않았다면 아예 사법시험 같은 것을 처음부터 진로로 고려하지 않았을 사람들인지도 모릅니다. 더 솔직히 이야기하자면, 가난한 이웃들에게 관심을 갖고 폭넓은 독서에 많은 시간을 할애한 사람들이라면 거의 합격이 불가능했던 것이 300명 시대의 사법시험이었습니다. 그러나 500~1,000명으로 문호가 넓어지면서 이런 특출난 사람들도 무난히 시험을 통과해 들어오기 시작했습니다. 그냥 사법시험만 통과한 것이 아니라, 이들 대부분은 판검사로 임용되고도 남을 우수한 성적을 거두었습니다. 성적이 너무 좋았던 것도 문제라, 이들 중 일부는 장애인 운동 분야에서 변호사로 활동할 길을 찾다가 당시 상황에서 적당한 일자리를 찾지 못하자 할 수 없이 법원이나 검찰, 대형 로펌으로 발걸음을 돌리기도 했습니다.

30기가 각자 진로를 찾아간 후, 31기에도, 32기에도 이런 사람들은 줄을 이었습니다. 31기 중에서는 안선영 변호사처럼 사법연수원 수료 후 아예 장애우권익문제연구소에 취직해 장애인 인권운동에 헌신하다 나중에 가서야 따로 개업하는 특출한 '선수'도 나오게 되었습니다. 32기에 가면 곽원석 변호사처럼 본인의 장애 경험에 기초해서 문제를 찾아 나가는 젊은이도 등장하게 됩니다. 제가 미국 장애인법에 관한 약간의 지식만 가지고 이리저리 아는 척을 하고 다니는 동안, 이들은 신장장애를 이유로 교수 임용에 탈락한 이선우 박사 사건, 제천시 보건소장 임용 탈락 사건, 장애인 운동능력 별도검사 운전면허제 위헌 사건 등에 직·간접으로 관여하며 본격적인 장애인 인권운동에 나섭니다.

2011년에 이르면 이들이 선후배 변호사들과 결합하여 매월 1회 장애인법을 연구하는 모임도 만들어집니다. 2000년에 저를 맞이했던 연수생 중 조원희 변호사, 신용인 교수 등은 이미 중견 법조인으로 다양한 활동에 주도적으로 참여하고 있습니다.

그밖에도 사법연수원 수료자들이 선택한 다양한 진로의 예는 많습니다. 1999년에는 노동운동가 출신인 김기덕 변호사가 민주노총 산하 금속연맹에 상근자로 취업했고, 다음 해에는 김성진 변호사가 뒤를 이었습니다. 김성진 변호사의 동기생 중 여영학 변호사는 환경운동연합 공익환경법률센터 부소장직으로 환경단체 상근자가 되었고, 권두섭 변호사와 홍진수 변호사는 민주노총 조직실 법률담당자로 취업했습니다. 2001년에는 박훈 변호사가 민주노총 금속연맹에 취업했고, 2002년에는 권영국, 강문대, 김영기, 박현석, 전형배 변호사 등이 대거 합류함으로써 민주노총은 총 9명의 변호사를 거느리게 되었지요. 2003년에는 서울대 법대 출신으로 외무고시와 사법시험에 합격한 서상범 변호사가 민주노총에 합류합니다. 민주노총뿐만 아니라 참여연대에도 일찍이 박원순 변호사가 전임 사역자로 활동을 시작한 이래, 하승수, 장유식 변호사 등이 그 뒤를 이었습니다. 이제는 이런 진로 선택이 더 이상 특이하게 받아들여지지 않습니다. 공익변호사그룹 공감에만 염형국, 소라미, 정정훈, 황필규, 장서연, 전은미, 차혜령, 안주영, 박영아, 윤지영 등 10명의 변호사가 소속되어 공익 활동에 참여하고 있습니다. 기독교 쪽에서는 박종운, 김종철 변호사 등이 장애인과 난민 분야에 독자적인 영역을 개척했습니다.

좀 경박하게 들릴지 몰라도, 저는 이런 새로운 세대를 '똥개 법률가'로 명명했습니다. 과거에는 경기고를 비롯한 몇 개 고등학교 출신으로 서울대 법대를 졸업하고 재학 중 고시에 합격하여 군법무관을 거친 후 서울지방법원 판사를 지내는 식의 순종 법률가들만이 대접받던 시대가 있었습니다. 순종 법률가들만 대접을 받았다기보다는 법률가들 대부분이 이런 순종에 속했다는 편이 올바른 표현일 것입니다. 그러나 어느새 이런 순종들의 시대는 가고 여러 가지 다양한 출신 배경을 지니고 다양한 진로 선택에 나선 잡종 법률가들의 시대가 도래하고 있습니다. 저는 '똥개들의 시대 개막'으로 부를 만한 이 변화야말로 우리 법조의 새로운 희망이라고 믿습니다.

과거의 법률가들은 시기별로 돈과 명예, 권력을 모두 소유하려는 욕심을 지니고 있었습니다. 사법시험 합격과 동시에 명예를 얻고, 판검사로 일하는 동안 그 명예에 덧붙여진 권력을 맛본 다음, 적절한 시기에 변호사로 개업하여 돈 방석에 올라앉는다면 그 욕심을 이루는 것도 그리 어려운 일이 아니었습니다. 법률가들의 그런 속 편한 삶은 법률소비자들의 고통으로 직결되었습니다. 돈을 내는 소비자이면서도 검사장, 법원장 출신 변호사들의 꾸중과 호통, 가르침을 받아야 했던 기막힌 시절도 있었습니다. 법률가가 되면 모든 것을 소유하는 시스템이 존재하는 이면에는, 법률가를 구하지 못하여 고통받는 일반인들의 설움이 자리 잡고 있었던 것입니다.

2012년에는 사법연수원 출신 1,000명과 로스쿨 출신 1,500명의 새로운 법률가들이 탄생합니다. 역사상 유례없는 취업난이 예상됩니다. 2,500명의 새내기들은 이전에 겪지 못했던 혹독한 시련을 겪게 될 겁니다. 왜 로스쿨을 도입했느냐는 탄식도 당분간 계속되겠지요. 그러나 이미 새로운 시대는 열렸고 그 흐름을 되돌릴 방법이 없습니다. 숫자가 늘었으니 다소간의 실력 저하는 있을 수 있습니다. 그러나 대신 우리는 회사의 동료 중에서도 법률 전문가를 쉽게 만나 법률 문제를 상의할 수 있게 될 것이고, 동네 버스 정류장 옆의 조그만 법률사무소에서도 변호사의 상담을 쉽게 받을 수 있게 될 것입니다.

미국에 있는 동안 우리 부부는 세금 등 처리해야 할 법률 문제가 있을 때마다 대학 학생회관에 근무하는 경력 10년 이상의 변호사들로부터 무료로 도움을 받을 수 있었습니다. 그들은 우리 세금신고서도 직접 작성해주었고, 자잘한 법률 문제에도 친절한 상담을 제공했습니다. 캔자스 대학의 경우 불과 25,000명의 학생들이 다니고 있는 대학이었는데도 대학 본부의 법무담당관과는 별도로 학생 상담 변호사가 4명이나 있었습니다. 우리나라에는 제가 아는 한도에서 이런 서비스를 제공하는 대학이 한 군데도 없습니다. 앞으로는 분명히 이런 제도가 확산될 것입니다. 로스쿨 졸업생들이 나오면서 대학도, 행정부처도, 구청도 훨씬 싼 비용으로 변호사를 고용할 수 있게 됩니다. 결국 누구나 변호사를 고용하는 쪽이 싸게 먹힌다는 사실을 인식하는 때가 올 것입니다. 아직까지 변호사의 공급과 수요 사이에서 적절한 접점을 찾지 못했기에 취업난이니 뭐니 하는 걱정들이 나오지만, 변호사 취업은 굳이 사회가 걱정해야 할 문제가 아닙니다. 취업이 안 되면 용감하게 진로 개척에 나서는 사람들이 나올 것입니다. 자기 진로를 스스로 개척해야 하는 변호사의 증가는 이 땅에 법치주의를 앞당기는 초석이 될 것입니다.

새로운 시대의 도래는 변호사들에게 청지기의 윤리를 요구합니다(청지기란 앞서 말씀드린 똥개를 좀 고상한 표현으로 바꾼 것뿐입니다). 특권을 누리는 계층이 아니라 변호사 자격증을 잠시 맡아 시민에게 봉사하는 청지기들이 필요한 것입니다. 자기가 누구인지, 자기 주인이 누구인지를 알게 된 청지기들은 이제 자기 집단 내부의 평판이나 이익을 위해서가 아니라 고객의 이익을 위해 싸움터에 나섭니다. 고객의 이익을 위해 싸우는 청지기의 증가는 궁극적으로 국가 권력의 통제라는 법률가 본연의 임무를 다하는 데에도 유익합니다. 혈통은 잡다하지만 주인인 시민에게 충성을 다하는 새로운 청지기의 등장을 저는, 우리 법조의 희망이라 부르고 싶습니다.

5장

대한민국은 검찰 공화국

검사는 우리 형사소송법상 유일한 수사의 주재자이며, 기소편의주의, 기소독점주의에 따른 엄청난 권한을 지니고 있습니다. 엄청난 권한의 존재는 곧 엄청난 책임도 의미하는 것입니다. 우리나라에서 여전히 불법적인 수사가 자행되고 있다면 그에 대한 최종 책임은 검사의 몫일 수밖에 없습니다.

검사는 공익의 대표자로서 다음의 직무와 권한이 있다.

1. 범죄수사·공소제기와 그 유지에 필요한 사항
2. 범죄수사에 관한 사법경찰관리의 지휘·감독
3. 법원에 대한 법령의 정당한 적용의 청구
4. 재판 집행의 지휘·감독
5. 국가를 당사자 또는 참가인으로 하는 소송과 행정소송의 수행 또는 그 수행에 관한 지휘·감독
6. 다른 법령에 의하여 그 권한에 속하는 사항 (검찰청법 제4조 제1항)

검사는 그 직무를 수행함에 있어서 국민 전체에 대한 봉사자로서 정치적 중립을 지켜야 하며 부여된 권한을 남용하여서는 아니 된다. (검찰청법 제4조 제2항)

형사 절차에서 가장 중요한 것은 수사와 증거입니다. 그리고 수사와 증거를 통틀어 가장 핵심적 역할을 하는 것이 검사입니다. 수사만 놓고 보면 검사는 우리 형사소송법상 유일한 수사의 주재자이며, 기소편의주의, 기소독점주의에 따른 엄청난 권한을 지니고 있습니다. 엄청난 권한의 존재는 곧 엄청난 책임도 의미하는 것입니다. 우리나라에서 여전히 불법적인 수사가 자행되고 있다면 그에 대한 최종 책임은 검사의 몫일 수밖에 없습니다.

권력과 성공, 정의의 상징

우리나라 텔레비전 드라마에 가장 많이 나오는 직업 중의 하나가 검사입니다. 제 머리에 당장 떠오르는 드라마만 해도, 〈모래시계〉의 박상원, 〈옥탑방 고양이〉의 김래원, 〈보고 또 보고〉의 정보석, 〈해피투게더〉의 송승헌, 좀 오래된 드라마지만 법조계를 비교적 그럴듯하게 그려냈던 〈연인〉의 이효정 등 엄청나게 많은 연기자들이 검사 연기를 했습니다. 사람들 기억에 남지 못하고 사라져간 아침 드라마에다가 영화까지 합하면 검사는 그야말로 드라마의 꽃이라 할 수 있습니다. 지금 이 순간에도 이 땅의 어느 드라마 속에서는 가난한 고시생이 나오고 있고, 얼마 후 그는 정의감에 불타는 검사로 변신할 것입니다. 그리고 직접 범인도 잡으러 다니고, 각종 격투기와 검도에도 능하며, 심심하면 사격도 한 번씩 하는 '베테랑' 검사로 변해가겠지요. 근무시간의 99퍼센트를 사무실에서 보내는 검사들 중에 이처럼 격투기, 검도, 사격에 능한 사람은 전혀 없다 해도 과언이 아니건만, 드라마에서는 줄기차게 이런 격투기형 검사들만 그려댑니다.

법조계에는 변호사도 있고, 판사도 있습니다. 그런데 유독 드라마에 검사만 등장하는 현상은 매우 한국적인 것이지요. 미국에서 쏟아져 나오는 엄청난 법정 영화를 생각해봐도 검사가 주인공인 경우는 거의 없습니다. 미국의 경우에는 대개 변호사들이 주인공입니다. 우리나라 드라마에서 이렇게 검사만이 각광을 받는 이유는 아마도 권력을 상징하는 데 검사보다 적당한 직업이 없고, 평범한 사람이 한순간에 권력자의 위치에 올라서는 것을 그리는 데 검사만큼 그럴듯한 직업도 없기 때문일 겁니다. 거기다가 다른 권력자들과 달리 검사는 젊기까지 해서, 예쁜 여주인공들과 연애도 할 수 있으니 그야말로 금상첨화라 할 수 있겠지요. 검사는 그만큼 선망의 대상인 직업입니다.

드라마에서 검사를 힘과 권력, 성공, 정의의 상징으로 그리고 있는 것도 무리는 아닙니다. 검찰권을 행사하는 국가기관인 검사는 일반인들의 생각보다 훨씬 다양한 권한을 가지고 있습니다. 검사가 가진 권한은 크게 다섯 가지 정도로 정리할 수 있습니다.

첫째로 검사는 범죄를 수사하고 법원에 공소를 제기·유지하는 권한을 갖습니다. 가장 기본적인 업무라 할 수 있지요. 둘째로 범죄수사를 위해 경찰을 지휘·감독하는 권한을 갖습니다. 우리나라 형사소송법은 수사의 주체로 오직 검사만을 명시하고 있습니다. 따라서 경찰이 아무리 방대한 조직을 가지고 대부분의 형사 사건들을 일차적으로 수사한다 하더라도 형사소송법상으로는 검사를 '보조'하는 기관에 지나지 않습니다. 여기에서 최근 논란이 되고 있는 수사권 독립 문제가 제기됩니다.

옛날에는 이 형사소송법을 진짜로 믿는 검사들이 동네 경찰서장을 불러서 따귀도 때리고 벌도 세우는 황당한 일들이 심심치 않게 일어났다고 합니다. 스물대여섯 살 먹은 검사가 오십대 경찰서장을 불러서 따귀를 쳤다는 얘기지요. 요즘은 그런 일은 상상도 못합니다. 1993년에 수원지검의 초임 검사가 옛날하고 시절이 같은 줄 알고 경찰관을 불러다가 "일방적으로 조서를 꾸며 죄 없는 사람을 구속했으니 대가를 치러야 한다."라며 따귀를 쳤다가 경찰관들이 폭행 검사 처벌을 요구하며 근무를 거부하는 바람에 사표를 낸 일도 있었습니다. 수사권 독립이 선거 때마다 쟁점이 되기는 하지만, 적어도 아직까지는 법률적으로 사법경찰관리는 검사의 지휘·감독을 받아야 합니다.

셋째, 법원에 대하여 법령의 정당한 적용을 청구하는 권한을 갖고,

넷째, 재판 집행을 지휘하고 감독하는 권한을 갖습니다. 범죄자를 처벌해 달라고 기소하면 이를 받아 유죄 판결을 내리는 것은 법원이지만, 그 집행은 다시 검사의 몫이 된다는 이야기지요. 사형을 집행할 때도 반드시 검사가 입회해야 합니다. 다섯째, 국가를 당사자 또는 참가인으로 하는 소송을 수행하는 것도 검사의 역할입니다. 요즘은 공익법무관들이 국가 소송과 관련된 실무를 많이 담당하고 있지요. 공익법무관은 군미필자인 사법연수원 수료자 중 일부가 검찰청에 소속된 법무관으로 근무하며 군복무를 대신하는 제도입니다. 의사들에게 인정되는 공중보건의 제도와 비슷한 것이지요. 검사의 권한이 여기서 끝나는 것은 아닙니다. 검사들은 한때 청와대에 파견되어 근무하기도 했고, 전·현직 의원인 박철언, 정형근, 홍준표 씨처럼 검사 신분을 유지하며 정보기관(국가안전기획부)에서 일한 경우도 있었습니다. 또한 법무부에서 검찰 인사, 인권, 특수법령 등과 관계된 여러 가지 임무도 수행합니다.

검사 제도 도입은 형사 사법의 역사에서 매우 중요한 의미를 지닙니다. 검사라고 하는 소추기관이 생겨나기 전에는 검사와 판사의 역할을 모두 한 사람이 담당했습니다. 서양의 경우에는 종교재판관을 생각하시면 쉽고, 우리나라에서는 원님(사또)을 생각하면 됩니다. 원님 재판에서는 검사와 판사가 따로 구분되지 않습니다. 검사이자 판사인 원님이 그저 잡혀온 죄인을 향해 "네 죄를 네가 알렸다!"라고 소리치는 것만으로 모든 문제는 해결됩니다. 죄인이 자기 죄를 잘 알고 있어서 토설하면 다행이고, 아니면 그때부터 엄한 문초가 시작됩니다. 말이 문초지 주리를 틀어 다리를 찢는 등 끔찍하기 이를 데 없는 고문이 행해졌던 것이지요.

서양에서도 형편은 크게 다르지 않았습니다. 종교재판관은 죄인을 잡아 고문하고, 자백을 받고, 유죄 판결을 내리고, 집행하는 모든 과정을 자신의 책임 아래 수행했습니다. 1808년 프랑스 치죄법에 의해 정착된 소추관 제도는 이처럼 하나로 뭉쳐져 있던 법원과 검찰의 업무를 분리시켰다는 역사적 의미를 갖습니다. 이 제도가 독일과 일본을 거쳐 우리나라에 들어와 검사 제도로 자리를 잡았습니다. 청출어람이라고 해야 할까요, 우리나라의 검사는 영국이나 미국, 심지어 검사 제도의 원산지라 할 수 있는 독일이나 프랑스와도 비교할 수 없을 정도로 막강한 권한을 갖습니다.

누구나 풀어줄 수 있는 검찰

이 막강한 권한 중 대표적인 것이 바로 기소유예 제도입니다. 만약 검찰이 수사와 기소만 담당하는 행정기관에 불과하다면, 범죄자들을 붙잡을 때마다 무죄의 확신이 없는 이상 한 명도 빠짐없이 기소해야 합니다. 유죄의 심증이 있음에도 불구하고 처벌을 보류하는 판단은 최고의 권위를 지닌 법원만이 해야 합니다. 그런데 우리나라에서는 죄가 있는 것이 분명한 사람을 검찰 마음대로 풀어줄 수 있는 가능성을 제도적으로 열어두고 있습니다. 극단적으로 이야기하면 우리 검찰은 살인자나 강간자도 처벌 없이 그냥 풀어줄 수 있는 권한을 지니고 있습니다. 그게 바로 기소유예입니다. 설마 싶겠지만, 실제로 그런 일이 많이 있었습니다.

1994년 10월 29일 검찰은 희대의 살인마들에게 기소유예라는 엽기적인 처분을 내립니다. 이들은 단순한 살인범들이 아니었습니다. 군형법상 반란 모의 참여 및 주요 임무 종사, 불법 진퇴, 지휘관 계엄지역 수소이탈, 상관 살해 및 미수, 초병 살해죄 등 이들이 저지른 범죄는 보통 사람 같으면 한 가지만 저질러도 사형 선고를 받기에 충분한 것이었습니다. 그러나 검찰은 "관련자들을 기소할 경우 불필요하게 국력을 소모하고 국가 안정을 저해할 우려가 크다"며 이들에게 기소유예라는 면죄부를 부여합니다. "정치·사회적 여건과 국민의 법 감정 등을 감안해 최대공약수를 뽑아낸 것"이라는 설명도 덧붙였습니다. 쉽게 말하면, 아무리 사람을 많이 죽인 흉악범이라 하더라도 그 흉악범에 대한 논의 때문에 '국력이 소모되고 안정이 저해'될 수 있다면 검찰은 얼마든지 기소 자체를 안 할 수 있다는 논리를 내세운 것입니다. 거기다가 '정치·사회적 여건과 국민의 법 감정'이라고 하는, 확인 불가능한 추상적 요인까지 덧붙이면 어느새 그럴듯한 명분도 갖추게 됩니다. 12·12군사쿠데타의 주모자였던 희대의 살인마들은 이렇게 해서 일단 법망을 벗어나게 됩니다.

전두환, 노태우 두 전직 대통령을 포함한 이들 범죄자들에 대한 기소유예 처분은 검사들이 행하는 99.99퍼센트의 다른 기소유예들과는 근본적으로 성격이 달랐습니다. 일반적으로 기소유예 처분을 할 때에는 범인의 연령, 성행(性行), 지능과 환경, 피해자와의 관계, 범행의 동기, 수단과 결과, 범행 후의 정황 등을 고려하게 됩니다. 실무적으로는 대개 초범 또는 소년이 가벼운 범죄를 저지르고, 피해자와 합의를 하는 등 범행을 깊이 반성하고 있으면 기소유예 처분을 내리게 되지요.

기소유예 처분을 내릴 때 가장 중요한 조건은 피의자의 반성 정도입니다. 그런데 전두환, 노태우 씨의 경우에는 기소유예를 받을 당시는 물론이고 지금까지도 자신들이 저지른 일을 범죄라고 생각하지 않고 있습니다. 범죄를 전혀 반성하지 않는 사람들을 기소유예로 풀어주는 것은 그 사람들이 언제든지 다시 동일한 범죄를 저지를 가능성이 있다는 측면에서 매우 위험한 일입니다. 그러나 검찰은 이들의 범죄 성립은 인정하면서도 너무나 과감하게 이들을 사회로 돌려보내는 처분을 내립니다. 수사를 지휘했던 서울지검 제1차장검사는 "역사에 한 점 부끄러움 없는 수사였다고 자부한다."고 자평했고, 당시 국무총리는 "검찰의 기소유예 결정은 철저한 수사에 따른 법률적 평가"라고 이야기했습니다. 하지만 전두환, 노태우 일당에 대한 기소유예는 철저한 수사에 따른 것이 아니었을 뿐 아니라 '법률적 평가'도 아니었습니다. 철저하게 정치적인 판단이었을 뿐이지요.

검찰은 부천경찰서 성고문 사건의 고문 경관인 문귀동에 대해서도 기소유예 처분을 내림으로써 기소유예가 공권력의 탈을 쓴 강간범에게도 얼마든지 적용될 수 있음을 보여주었습니다. 당시의 기소유예 이유는 "직무에 집착한 나머지 무리한 수사를 하다가 우발적으로 저지른 범행이고, 문귀동이 처음에는 자신의 잘못으로 인하여 그가 몸담고 있는 경찰기관 및 상사에게 누가 될 것을 두려워하여 범행을 완강히 부인하였으나 그 후 검찰 조사 과정에서 뒤늦게나마 자신의 잘못을 대체로 시인하고 용서를 빌고 있으며, 그가 10여 년간 여러 차례 표창을 받으며 충실히 봉직하여 온 경찰관의 직에서 파면되는 가장 무거운 징계처분을 받은 외에 그동안 이 사건으로 인한 비등한 여론으로 형벌에 못지않은 정신적 고통을 받았으리라."라는 것이었습니다. 한마디로 대공 경찰로 열심히 일하다가 의욕이 지나쳐 벌인 사건이니 용서하는 것이 옳다는 내용입니다. 나중에 서울고등법원조차 "기소편의주의를 채택하고 있는 우리 법제하에서 검사가 문귀동에 대하여 기소유예 처분을 한 것은 그 상당성이 인정된다."라고 판시하며 권인숙 씨가 낸 재정신청을 기각하여 검찰의 손을 들어주었습니다. 정의가 땅에 떨어지는 순간이었습니다.

물론 이러한 검찰의 결정이 끝까지 유지되지는 못했습니다. 전두환,

노태우 씨는 김영삼 대통령이 마음을 바꿔먹은 후 특별법 제정에 의해 교도소로 갔고, 문귀동 씨는 대법원이 서울고등법원의 결정을 뒤집음에 따라 재정신청 절차에 의해 역시 실형을 선고받았습니다. 문귀동 씨에 대한 서울고등법원의 재정신청 기각을 뒤집은 대법원의 결정은, 기소편의주의라고 해서 검찰이 아무 처분이나 마음대로 내려서는 안 됨을 선언하는 의미를 지닙니다. 그 내용은 다음과 같았습니다.

"기소편의주의를 채택하고 있는 우리 법제하에서, 검사는 범죄의 혐의가 충분하고 소송 조건이 구비되어 있는 경우에도 개개의 구체적 사안에 따라 형법 제51조에 정한 사항을 참작하여 불기소 처분(기소유예)을 할 수 있는 재량을 갖고 있기는 하나, 그 재량에도 스스로 합리적인 한계가 있는 것으로서 이 한계를 초월하여 기소를 하여야 할 극히 상당한 이유가 있는 사안을 불기소 처분한 경우, 이는 기소편의주의의 법리에 어긋나는 부당한 조처라 하지 않을 수 없고, 이러한 부당한 처분을 시정하기 위한 방법의 하나로 우리 형사소송법은 재정신청 제도를 두고 있는 것이다."[1)]

비록 극단적 사례이기는 하지만, 전두환, 노태우, 문귀동 씨에 대한 검찰의 기소유예 처분은 기소편의주의하에서 검찰이 얼마나 막강한 권한을 가지고 있는지 잘 보여주고 있습니다. 이 장면에서 누구라도 이런 의문을 가질 수 있습니다. 범죄자를 처벌하지 않는 '기소유예' 보다는 오히려 재판을 받도록 하는 '기소'가 검찰의 막강한 권한을 보여주는 것 아닐까? 그것도 맞습니다. 그러나 중요 사건의 경우 법원에 공판을 청구하는 순간, 그 사건은 일단 검찰의 손을 떠나게 됩니다. 법원이 주도권을 잡는 공판이 시작되면, 검사들이 독자적인 판단을 할 수 있는 여지도 그만큼 줄어들게 되지요. 중형 선고가 예상되거나 언론이 관심을 갖는 사건일수록 검찰이 마음대로 사건을 처리하기는 힘들어집니다. 그만큼 심한 감시와 견제가 존재하기 때문입니다. 그에 반해 어찌 보면 기소해야 할 것 같기도 하고, 어찌 보면 그냥 기소유예를 해도 충분할 것 같은 사건일수록 검사의 권한은 더 커집니다.

우리나라는 이처럼 검사의 막강한 권한을 보장한 기소편의주의를 택하고 있을 뿐 아니라, 오직 검사에게만 기소의 권한을 주는 기소독점주의도 취하고 있습니다. 우리는 태어날 때부터 기소독점주의, 기소편의주의 아래에서 자라왔기 때문에 검사만이 공소권을 갖는 이런 제도들을 너무나 당연하게 받아들이지만, 전 세계가 모두 이런 제도를 취하고 있는 것은 아닙니다. 미국은 연방과 대부분의 주에서 대배심에 중요 범죄의 기소 여부를 맡기고 있고, 독일도 주거 침입 등의 범죄에 대해서는 피해자가 직접 소추하도록 하고 있습니다. 기소독점주의만이 유일한 해답은 아니라는 것이지요.

기소독점주의와 기소편의주의를 택하고 있는 우리나라에서는 필연적으로 검사의 이 막강한 권한을 어떻게 통제할 것이냐가 문제될 수밖에 없습니다. 우리 법상으로는 문귀동 사건에서 힘을 발휘했던 재정신청 제도나 상급 검찰청에 대한 항고·재항고 제도 등이 보장되어 있지요. 1954년 형사소송법 제정 때부터 검사의 과도한 권한을 통제하기 위해 마련되어 있었던 재정신청 제도는 유신헌법 이후 그 대상이 공무원의 직권남용죄 등으로 한정되어 있다가 2007년 개정을 통해 모든 고소사건으로 확대되었습니다. 재정신청 제도가 제자리를 찾음에 따라서 2007년까지 검사의 불기소를 통제하기 위한 우회로로 활용되던 '불기소 처분에 대한 헌법소원'의 시대도 막을 내리게 되었습니다.

누구나 잡아들일 수 있는 검찰

검찰이 워낙 막강한 권한을 가지고 있다 보니 '검찰이 못할 일이란 없다'는 이상한 신화가 생기게 되었습니다. 이와 관련하여 특수수사로 명성을 떨친 함승희 전 검사의 예를 들어보도록 하겠습니다.

법조계 내부, 특별히 검찰을 비교적 잘 이해한 기자로 평가받는 〈동아일보〉 이수형 기자의 표현을 빌리면, 함 씨는 전형적인 '전투형' 검사입니다. 이 기자가 정의하는 전투형 검사의 특징은 "상대방에게 소리를 지르고 가혹행위를 하며 위압하는 것이 아니라, 오히려 차분하게, 그리고 맹렬하게 추궁해 사건을 성립시키는 치밀함"에 있다고 합니다.[2)]

여기서 이수형 기자가 함 검사와 관련해 소개하는 일화를 하나 살펴봅시다. "비리 혐의가 드러난 비리 거물들을 상대할 때면 피도 눈물도 없는 사람으로 변하는" 그가 1990년 서울지검 특수부에서 호화 외제의류 밀수 사건을 수사하게 되었습니다. 수사 결과 과소비 풍조 억제를 떠들던 집권층 인사들의 부인이 한 장에 30만 원이나 하는 수입 팬티를 사 입은 사실이 드러났습니다. 그러자 함 검사는 밀수범들뿐만 아니라 그 밀수품을 구입한 고관대작과 부유층 부인, 연예인 등 2백여 명을 소환했습니다. 당시 대통령의 친인척으로 실권자였던 김모 씨의 부인과 C신문사 회장 부인, 정모 장관 부인, S그룹 회장 며느리도 있었습니다. 함 검사는 김모 씨 부인을 불러 "야, 이 ×야, 30만 원짜리 팬티를 입으면 뭐가 달라지냐?"라고 다그쳤습니다. 하지만 30만 원짜리 팬티를 착용한 것 자체는 범죄가 아니었기 때문에 함 검사는 그를 이렇게 망신만 주고 돌려보냈습니다. 검사로서 대단한 용기가 아닐 수 없습니다.

사실 이 이야기는 이수형 기자가 취재하기 이전에 이미 함 검사의 저서에 소개되었던 것입니다.[3] 함 검사는 이런 일을 하게 된 동기를 "수입업자 몇 명 잡아넣어 봤자 하루 이틀 신문과 텔레비전에 나오고 나면 그 다음 날부터는 또 그만인 것이다. 어떻게 여론을 환기하여 과소비 풍조에 일대 타격을 줄 방법이 없겠는가 궁리 끝에 생각해낸 것이 이들 업소의 고객 명단이었다."라고 설명하고 있습니다. 그는 자신과 함께 일하는 이른바 '외인부대(함승희 검사가 개인적으로 모은 수사팀)' 수사관들에게 이 고객 명단을 주며, 하루에 10명씩 소환하도록 지시하고 이렇게 말합니다. "언제 어디서 무슨 물건을 얼마에 샀다고 쉽게 시인하면 곱게 보내주고, 그런 물건을 산 적이 없다든가 내 돈 주고 내 물건 샀는데 무슨 간섭이냐는 식으로 앙탈 부리면 밀수 장물 취득 혐의로 입건하겠다고 겁을 주면 좀 반성할 거요."

함승희 검사의 표현을 빌리면, 외인부대원들에게 이 일은 "고관대작들과, 대기업 사장, 부동산 투기로 떼돈을 번 이들의 부인, 며느리, 딸들이 줄줄이 들어와서는 미관말직인 자신들 앞에서 어쩔 줄 몰라 하니, 밤낮 검사로부터 '멍청이' 같은 놈들이라고 욕만 먹다가 스트레스 풀 일이 생긴 것"이었다고 합니다.

그런데 이 에피소드에서 중요한 것은 실권자의 아내든, 신문사 회장의 아내든, 그룹 회장 며느리든지 간에 그들은 '피의자'가 아니었다는 사실입니다. 그들은 기껏해야 피의자들의 밀수 범죄 사실을 입증하는 데 필요한 참고인에 불과했습니다. 그들이 저지른 일이라고는 돈이 남아돌아서 30만 원짜리 수입팬티를 밀수업자로부터 사서 입은 것뿐입니다. 물론 이들의 행동은 윤리적으로는 충분히 비난받을 만한 일입니다. 만약 이들이 팬티는 싸구려로 입고 남는 돈으로 어려운 이웃을 도왔다면 훨씬 더 아름다운 그림이 되었겠지요. 그러나 그들이 그렇게 하지 않았다고 해서 그게 범죄가 되는 것은 아닙니다. 검사는 범죄를 수사하여 공소를 제기하고 형을 집행하는 사람이지, 결코 우리나라의 도덕과 윤리를 지켜주는 파수꾼이 아님을 잊어서는 안 됩니다. 우리의 도덕, 윤리, 사회적 책임까지 판단하고 가르쳐 달라고 검사들에게 월급을 주고 있는 게 아니라는 말씀입니다.

함 검사는 이 사건에 대해서 다음과 같은 동기를 적어놓았습니다. "한편으로는 미안한 감도 들었지만, 가진 이와 가지지 못한 이들이 적절한 조화를 이룬 사회, 이것이 우리가 지향해야 할 공익이고 보면 공익의 대변자인 검사의 직분상 이 정도의 미안한 감정은 떨쳐버려야 했다. 아니, 짐짓 더 심술 사납게 닦달을 해서 그 여인들 입에서 '옷 한 번 잘못 샀다가' 아니면 '가구 한번 잘못 샀다가' '평생 그런 수모는 처음 당해봤다'고 입에서 입으로 전파해주기를 바랐다."

그러나 우리 법률 어디에서도 검사에게 '가진 자와 가지지 못한 이들이 적절한 조화를 이룬 사회'를 지향하는 공익의 대변자 역할을 하라고 명한 적이 없습니다. 사실 우리나라 검사들의 문제는 사회의 모든 문제를 자신들이 해결해야 하고, 또 해결할 수 있다고 믿는 이상한 '독수리 5형제' 의식에 있습니다. 지구를 혼자 지킨다고 하는 생각은 우선 사실이 아닐 뿐만 아니라, 민주사회에서 매우 위험한 것이기도 합니다. '여론을 환기하여 과소비 풍조에 일대 타격을 주는 것' 역시 검사의 임무와는 거리가 먼 것입니다. 결국 함 검사는 이때 조사받은 사람들에게 단순히 '미안한 감정(그나마도 떨쳐버렸지만)'을 가져서 될 것이 아니라, 자신이 한 일이 검사의 권한에 속한 것이었는지에 반성해보았어야 합니다. 거기다가 피의자도 아닌 사람들에게 '평생 그런 수모는 처음 당해봤다고 입에서 입으로 전파해주기를 바랐다'니요? 도대체 누가 그에게 그런 권한을 주었는지 묻고 싶습니다.

심지어 영동의 백화점 사장 부인의 경우 어느 요원이 "저 아주머니는 제가 조사하게 해주십시오."라고 하더랍니다. 그리고 두어 시간 지난 후에 그 요원이 진술서를 한 장 내밀더라는 것이지요. 함 검사가 "이게 뭐요."라고 묻자 그 요원은 "그 아주머니가 많이 뉘우치고 그 BMW인가 하는 승용차를 팔아서 양로원에 기탁하고 앞으로는 검소하게 살겠다는 서약서입니다."라고 대답하더랍니다. 이 부분에 이르러서는 저는 정말 할 말을 잃었습니다. 이게 도대체 정상적인 법치주의 국가에서 상상이나 할 수 있는 일입니까? 만약 이 아주머니에게 밀수품인 장물을 취득한 혐의가 있었다면 그에 따라 처벌하는 것으로 충분합니다. 함 검사가 그걸 입증할 자신이 있었다면 말이지요. 이런 일을 저지르고 나서 그 내용을 그대로 자기 책에 적을 수 있는 그의 자신감은 어디에서 나오는 것일까요?

우리 사회에서는 아마도 많은 사람들이 함 검사식의 수사 기술을 '화끈하다', '멋있다'고 생각할 겁니다. 당한 사람들이 부유층이었으니 모두들 더 통쾌한 감정을 느꼈을지도 모릅니다. 저 역시 외제 밀수품을 구입하는 그런 부유층들을 한심하다고 느낍니다. 그러나 다수 사람들의 통쾌함을 위해 소수의 작은 인권이 침해되는 것은 결국 함 검사가 그렇게 싫어하는 '인민재판식' 정의일 뿐입니다.

아무리 올바른 목적을 가진 수사라 하더라도 그 방법에서 무한대의 자유가 주어지는 것은 아닙니다. 반드시 법이 허용하는 범위 내에서만 수사가 이루어져야 합니다. 그런데 함 검사의 자랑스러운 이력 중의 하나인 '팬티 한 장에 30만 원' 사건은 필요 최소한도의 범위를 한참 벗어나고 있습니다. 부를 필요가 전혀 없는 팬티 구입자들을 괜히 불러서 조지고 있기 때문입니다. 거기다가 피의자가 아닌 사람을 불러 위협을 하거나 망신을 주는 것은 합법의 영역을 넘어 이미 불법의 영역입니다. 비싼 팬티 산 사람을 밀수 장물 취득 혐의로 입건하겠다는 발상도 재미있는 것입니다. 밀수 장물 취득이 죄가 되려면 관세를 포탈한 밀수품임을 알고 이를 취득하려는 고의가 있어야 하기 때문에, 단순히 고가의 팬티를 구입했다고 해서 죄가 성립하는 것은 아닙니다. 그걸 가장 잘 알고 있는 검사가, 그저 혼을 내주기 위해 고객 명단에 있는 구입자 전원을 검찰청으로 불러들였다면 이는 검찰권의 남용입니다.

문제는 이런 식의 권한 남용이 함 검사 한 사람만의 문제가 아니라는 데 있습니다. 함승희 검사가 지닌 '독수리 5형제' 의식, 즉 "이 나라는 검찰이 지킨다."라는 생각은 많은 검사들의 의식 속에 깊숙이 자리 잡고 있습니다. 80년대 초반, 육사 출신과 서울 법대 출신들이 나라를 지배하던 시절에는 대검찰청에서 "추석을 맞아 물가 상승의 조짐이 있으므로 각 검찰청은 물가 억제에 주력할 것" 같은 황당한 지시가 내려오는 일도 심심치 않았다고 합니다. 검찰이 도대체 어떻게 물가를 잡는다는 말입니까? 그런데 더 웃기는 일은 그런 지시가 내려오면 검찰이 정말로 물가를 잡는 불가사의한 현상도 일어났다는 것입니다. 지청 단위의 작은 시·군에서는 검사들의 일거수일투족에 그만큼 모든 사람들이 관심을 가졌기 때문에, 콩나물 파는 아줌마까지도 검찰청의 움직임에 촉각을 곤두세워 가격 인상을 자제하는 결과를 가져왔다는 이야기지요. 검찰 신화가 만들어낸 기적이라 말할 수 있습니다.

그러나 검찰이 모든 일을 다 할 수도 없고, 모든 일을 다 해서도 안 됩니다. 과거에 검찰이 제 기능을 못했던 것은 검찰 지도부가 나라 걱정을 너무 한 데서도 그 원인을 찾을 수 있습니다. 수사해서 기소하는 것이 본 업무라면 그 일만 열심히 하면 되는데, 수사가 경제에 미치는 영향, 정치에 미치는 영향, 북한에 미치는 영향 등등 너무 많은 것을 고려하다 보니 모든 것이 엉망이 되어버렸습니다. 수사가 경제에 미치는 영향을 너무 많이 생각한 결과 온갖 경제 비리들을 눈감아주었고, 정치에 미치는 영향을 고려한 결과 우리나라를 부패 천국으로 만들었으며, 북한에 미치는 영향을 염려하다 보니 애꿎은 공안사범들을 양산한 것입니다. 기업인이든, 정치인이든, 검찰이든 자기에게 맡겨진 일만 하면 되는 건데, 남이 걱정할 일까지 자기 일로 끌어들이다 보니, 본업도 제대로 수행하지 못하고 그러면서도 일감이 많다고 한탄만 하는 신세가 되고 말았지요.

노무현 정부 시절 검찰이 국민들의 신뢰를 다소라도 회복하게 된 가장 중요한 이유는 그들이 본업으로 복귀했기 때문입니다. 아주 간단하지요. 과소비 풍조 걱정할 것도 없고, 물가 걱정할 필요도 없이 그냥 주어진 역할에 충실하면 된다는 말씀입니다. 나라의 온갖 일을 다 검찰이 처리하는 '독수리 5형제' 검찰 시대는 빨리 끝날수록 좋습니다. 그래야 검찰도 살고 나라도 삽니다.

일에 갇힌 검찰

노무현 전 대통령이 집권하자마자 열린 젊은 검사들과의 대화를 기억하시는지요. '검사스럽다'라는 신조어를 만들어냈던 이 토론 시간 내내, 참석한 검사들은 기회만 되면 검사들이 얼마나 열심히 일하고 있는지를 강조하려고 했습니다. 논의의 흐름과 상관없이 이런 이야기는 아무 때나 튀어나왔습니다. 일을 열심히 하고 있는데도 사회로부터 매도당하고 있는 데 대한 억울함이 뚝뚝 배어나왔습니다.

"저희 평검사들이 갑자기 전국적으로 이러는 것은 딱 한 가지 이유 때문입니다. 우리는 9시에 출근해서, 밤 12시에 퇴근합니다. 추석 연휴 내내 야근했습니다."

"인천의 한 검사는 부인이 감기에 걸렸는데, 결국 급성 폐렴이 되어 사망한 경우도 있었습니다. 제가 근무하던 지방검찰청 여검사는 늦게까지 일을 하다가 산통을 느껴서 택시를 타고 가서 애를 낳은 경우도 있습니다. 이 정도로 열심히 일을 합니다."

검사들의 이런 이야기를 들은 일반인들은 '부인이 감기 걸렸다가 폐렴 걸려 죽은 것하고, 검사 일 많은 것하고 무슨 관련이 있나' 의아해 했지요. '다 큰 어른이 남편 없다고 병원도 못 가냐'는 비아냥거림도 있었습니다.

그러나 이건 그렇게 비아냥거릴 문제가 아닙니다. 우리나라 검사들이 초인적으로 일을 하고 있고, 그 과정에서 가족을 제대로 돌보지 못하고 있는 것은 분명한 사실이기 때문입니다. '30, 40대에 그 정도로 일 열심히 안 하는 직장이 어디 있나' 생각하실 분들도 있겠지만, 젊은 검사들이 우리나라 어느 직장에 있는 그 나이 또래보다 일을 더 많이 하는 건 인정하지 않을 수 없습니다. 문제는 왜 이렇게 일이 많느냐는 데 있지요.

이렇게 엄청난 일에 치여 지내는 검사들이 모두 권력형 비리나 조직폭력을 추적하고 있는 것은 아닙니다. 실제로 검사들이 처리하는 사건의 90퍼센트 이상은 일반 형사 사건입니다. 그 중에서도 가벼운 폭력 사건, 교통사고의 비중이 굉장히 높지요. 그런 여러 가지 사건들 중에서 검사들의 시간을 가장 많이 잡아먹는 것은 단연 '사기죄'입니다. 우리나라가 다른 나라보다 유난히 사기범이 더 많은 것은 아닙니다. 우리나라에서 사기 범죄가 많이 문제가 되는 이유는 대부분 '민사 사건의 형사화'라고 하는 독특한 경향에서 비롯된 것입니다.

우리 법 체계는 민사와 형사를 분명하게 구분하고 있습니다. 살인,

강간, 절도, 폭력 등등은 기본적으로 형사 사건에 속하고, 빌려준 돈을 못 받았다든지, 토지 관련 분쟁이 생겼다든지, 친족 간 다툼이 있을 때 이를 해결하는 것은 모두 민사 사건에 속합니다.

물론 민사와 형사가 겹치게 되는 부분도 있지요. 제가 길을 가다가 어떤 사람에게 폭행을 당해서 3주 상해를 입고 치료를 받게 되었다고 칩시다. 이런 경우 국가는 가해자를 붙잡아 형법 규정들에 따라 범죄자로 처벌하면 그 임무가 끝납니다. 하지만 피해자인 저는 당장 치료비부터 시작해서 상해 때문에 발생한 각종 손해를 가해자에게 배상받아야 합니다. 이런 경우 처벌은 형사, 손해 배상금은 민사의 영역이 되는 것입니다. 불법행위로 인한 손해배상 청구 소송의 경우, 상대방이 나에게 불법행위를 한 것이 청구의 원인이 되기 때문에 형사 사건과 관련되는 일이 많습니다. 그러나 이처럼 한 가지 사건이 민사와 형사로 양다리를 걸치는 경우에도 민사 절차와 형사 절차는 명백히 구분됩니다. 서로 영향을 주지 않고 독립적으로 진행되는 것입니다. 아주 쉽게 요약하자면 "처벌은 형사, 돈 받는 것은 민사"라 할 수 있습니다.

그런데 여기에 끼어들게 되는 것이 '합의'라고 하는 것입니다. '합의금'은 성격상으로는 분명히 민사에 속하는데 실제 활동은 형사 분야에서 하는 독특한 놈입니다. 위에서 예로 든 상해 사건에서 가해자가 법원으로부터 관대한 처분을 받으려면(또는 검찰로부터 기소유예나 벌금 정도로 풀려나려면), 가장 중요한 것이 피해자인 저로부터 받아내는 '합의'입니다. '합의'가 된 경우와 그렇지 못한 경우 그 처벌은 질적, 양적으로 상당한 차이를 보이게 됩니다. 우리 법원, 검찰이 피해자와 합의가 되었는가, 안 되었는가를 가해자의 반성 정도를 측정하는 중요한 지표로 활용하고 있기 때문입니다. '합의'를 한마디로 쉽게 설명하자면 피해자인 제가 수사기관에게 "이 사람을 처벌하지 말아주십시오."라고 말하는 걸 의미합니다. 피해자가 처벌하지 말아 달라고 한다고 해서 국가가 가해자를 처벌할 수 없게 되는 것은 아닙니다만, 어쨌든 정상 참작에서 가장 중요한 요소가 될 수밖에 없습니다.

그런데 가해자가 피해자로부터 합의를 받아내려면 어떻게 해야겠습니까? 합의를 받아내는 방법에는 아무 제한이 없습니다만, 대부분의 경우는 돈을 주고 합의를 받게 됩니다. 법률 상담을 하다 보면 가장 자주 받게 되는 질문 중의 하나가 "합의금을 얼마나 주어야 적당합니까?"라는 것입니다. 정답은 없습니다. 사람을 초주검이 되도록 두들겨 팼는데도 피해자가 마음이 좋아 돈을 한 푼도 안 받고 합의를 해주는 경우가 있는가 하면, 조금 멍이 든 정도의 가벼운 상처인데 "1억 원을 가지고 오지 않으면 합의 안 해준다"고 버티는 경우도 있습니다. 정해진 액수가 없고 그야말로 피해자 맘대로인 것이 '합의'입니다.

우리 법에는 합의 여부에 따라 아예 처벌 여부가 갈리는 범죄도 있는데, 그 중 대표적인 것이 간통죄입니다(그밖에도 기본적인 형태의 강간죄가 이런 유형에 속합니다). 사실 간통죄는 어디까지나 가족과 개인 생활의 영역에 속한 것이어서 도무지 국가가 개입할 사건은 아닙니다. 사랑이 식은 걸 국가가 개입해서 억지로 붙여놓을 수도 없습니다. 그래서 간통죄의 경우에는 반드시 배우자의 고소가 있어야 처벌할 수 있고, 설사 배우자의 고소로 간통자를 구속했다 하더라도 만약 배우자가 마음을 바꿔 고소를 취소(이것도 통상 합의라고 부릅니다)하면 무조건 그 날로 간통자를 풀어주어야 합니다. 이걸 '친고죄'라고 부르지요. 고소가 취소되면 무죄가 되는 것이 아니라 국가가 아예 처벌할 권한 자체를 갖지 못하게 되는 것입니다. 그러다 보니 간통죄에서는 고소가 엄청나게 중요한 역할을 합니다.

간통죄로 붙잡혀 들어간 사람은 오직 배우자의 고소 취소만이 희망입니다. 자연히 배신당한 배우자가 위자료를 좀 더 편하게 받아내는 수단으로 쓰입니다. 일단 간통 현장을 잡아 남편 또는 아내를 감옥에 집어넣은 다음, "집과 예금을 모두 나에게 넘기고 너는 몸만 나가라. 거기에 동의하면 내가 당장 고소를 취소해주겠다." 뭐 이런 식이 되고 맙니다. 국가 공권력이 피해자에게 돈을 받아주는 수단으로 악용되는 셈입니다. 이처럼 합의금은 민사 사건으로 해결되어야 할 돈 문제가 형사 사건으로 바뀌는 데 일종의 열쇠 구실을 합니다. 그래서 형사법학자들이 한결같이 간통죄는 폐지되어야 한다고 주장하는 것입니다. 간통죄를 폐지하면 어떻게 하냐고요? 간통 사건은 그냥 민사 법정에서 손해배상의 문제로 다루면 됩니다. 남편으로서, 아내로서 의무를 다하지 않고 배신을 때린 데 대한 금전적 배상만 하면 된다는 이야기지요.

형사 사건이 민사적 목적을 달성하는 수단으로 활용되는 것이 간통죄뿐만은 아닙니다. 실제로 검사들을 가장 많이 괴롭히는 것은 바로 '사기죄'입니다. 이건 우리가 일상적으로 사용하는 언어 습관과도 관련이 있습니다. 우리는 누군가에게 돈을 꾸어주었다가 제때 돌려받지 못하고 떼이게 되면 흔히 '사기당했다'는 표현을 씁니다. 그러나 돈을 빌려주었다가 못 받았다고 해서 모두 사기죄가 되는 것은 아닙니다. 사기죄가 되려면 반드시 '속이는 행위(기망)'가 있어야 합니다.

예를 들어보겠습니다. 저는 지금 번데기를 통조림으로 만들어 파는 사업을 하고 있습니다. 처음에는 조그만 공장으로 시작했는데, 번데기가 정력에 좋다는 소문이 나면서 주문이 쏟아져 들어오기 시작합니다. 사업 확장을 결심한 저는 가장 친한 친구로부터 1억 원을 빌려 공장을 확장합니다. 그리고 한 달 후, 한참 사업이 기세를 올리는 시점인데 이게 웬일입니까, 텔레비전 뉴스 프로의 카메라 고발에서 "시중에 판매되는 번데기에서 엄청나게 많은 대장균이 발견되었다."라는 보도가 나오는 게 아닙니까? 결국 번데기 판매는 종을 쳤고, 그동안 팔려나간 것들까지 모두 반품되어 들어오기 시작합니다. 망한 거지요. 그러자 친구는 저를 사기죄로 고소합니다. 돈을 빌리고 나서 제때 갚지 못했다는 것입니다.

이건 물론 사기죄가 안 됩니다. 사기죄가 되려면 제가 친구로부터 돈을 빌릴 당시에 '돈을 갚을 생각'과 '돈을 갚을 능력'이 없었어야 하고, 그걸 알면서도 친구에게 '갚을 수 있다고 거짓말'을 해서 거기에 속은 친구로부터 1억 원을 받았어야 합니다. 위의 경우처럼 처음에는 분명히 돈을 갚을 마음도 있고 사업이 잘 풀린다면 돈을 갚을 능력도 있었는데, 사업 도중 엉뚱한 일이 터져서 망하게 된 경우에는 사기죄가 될 수 없습니다. 물론 이런 경우 친구는 저를 상대로 해서 대여금 반환 청구 소송을 민사로 제기할 수 있지요. 그러나 쫄딱 망해서 땡전 한 푼 없는 제가 돈을 갚을 수 있을 리 없습니다.

친구도 제가 처음부터 사기 칠 마음이 없었다는 것은 잘 알고 있습니다. 그런데도 왜 사기죄로 고소를 했을까요? 주변에 이른바 전문가라는 사람들에게 물어보니 다들 "민사소송 해 가지고는 시간만 끌고 돈도 많이 들고 결국에는 돈도 못 받게 되니까, 빠르게 그냥 형사로 처리해. 일단 고소부터 하고 봐. 그래야 나중에 민사소송을 하더라도 형사소송에서 쌓인 증거들을 써먹을 수 있어서 편해."라고 조언을 하더란 말이지요. 일단 붙잡아놓고 나서 돈을 갚으라고 독촉하는 것이 훨씬 상식에 맞다는 생각도 하게 되었겠지요. 고소장 쓰는 게 어렵지도 않아서, 그냥 법원 앞 대서소에 가면 5만~10만 원만 주고도 그럴듯한 고소장을 만들 수 있습니다.

그런데 여러분이 검사 입장이 되었다고 칩시다. 위의 사건의 경우 망하게 된 이유가 분명하고, 그 일(카메라 고발)이 터진 것이 돈을 빌린 이후이기 때문에, 피의자에게 사기를 저지를 마음이 없었다는 것을 비교적 쉽게 판단할 수 있습니다. 그렇다고 해도 '무혐의' 결정문을 제대로 쓰는 데는 적지 않은 노력이 들지요. 대부분의 사기 사건들은 이것보다는 한결 복잡합니다. 거기다가 고소인들은 사실관계야 어떻든 간에 검찰청에 올 때쯤이면 독이 오를 대로 오른 상태라 "저놈이 처음부터 사기 칠 마음이었던 게 분명하다. 그 당시에 이미 사업도 잘 안 되었는데 떼어먹으려고 돈을 꾼 것이다. 거기다가 지금 도망 다니고 있는 걸 봐라. 그게 사기꾼 아니고 뭐냐."라면서 소리를 고래고래 치는 것이 보통입니다. 이런 사건이 하루에도 여러 건씩 밀려듭니다. 그렇다고 이런 고소인들을 우습게 보았다가는 민원이 빗발칩니다.

이럴 때 마음씨 좋은 검사들이 보통 택하는 방법은 이렇습니다. 우선 고소인을 먼저 부릅니다. 그리고 "고소인도 이게 사기 사건이 안 된다는 걸 잘 알고 있지 않습니까? 자꾸 이렇게 고집만 피우면 저도 빨리 무혐의 처분하는 수밖에 없습니다. 어차피 사건도 안 되니까요. 하지만 고소인 사정도 딱하니 어떻게든 피의자로부터 한 푼이라도 받고 끝내는 것이 서로 좋지 않을까요? 내가 피의자를 잘 설득해보겠습니다."라고 이야기합니다. 다음으로 피의자를 불러서 일단 엄포를 놓습니다. "당신 말이야, 이거 완전히 사기꾼이구만. 사기 친 게 아니면 도망은 왜 다녀?" 그리고 약간 태도를 바꾸어 "물론 피의자도 사업하다 보니 이런 일을 당했으리란 걸 나도 이해할 수 있소. 그러니 어떻게든 노력해서 돈을 갚아야 할 것 아니오?"라고 점잖게 한마디 합니다. 그렇게 한 다음 두 사람을 모두 불러 "자, 이제 나는 할 만큼 했으니 나가서 둘이 합의하고 돌아오시오."라고 시킵니다. 이쯤 되면 고소인은 피의자로부터 "앞으로 10년 동안 매달 100만 원씩을 갚기로 합의합니다."라는 합의서를 한 장 받고 고소를 취소(합의)해주게 되지요. 이로써 검사는 '무혐의' 처분을 하면서도 절차적으로 이유를 적지 않아도 되는 조금 손쉬운 결정을 할 수 있게 됩니다. 다 이렇게 해결되는 것은 물론 아닙니다. 검사가 아무리 노력해도 끄떡도 안 하는 고소인, 피의자가 더 많기 때문입니다. 그리고 이런 사건일수록 이래저래 빽 쓰는 사람도 많아서 보통 신경이 쓰이는 게 아닙니다.

어쨌거나 우리나라 검사들은 이렇게 원래는 민사 사건이어야 할 것이 형사 사건으로 바뀌어버린 일들에 치여서 허덕이고 있습니다. 어떤 때는 '내가 무슨 조폭 해결사인가?' 하는 자조적인 느낌이 들 때도 많습니다. 사업하다 망한 사람을 협박해서 돈을 돌려받도록 해준다는 점에서는 해결사나 다를 게 없으니까요.

거대한 악과 싸워보겠다고 검사직을 택한 사람들이 이런 사건들 때문에 시간을 낭비하고 있는 현실은 안타까운 일입니다. 매일 아침 9시부터 밤 12시까지 일하고 추석 때 집에도 못 가며 처리하는 사건들이 이런 것들이어서야 말이 안 되지요.

사람들이 이렇게 민사 사건들을 수사기관으로 가져가게 된 데에는 보다 깊은 정신적 뿌리가 있습니다. 앞에서 말씀드렸던 것처럼 우리나라는 오랜 세월 원님이 한 마을의 행정권, 민사재판권, 형사재판권, 형벌권을 모두 틀어쥐고 호령하는 제도 아래 있었습니다. 근대법이 수용된 이후에도 '네 죄를 네가 알렷다'의 흔적은 쉽게 사라지지 않았습니다. 일제시대의 경찰들도 민·형사를 넘나드는 무소불위의 권력을 휘둘렀기 때문이지요. 그러다 보니 교통사고나 사소한 시비가 일어났을 때 처음에는 자기들끼리 싸우다가 서로 억울함을 참지 못할 지경이 되면 그때 가서 경찰관을 부르는 것이 습관처럼 되어버렸습니다. 꼭 누구를 처벌해 달라기보다는 공정한 사또님이 와서 시시비비를 가려 달라는 것이지요. 원님 재판은 사라졌어도, 우리 의식 속의 사또들은 여전히 힘을 발휘하고 있는 셈입니다.

이런 현실을 그대로 놓아두는 것은 시민을 위해서도 좋지 않습니다. 정말 나쁜 사람들과 싸워야 할 검찰이 그 힘의 대부분을 이런 불필요한 사건들에 소비하다 보면, 정말 나쁜 사람들만 살판나는 세상이 되어버리는 겁니다. 우리 수사기관들이 제 기능을 되찾으려면, 시민들도 모든 일을 형사 고소를 통해 해결하려는 고소 만능주의로부터 벗어나야 합니다. 검찰만 탓할 게 아니라, 시민들도 바꿀 것은 바꿔야 한다는 말씀입니다.

검사의 추억?

지금까지 주로 검사들 탓하는 이야기들을 적었습니다만 사실은 저도 짧은 기간이나마 검찰에 몸담았던 사람입니다. 앞서 밝힌 대로 제가 검사를 그만두게 된 공식적인 이유는 가족들 때문이지만, 저의 검사 사임 이야기에도 또 다른 판본은 존재합니다. 검사가 어떤 유혹과 어려움에 노출된 직업인지 설명하고자, 제 경험도 잠깐 들려드리겠습니다.

검찰청에 부임하자마자, 업무에 적극적인 선배 검사들과 함께 일하게 된 덕분에 처음부터 인지수사를 할 기회가 많았습니다. 검사 업무의 대부분은 경찰에서 송치되어 온 사건들을 처리하는 것이지만, 아무래도 검사들이 매력을 느끼는 것은 자기 손으로 직접 수사를 시작한 인지 사건입니다. 다행인지 불행인지 저는 옆방에 있던 선배 검사가 한참 불법복제 음반에 대한 인지수사에 열심이어서, 그분을 따라 자연스럽게 현장에 나가는 경험을 자주 할 수 있었지요.

검사 업무가 겨우 손에 익으려고 할 즈음, 검사는 아니었지만 일반직으로는 간부급에 속하는 다른 검찰청의 직원 한 분이 제 방 문을 두드렸습니다. 수배자 중 한 사람의 딱한 사정을 설명하기 위해서 찾아왔다고 했습니다. 부부가 함께 여행사를 하다가 문서 위조 사건에 연루되었는데, 남편이 이미 감옥에 있으니 도망 중인 아내를 선처해 달라는 이야기였습니다. 그래서 "이미 수배 조치까지 모두 끝났기 때문에 나로서도 어쩔 수 없으니 빨리 자수하라고 권유해 달라."고 이야기했지요. 이야기를 마치고 나가면서 그는 "검사님, 휴가 때 쓰시라고 드리는 겁니다."라고 하면서 허름한 서류봉투 하나를 남겼습니다. 저는 봉투를 열어보지도 않고 그냥 우리 방 참여계장에게 "계장님이 쓰세요." 하고 건네주었지요. 봉투 크기로 봐서 검찰청에서 나오는 수건이나 수영복쯤 될 거라고 생각했기 때문이었습니다. 제가 순진했던 것이죠.

얼마 후 계장이 조용한 목소리로 제게 속삭였습니다. "검사님, 그런데 이게 돈인 것 같은데요." 저는 또 놀랐습니다. 설마 검찰 간부가 검사에게 돈을 건넬 리가 있나 싶었기 때문이었습니다. 제가 놀란 얼굴을 하자 계장은 "500만 원쯤 되는 것 같습니다. 우리 회사 사람이 준 거면 받아도 되는 것 아니겠습니까?"라고 말했습니다. 저를 떠본 것이었을 뿐 돈을 받자는 뜻은 아니었을 겁니다. 저는 계장에게 당장 그 간부를 다시 불러 달라고 했지만 그는 이미 우리 청을 떠나 자기 회사로 돌아가는 중이었습니다. 할 수 없이 점심 대접이나 하고 싶으니 다음 날 다시 우리 방을 찾아 달라고 전하고 봉투는 그대로 계장에게 보관을 부탁했습니다.

그날 밤에는 상당한 갈등이 있었습니다. 돈을 받을 거냐 말 거냐 하는 고민은 물론 아니었고, 그 사람을 뇌물 공여로 잡아넣을 것인가 말

것인가 하는 고민이었습니다. 검찰 공무원이 검사에게 뇌물을 주었다는 걸 생각하면 참을 수가 없었습니다. 그런데 그를 잡아넣는 순간 여기저기 시끄러워지고, 제가 무슨 '똘아이'처럼 검찰청 사람들의 입에 오르내릴 걸 생각하니 벌써부터 피로가 느껴졌습니다. 그때만 해도 대전이나 의정부의 법조 비리 사건이 터지기 전이라 법원이나 검찰에서 인사치레로 돈을 받는 것은 별 문제가 안 되던 시절이었습니다. 일반인들이나 범죄자들로부터 직접 돈을 받는 일은 거의 없었지만, 변호사들로부터 휴가비, 식사비, 수사비 등의 명목으로 돈을 받아 쓰는 것에 대해 부끄러움을 느끼지 못하는 사람들이 많았지요. 그런 분위기에서 같은 회사 사람을 잡아넣으려면 거의 양심선언 수준의 용기가 필요했습니다. 저는 그럴 용기가 없었고, 결국 "이러면 안 되는 것 아니냐."라고 점잖게 타일러 돈을 돌려주고 끝내기로 마음먹었습니다.

혼자 그를 만나서는 안 되겠다 싶어서, 우리 방 계장과 타이피스트 아가씨까지 함께 다음 날 그 간부와 점심식사를 했습니다. 그 자리에서 계장님이 그 서류봉투도 돌려주도록 하였지요. 그 간부는 어색해하며 "이건 괜찮은 건데…… 받으셔도 되는 건데…… 다른 분들은 다 받으셨는데……." 횡설수설하다가 식사를 마치고 자리를 떴습니다. 혹시 선처하겠다는 이야기라도 들을까 기대하고 왔다가 당황하는 기색이 역력했습니다. 검사직에 염증을 느끼게 된 순간이었습니다. 검사직에 염증을 느꼈다기보다는 저에게 검사직이 안 어울린다는 것을 깨달았다는 편이 옳을 겁니다. 이런 경우 진짜 훌륭한 검사라면 앞뒤 보지 말고 그 간부를 잡아넣을 수 있어야 합니다. 돈은 돌려줬지만 그를 잡아넣지 못한 저는 이미 검사를 할 자격이 없는 사람이었지요.

돈은 돌려주었지만 찝찝함은 사라지지 않았습니다. 그 간부가 친지를 돕겠다고 스스로 그 돈을 마련해 가져왔을 가능성은 0퍼센트였습니다. 보나마나 도망 중인 피의자로부터 그 돈을 받았을 거고, 어쩌면 그 중 일부를 이미 떼어먹었을지도 모릅니다. 더 걱정되는 것은 제가 그 돈을 돌려주었다 한들, 과연 그 간부가 그 돈을 상대방에게 돌려주었겠는가 하는 점이었습니다. 배달 사고 가능성은 얼마든지 있었습니다. 그 간부가 그 돈을 그냥 먹어버리고 "김두식 검사가 돈을 먹었다"고 해버릴 가능성도 있었습니다. 생각하면 할수록 그냥 잡아넣었어야 한다는 생각이 들었지만, 시기를 놓쳤다는 생각에 가슴을 쳐야 했습니다. "다른 분들은 받으셨다."라는 말이 마음에 걸렸지만, 그렇다고 다른 분들에게 이 이야기를 털어놓고 "당신들은 먹었습니까?"라고 물어볼 수도 없었습니다. 그야말로 벙어리 냉가슴이었습니다.

지금 생각해보면 그냥 대놓고 상사들에게 물어보는 것이 옳았을 텐데, 그분들이 훌륭한 검사들이기는 했어도 솔직히 그런 이야기까지 털어놓을 정도의 신뢰는 없었습니다. 비슷한 시기에 검찰 출신인 어느 선배 변호사가 휴가비 명목으로 검사들에게 봉투를 돌리는 것을 보았기 때문에 더 그랬는지도 모릅니다. 남들 다 받는데 혼자 안 받겠다고 고집 부릴 수 없는 정말 곤란한 분위기에서 저도 단 한 번 봉투를 받은 적이 있었습니다. 30만 원이 들어 있는 봉투였습니다. 받자마자 그대로 직원들에게 나눠주기는 했지만 그랬다고 해서 제가 떳떳한 것은 아니었습니다. 지금 생각해보아도 부끄럽기 짝이 없는 기억입니다. 누구도 믿을 수 없는 상태에서 그냥 검찰에 머무는 시간이 괴롭기만 한 시절이었습니다.

마음이 여러모로 복잡한 상태에서 마침 어떤 중학생의 편지를 받게 되었지요. 제가 얼마 전 잡아넣었던 사람의 딸이 보낸 편지였습니다. 아빠가 생업을 위해 나쁜 짓을 하기는 했지만, 얼마나 좋은 분이었는지, 아빠가 잡혀간 이후 생활에 얼마나 큰 어려움을 겪고 있는지를 적은 편지였지요. 정성스럽게 쓴 편지를 읽으면서 눈물이 났습니다. 내가 잡아넣은 범죄자들도 가정에서는 좋은 아버지일 수 있다는 당연한 사실 앞에 두려움도 느꼈습니다. 제가 하고 있는 일이 얼마나 무서운 일인지도 깨달았습니다. 하루도 이 일을 더 하고 싶은 마음이 없었습니다. 그동안 사람들 잡아넣은 것만 해도 저로서는 평생 부담스러울 일이었습니다. 법과 정의에 대해서 너무 쉽게 생각했다는 후회도 생겼습니다. 결국 용기를 내어 사표를 썼습니다.

사표를 낸 이유는 누구에게나 '아내를 뒷바라지하기 위해서'라고 설명했습니다. 미국 유학 중이던 아내에게 그때만큼 감사했던 적도 없었을 겁니다. 도저히 할 수 없는 일이라 그만두는 것이었지만, 아내가 설명하기 좋은 이유를 제공해준 셈이었으니까요. 검찰청에서는 보름 가까이 사표를 수리하지 않고 기다려주었습니다. 초임 검사 중에 저 같은 사람들이 적지 않은데, 그 고비만 넘기면 훌륭한 검사가 될 수 있다는 것이었지요. 저를 많이 챙겨주시던 부장검사님도 자신의 초임 시절 이야기를 들려주면서 따뜻한 격려를 아끼지 않았습니다. 그러나 저는 정말이지 하루도 더 검사로 일하고 싶지 않았습니다. 그리고 한국을 떠나 미국으로 향했지요. 검사뿐만 아니라 이런 법조계의 어떤 자리에서도 일할 자신이 없었기 때문에 변호사 등록도 하지 않은 채였습니다. 모두들 검찰청 앞에 개업해서 목돈을 챙긴 다음 아내를 따라가라고 조언했지만 그것도 거절했습니다. 뒤도 돌아보기 싫었습니다. 그 이후에 그 검찰 간부가 어떻게 되었는지 뒷이야기는 모릅니다. 지금은 이름조차 기억할 수 없는 그 사람도 새롭게 바뀐 법조계 분위기 속에서 어디선가 잘 살고 있겠지요. 그해 겨울부터 법조 비리 사건들이 계속 터져 나오면서 이제 법원과 검찰에는 이런 분위기가 완전히 없어졌다고 들었습니다.

미국에 머물며 대전과 의정부의 비리 사건 소식을 듣게 된 저는, 그 사건의 수사와 재판을 담당하며 큰소리치는 법원과 검찰의 고위직들에게 "당신들은 얼마나 깨끗하냐?"라고 소리쳐 묻고 싶은 충동을 여러 번 느꼈습니다. 그만큼 1997년 이전의 법조계는 누가 누구를 손가락질하기 어려울 정도로 어두운 분위기였습니다.

많은 사람들로부터 "그 좋은 검사를 왜 그만두었느냐?"라는 질문을 받았는데, 그때마다 이 이야기를 다 할 수는 없었습니다. 이제 그 짐을 덜 수 있을 것 같습니다. 결국은 검사직이 저에게는 안 맞았던 것뿐이지요. 힘들어하는 저를 줄곧 지켜본 아내와 어머니는 사직 소식에 기쁨의 함성을 질렀고, 저는 지금도 제 결정을 존중해준 가족들에게 감사하는 마음을 품고 있습니다.

짧은 검사 생활이었지만, 그래도 검사 출신이라는 경력은 그 뒤로 줄기차게 제 뒤를 따라다녔습니다. 거짓이 아니니 그런 적 없다고 말할 도리도 없었습니다. 짧은 기간 동안 워낙 인상적인 장면을 많이 봤기 때문에 가끔은 검사 시절 이야기를 할 수밖에 없는 경우도 있었습니다. 검사 시보 때와는 비교가 안 되는 경험이었던 것도 사실이었습니다. 검찰 내부에서 본 검찰은 손님인 사법연수원생의 눈으로 바라본 검찰과 많이 달랐습니다. 수사하는 동안 법의 범위를 벗어나고 싶은 유혹을 느낀 적도 여러 번이었습니다. 그 사람만 잡으면 정말 훌륭한 검사가 될 수 있을 것 같았습니다. 한 번만 선을 넘어볼까 하는 아슬아슬한 순간도 있었습니다. 어쩌면 지금 이 시간, 이 땅의 어느 젊은 검사도 같은 고민을 하고 있을지 모릅니다.

아침부터 저녁까지 뉴스를 통해 하루 종일 검찰 이야기만 듣게 되는 이 '검찰 공화국'에서 우리는 검찰에 대해 어떤 태도를 취해야 할까요? 저는 이렇게 정리하고 싶습니다. 당연한 이야기지만, 검찰이 잘할 때는 다 함께 격려해주어야 합니다. 각종 비리 사건에서 검찰이 보여주는 탁월한 역량이 바로 그 격려의 대상이 될 수 있습니다. 그러나 그럼에도 불구하고 검찰이 여전히 법이 통제하고 국민이 감시해야 할 대상임을 잊어서는 안 됩니다. 국가 권력이 괴물로 변할 경우 그 첨병이 될 가능성이 가장 높은 것이 검찰입니다. 더군다나 우리 검찰 지도부는 대부분 군사독재정권 아래 인권과 거의 담을 쌓고 지내던 조직 분위기에서 잔뼈가 굵은 사람들입니다. 이들 중 다수는 과거의 옳지 못했던 관행에서도 자유롭지 못했던 사람들입니다. 시대가 변하면서 입장을 바꾸었다 하더라도, 이들에 대한 통제와 감시의 눈길을 거두어서는 안 됩니다.

사족인지 모르지만, 지나치게 많은 권한을 가지고도 제대로 일할 자신이 없는 검사들은 저처럼 빨리 옷을 벗고 나와야 한다는 말씀으로 검사들에 관한 이야기를 마칩니다. 검찰은 특별한 사명감과 용기를 지닌 사람들의 집단이어야 하기 때문입니다.

6장

'그럼에도 불구하고'의 헌법 정신

'그럼에도 불구하고'의 정신을 제대로 이해하지 못하면, 헌법은 '그림의 떡' 또는 '잘 포장된 한 장의 종이쪽지'에 지나지 않게 됩니다. 권력자들은 누구나 그때그때의 필요에 따라 '인정한다. 그러나'의 논리를 들이대며 자기 눈에 거슬리는 것을 마음대로 제한하려고 합니다. 그것을 막지 못하면 이미 헌법이 아닌 것이지요.

모든 국민은 인간으로서의 존엄과 가치를 가지며, 행복을 추구할 권리를 가진다. 국가는 개인이 가지는 불가침의 기본적 인권을 확인하고 이를 보장할 의무를 진다. (헌법 제10조)

모든 국민은 양심의 자유를 가진다. (헌법 제19조)

모든 국민은 종교의 자유를 가진다. 국교는 인정되지 아니하며, 종교와 정치는 분리된다. (헌법 제20조)

모든 국민은 언론·출판의 자유와 집회·결사의 자유를 가진다. (헌법 제21조 제1항)

헌법이 보장하는 다양한 기본권들은 몇 권의 책을 써도 충분히 설명하기 어렵습니다. 하나의 헌법에 규정되어 있다 해도 각각 다른 역사적 뿌리를 가지고 있고, 국가에 따라서 그 보장 정도나 구체적인 실현 방안 등이 모두 다르기 때문입니다. 그러나 저는 두 단어만 가지고도 우리 기본권 정신을 충분히 설명할 수 있다고 생각합니다. 그 두 단어는 바로 '그럼에도 불구하고'입니다. '그럼에도 불구하고'의 정신은 모든 기본권 영역에서 발견됩니다만, 저는 종교의 자유를 예로 들어 이야기를 시작하도록 하겠습니다.

정신병원에 가야 할 기독교인들?

저는 기독교인입니다. 그냥 기독교인이 아니라 손꼽히게 보수적인 교단 출신으로, 한때 선교단체 활동도 했고 기독교 대학에 근무한 적도 있는 '꼴통'입니다. 예배 시간에 손을 들고 찬송 부르는 저의 모습을 비디오로 찍어 보도한다면 별다른 편집 없이 그대로 시사고발 프로그램에 내보내도 됐을 정도입니다. 대학 시절부터 가까운 친구들은 그런 저를 '기독교 중환자'라고 불렀습니다. 종교에 빠진 정도가 아주 중증이라는 이야기였지요. 그런데 저는 그런 놀림이 별로 불편하게 느껴지지 않았습니다. 이왕 환자(신자)가 되려면 중환자가 되어야지 어중이떠중이가 되려면 차라리 안 믿는 것이 낫다는 생각 때문이었습니다. '중환자'란 별명을 불편하게 느끼기는커녕, 자랑스럽게 여기고 이런저런 지면에까지 떠벌린 걸 보면 저는 확실히 정상이 아닙니다. 저만 그런 게 아닙니다. 종교인이란 원래 남들이 보기에 정상일 수 없는 사람들입니다.

한번 생각을 해보십시오. 기독교인들을 예로 든다면 이들은 일단 눈에 보이지 않는 신이 존재한다고 믿는 사람들입니다. 거기다가 일 주일에 한 번씩 한 장소에 모여 그 신에게 예배드리고, 돈도 바치며, 맙소사, 때로는 그 신의 음성을 듣기도 한다는 사람들입니다. 잘 믿지 못하는 분이 있을지 모르겠지만, 저도 얼마 전까지는 교회나 선교단체들을 다니며 신앙간증을 했습니다. 대상은 대개 젊은 대학생들이었습니다. 그런 모임에서 저도 때때로 제가 들은 '하나님의 음성'에 대해 이야기했습니다. 재미있지 않습니까? 신의 음성을 듣는다는 건 정신분열증을 판정하는 아주 중요한 근거의 하나입니다. 혹시 주변에 "귀에서 자꾸 신의 소리가 쟁쟁 울린다."라고 말하는 사람이 있으면 빨리 정신병원으로 데리고 가야 합니다. 특별히 그 신의 음성이 "누구누구를 죽여라." 하는 식이라면 더 신속하게 입원시켜야 합니다. 조금만 냉정하게 생각해보면, 신앙을 갖는다는 게 도무지 정상일 수 없음을 쉽게 알 수 있지요.

신앙을 갖는다는 것은 정상이 아닐 뿐 아니라, 때로는 매우 위험한 일이기도 합니다. 인민사원 사건이 좋은 예입니다. 1978년 11월, 남미의 조그만 공화국 가이아나의 수도 조지타운에서 인민사원이라는 종교집단 신자 914명의 시체가 발견되었습니다. 몇 명의 생존자들은 사망자들이 모두 맥주, 오렌지주스 등과 청산가리를 합성한 음료를 마시고 자살했다고 증언했습니다. 아기들의 입에도 예외 없이 국자로 독약을 부었고, 조금 큰 아이들은 스스로 독약을 마시도록 했습니다. 그렇게 죽어간 사람들 중에는 인민사원의 교주 짐 존스(Jim Jones)도 포함되어 있었습니다. 대부분의 사람들은 독약을 마신 후 동료들과 어깨동무를 한 채 땅바닥에 쓰러져 있었지만, 짐 존스는 성찬 제단 위에서 머리에 총을 맞고 사망한 상태였습니다.

인민사원은 원래 미국 인디애나 주에서 감리교 교리를 바탕으로 출발한 종파였습니다. 초기에는 사회 개혁과 이웃 사랑을 내세우며 사람들 깊숙이 파고들었지요. 그러다가 짐 존스가 눈앞에 닥친 핵전쟁의 위험을 피할 수 있는 유일한 장소로 지목한 캘리포니아의 유키아로 이주하여 두 번째 인민사원을 건설했습니다. 아무리 기다려도 핵전쟁이 일어나지 않자, 1977년에는 정글 속에 이상사회를 건설하자며 교인들 모두가 남미의 가이아나로 이주했습니다. 여기서부터 짐 존스는 자신을 재림 예수로 주장하며 절대 권력을 휘둘렀지요. 대개의 사교집단 교주들처럼 그도 여성 교인들을 마음대로 농락한, 권력욕에 불타는 편집증 환자였습니다.

이 집단의 인권 유린 여부가 문제되자 캘리포니아 주의원인 레오 라이언과 기자들이 1978년 11월 14일 조사를 위해 파견되었고, 이들은 탈퇴 신도들을 데리고 현장을 떠나려다가 인민사원 측의 갑작스러운 총격에 의해 살해당했습니다. 마침 자신이 암에 걸렸다고 믿고 있던 짐 존스는 이 사건을 계기로 자살을 결심했고, 자신의 죽음에 모든 교인들을 동반하기로 마음먹습니다. 그 결과로 벌어진 것이 이 끔찍한 자살극이었습니다.

미국에서는 이후에도 1993년 '다윗파' 사건이나 1997년 '천국의 문' 사건 등 유사한 집단자살 사건이 끊이지 않았습니다. 2000년 3월에는 우간다에서도 종말론 신자들 수백 명이 방화로 살해된 사건이 있었지요. 우리나라에서도 일제시대의 엽기적 살해극으로 유명한 백백교 사건, 1987년의 오대양 사건 등이 사교집단이 저지른 집단자살 또는 살해극으로 기록되어 있습니다.

이런 사건들은 모두 사교집단에 의해서 벌어진 것이기 때문에 건전한 종교단체와 구분할 수 있지 않느냐고 말씀하시는 분이 혹시 있을지 모르겠습니다. 그러나 건전한 종교집단과 사교집단을 구분할 획일적인 기준이란 존재하지 않습니다. 교주를 비롯한 집단 구성원들의 비도덕성, 지나친 기복주의와 재산 착취 등이 사교집단의 징표처럼 되어 있기는 합니다만, 기성 교회들도 이런 면에서는 떳떳하지 못한 면이 있고 교리의 차이라는 것도 일반인들이 알기 어려운 매우 상대적인 것이어서, 적어도 이런 사건이 터지기 이전에는 건전한 종교와 사교를 구별하기가 거의 불가능하다고 볼 수 있습니다.

공산국가들이 기독교를 비롯한 종교인들을 오랜 세월 탄압해온 것도 그리 특이한 일은 아닙니다. 일반인이 보기에도 이상하고 위험스러운 게 종교인데, 합리적 유토피아를 지향하는 공산주의자들에게는 '보이지 않는 신'을 믿는 불합리한 사람들의 존재가 더욱 껄끄러울 수밖에 없었겠지요. 조지 오웰(George Orwell, 1903~1950 : 《동물농장》《1984년》 등의 걸작을 남긴 영국의 소설가)의 표현을 빌자면, 저 너머에 '설탕과 사탕으로 만들어진 산'이 있다는 거짓말로 사람들을 속이고 착취를 일삼는 것이 종교입니다. 공산주의도 따지고 보면 하나의 종교인 셈인데, 공산국가의 통일성을 흐트러뜨리는 다른 사교집단(그들 입장에서 보면 기독교 등)의 활동을 용인하기 어려운 면도 있었을 겁니다. 이 정도면 '인민의 아편인 종교'를 탄압할 충분한 이유가 될 수 있지요.

물론 모든 종교가 다 아편이 아니라는 건 공산주의자들도 인정할 겁니다. 그러나 한번 생각해봅시다. 우리나라에서 주류에 속하는 기독교 근본주의자들은 음란물과 싸울 때 흔히 이런 논리를 구사합니다. "당신들이 예술이라 주장하는 음란 영화는 결국 청소년의 성욕에 불을 지르기 마련이고, 그 청소년들 중 일부는 성범죄를 저지르게 된다. 음란 영화를 본 청소년이 모두 성범죄에 이르는 것은 아니겠으나, 1,000명의 청소년 중 단 한 명이라도 음란 영화 때문에 범죄에 이르게 된다면, 차라리 그런 영화는 만들지 않는 것이 옳다. 강간 피해자 한 사람의 영혼은 우리들 1,000명이 영화를 통해 느끼는 기쁨보다 훨씬 귀하기 때문이다. 그 한 건의 범죄 예방을 위해서라면 1,000명이 영화를 못 보게 되어도 좋다." 그럴듯하게 들리지요.

그러나 어떤 공산주의자가 이런 논리를 펼친다면 어떨까요? "종교라는 아편은 젊은이들의 건전하고 합리적인 이성을 좀먹기 마련이다. 그리고 그 젊은이들 중 일부는 인민사원과 같은 극단적인 행동에 나서게 된다. 종교를 가진 젊은이라고 해서 모두 그런 극단적인 행동에 나서는 것은 아니겠으나, 1,000명의 젊은이들 중 단 한 명이라도 종교 때문에 자살하게 된다면, 차라리 그런 종교는 완전히 금지하는 것이 옳다. 자살자 한 사람의 생명은 우리들 1,000명이 종교생활을 하면서 느끼는 기쁨보다 훨씬 귀하기 때문이다. 그 한 건의 사고 예방을 위해서라면 우리들 1,000명이 종교생활을 못하게 되어도 좋다." 어떻습니까? 이것도 전혀 말이 안 되는 것은 아니지요? 공산주의에 의한 종교 탄압도 나름대로는 논리를 지니고 있다는 말씀입니다.

그렇다고 공산국가들이 종교를 마구잡이로 탄압만 했던 것은 아닙니다. 대개의 경우, 종교의 자유를 인정하되 반종교 선전의 자유를 강조하거나, 전도만을 금지하는 지능적인 정책을 사용했습니다(최근에는 일부 이슬람권 국가들도 같은 방법으로 기독교 포교를 금지하고 있습니다). 혼자 믿는 것은 좋으나 다른 사람에게 믿음을 전하는 순간부터 범죄가 된다는 것입니다. 특별히 젊은이들에 대한 선교활동은 더 심각한 범죄가 됩니다. 공산국가의 미래를 어둡게 하는 행동이기 때문이지요.

그런 상황에서도 기독교인들은 예배와 전도를 멈추지 않았고, 그러다 감옥에도 많이 갔습니다. 가혹한 고문과 비인도적 처우도 힘들었지만, 감옥에 갇힌 그들을 더욱 고통스럽게 한 것은 동료들과 함께 예배드릴 수 없다는 단절감이었습니다. 종교 범죄로 수감된 사람들에게 범죄행위를 계속하도록 허용할 수 없다는 이유로 예배가 불허된 까닭이었지요. 어떤 이들은 예배드릴 자유를 지키려다 생명까지 잃었습니다. 예배를 위해 목숨까지 내놓을 수 있는 이 비정상적인 사람들의 이야기는 비종교인들이 도저히 이해할 수 없는 것입니다. 하지만 종교란 원래 그런 것입니다. 너무나 비이성적이어서 도저히 이해할 수 없는 것이고, 사탕발림으로 사람들을 유혹하기도 하며, 때로는 많은 사람의 생명을 앗아갈 정도로 위험한 것입니다.

그럼에도 불구하고

자 이쯤에서 등장해야 하는 단어가 뭘까요? 바로 '그럼에도 불구하고'입니다. '그럼에도 불구하고' 그렇게 위험한 종교의 자유를 보장한 것이 우리 헌법 정신입니다. 까짓것 아무도 종교를 못 갖게 하면 오대양이나 영생교 사건 같은 걸 충분히 예방할 수 있음에도 불구하고, 헌법을 만든 사람들은 종교의 자유를 인정하기로 결단했다는 말씀입니다.

'그럼에도 불구하고'의 정신과 반대쪽에 위치하고 있는 것이 "종교의 자유가 있는 건 인정한다. 그러나 거기에는 이러저러한 한계가 있을 수밖에 없다."라는 식의 '인정한다. 그러나'의 정신입니다. 우리가 지금까지 배워온 헌법 정신은 대부분 '인정한다. 그러나' 쪽에 가깝습니다. 기본권에 대해서는 온통 공자님 말씀 같은 좋은 말로 한 페이지 정도를 장식하고, 막상 구체적인 사례에 들어가면 왜 그 권리가 제한될 수밖에 없는지 설명하는 데 10페이지를 할애한 법률 책들이 다 여기에 속합니다. 똑같은 이야기처럼 보이지만, 둘은 전혀 다릅니다. 헌법을 이해하는 열쇳말은 '인정한다. 그러나'가 아니라 '그럼에도 불구하고'라는 것이 제 생각입니다. '그럼에도 불구하고'의 정신을 제대로 이해하지 못하면, 헌법은 '그림의 떡' 또는 '잘 포장된 한 장의 종이쪽지'에 지나지 않게 됩니다. 권력자들은 누구나 그때그때의 필요에 따라 '인정한다. 그러나'의 논리를 들이대며 자기 눈에 거슬리는 것을 마음대로 제한하려고 합니다. 그것을 막지 못하면 이미 헌법이 아닌 것이지요.

상당한 위험에도 불구하고 헌법 정신은 종교의 자유를 기본권의 하나로 받아들였습니다. 위험을 감수할 만한 장점이 있기 때문입니다. 해석할 권한을 독점함으로써 권력을 유지하고자 하는 사제 계층에 관해서는 이미 한 번 언급하였습니다만, 종교의 자유를 인정한 정신은 그 반대 지점에 위치합니다. 평신도들에게도 성경을 읽고 해석할 권리를 인정한 개신교의 종교개혁 정신과 일맥상통하는 것이죠. 이단 종파를 막고 교리의 통일성을 유지하기 위한 가장 안전한 방법은 최고 기관에서 성경 해석권을 독점하고 다른 평신도들은 모두 그 해석을 따르도록 하는 것입니다. 그리고 그 교리에 어긋나면 모두 이단으로 처벌하면 됩니다. 그러나 개신교는 그런 손쉬운 방법 대신 모든 평신도가 성경을 읽고 해석할 권리를 인정함으로써 사제 계급의 특권을 부인하는 방식을 선택했습니다(물론 우리나라 개신교 목사들은 가톨릭 신부들 이상으로 성경 해석을 독점하고 있습니다. 제2차 바티칸공의회 이후의 가톨릭은 교리 문제에서도 개신교보다 개방적인 입장을 보여줄 때가 많지요). 당장은 혼란스러워 보이지만, 신이 인간에게 부여한 '자유의지'를 실현하는 진리의 길이 바로 평신도 성경 해석권 인정에 있다고 확신했기 때문이었습니다. 저는 이게 올바른 선택이었다고 믿습니다. 종교의 자유도 똑같습니다. 다소 위험하더라도 각자 자신의 진리를 찾아갈 수 있는 길을 열어놓은 것입니다. 따라서 이런 위대한 정신을 일반적인 법률유보 조항 하나로 한 방에 날리려고(무시하려고) 하는 것은 헌법의 기초를 흔드는 위험한 시도가 아닐 수 없습니다.

그런 의미에서 저는, 종교의 자유를 '내면적 신앙'과 '외적 활동'으로 구분하고, 외적 활동에 대해서는 실정법과 충돌할 경우 얼마든지 제한할 수 있다고 해석하는 헌법학자들의 일반적인 주장에 의문을 가지고 있습니다. 이런 주장에서는 전형적인 '인정한다. 그러나'의 정신만을 발견할 수 있을 뿐, '그럼에도 불구하고'라는 고민의 흔적을 도무지 찾아보기 어렵습니다. 어차피 내면적 신앙은 규제가 불가능하기에 따로 종교의 자유를 인정하지 않더라도 딱히 침해받을 일이 없습니다. 종교의 자유는 신앙이 어떤 형태로든 표현되었을 때 비로소 의미를 갖게 됩니다. 그런데도 외적인 종교 활동과 실정법이 충돌하면 무조건 실정법의 손을 들어주는 태도를 택하는 것은 사실상 종교의 자유를 인정하지 않는 것과 다를 바 없습니다.

이런 손쉬운 해석의 길을 선택한 덕분에, 우리 헌정사에서는 종교의 자유와 실정법이 충돌한 경우를 거의 찾아보기 힘듭니다. 충돌이 있었다 하더라도 늘 일방적으로 실정법 쪽이 승리하게 되어 있었기 때문에 도전 자체가 무모한 일이었습니다.

이런 분위기를 생각해볼 때, 1973년 9월 김해여자고등학교에서 일어난 국기에 대한 경례 거부 사건은 여러 모로 특이한 것이었습니다.[1] 유신헌법이 선포되어 권위주의 체제가 강고해지던 그 당시, 김해여고에서는 '국토 병영화'의 하이라이트라 할 수 있는 교련 검열 대회를 앞두고 예행연습이 한창이었습니다. 요즘 학생들은 잘 모르겠지만, 70~80년대에는 교련 검열이 있다고 하면 전국 고등학생들이 수업을 전폐하다시피 하고 그 준비에 매달려야 했습니다. 바로 그런 살벌한 분위기 속에서 전교생이 교련 검열 대회를 대비한 제식 훈련을 하던 중, 무려 35명의 학생들이 국기에 대한 경례를 거부하다 적발되는 사건이 일어났습니다. 그들은 모두 일제시대에 신사 참배를 거부한 전통으로 유명한 대한예수교장로회 고신측 교회 소속이었으며 같은 계열의 단체인 SFC(학생신앙운동, Student for Christ)에서 활동하던 학생들이었습니다. 기독교 주류 교단에 속한 학생들로서는 유례를 찾아보기 힘든 용기 있는 행동이었지만, 그들은 자신들의 행동이 그저 신사 참배에 저항한 신앙 선배들의 모범을 따른 것뿐이라고 단순하게 생각했습니다. 학교는 당연히 학생들을 회유하고 협박하기에 나섰고, 이를 견디지 못한 학생 일부가 이탈하여 국기에 대한 경례를 거부하는 학생 수는 며칠 후 22명으로 줄어들었지요. 학교 측은 남은 학생들을 압박하기 위하여 22명의 명단을 '제적 공고'라는 제목으로 게시한 다음, 학생들이 마음을 바꿀 때마다 1명씩 이름을 지워 나가는 극단적인 대응책을 활용합니다. 마지막까지 여기에 저항한 학생들은 모두 6명이었고 학교 측은 이들에게 제적 처분을 내리게 되지요. 놀랍게도 이 학생들과 교회는 제적 처분을 감수하는 대신 법원에 제적 처분 취소 소송을 제기했습니다. 그러나 이 용감한 도전에 대한 대법원의 응답은 어처구니없을 정도로 단순했습니다.[2)]

변호인들은 "국기에 대한 경례 강요는 우상 숭배를 거부하는 이들의 종교적 신념에 위반되는 것이어서 종교의 자유를 침해한 것"이라는 주장을 펼쳤습니다. 이에 대해 대법원은 "이 제적 처분이 종교적인 신념을 그 처분 대상으로 삼은 것이 아니라, 나라의 상징인 국기의 존엄성에 대한 경례를 우상 숭배로 단정하고 그 경례를 거부한 원고들의 행위 자체를 처분 대상으로 한 것이므로, 헌법이 보장하고 있는 종교의 자유가 침해되었다고 볼 수 없다."라는 원심의 논리를 그대로 받아들입니다. 우상 숭배 거부를 이유로 국기에 대한 경례를 거부한 학생들의 '외적 활동'을 처벌한 것뿐이지, 그걸 믿는 학생들의 '내면적 신앙'을 침해한 것은 아니라는 논리입니다. 뒤이어 나오는 대법원의 설명은 거의 폭탄선언에 가까운 것입니다. 한 번 들어볼까요? "원고들은 김해여고의 학생들로서 모름지기 그 학교의 학칙을 준수하고 교내 질서를 유지할 임무가 있을진대 원고들의 종교의 자유 역시 그들이 재학하는 위 학교의 학칙과 교내 질서를 해치지 아니하는 범위 내에서 보장되는 것이라는 취지에서, 원고들이 그들의 임무를 저버림으로써 학교장인 피고로부터 이 건 징계 처분을 받음으로 인하여 종교의 자유가 침해되는 결과를 초래하였다 하더라도 이를 감수할 수밖에 없다 할 것이고 그들의 신앙에 차별 대우를 받은 것도 아니라고 볼 것이라고 하였음은 그대로 수긍되어 정당한 판단이라 할 것이고 종교의 자유와 평등의 원칙에 관한 헌법의 규정을 위반하였거나 그 법리를 위배한 위법이 있다고 볼 수 없다." 이 논리를 그대로 따르자면 헌법상 보장된 종교의 자유와 학칙이 부딪힐 때마다 항상 학칙이 승리한다는 이야기밖에 안 됩니다.

그 다음은 더 압도적이지요.

"원심이 원고들의 국기에 대한 경례를 거부한 이 건 행위로 말미암아 그 학교의 다른 학생들의 국기에 대한 경건한 마음을 상하게 하여 마침내는 학교 질서에 혼란을 가져올 염려가 있어 학교장인 피고로서는 묵과할 수 없는 문제라 하고, 그럼에도 원심이 증거에 의하여 인정한 바 사실과 같이 피고는 전 교직원들로 하여금 수차례에 걸친 가정방문을 통하여 또는 다른 교회의 목사를 초빙하여 설교를 하게 하는 등으로 원고들의 잘못된 행위를 바로잡아 구제하고자 지도교육을 하여본 끝에 부득이 이 건 제적 처분을 하기에 이른 점에서 원고들에 대한 이 건 제적 처분은 위법이 없어 정당하다고 하였음을 기록에 의하여 아울러 살펴볼지라도 타당하다 할 것이고 피고가 학교장으로서 그 재량권을 일탈한 위법한 처분이라고 보여지지 아니한다."

여전히 우리 대법원의 어투에 익숙하지 않으시다고요? 제가 좀 더 쉽게 정리해 드리면 이렇습니다. '원심 판결이 잘못되었다고? 잘못된 것 하나도 없어. 종교의 자유 좋은 얘기지. 우리도 그건 다 인정해. 그러나 종교의 자유도 어디까지나 내면에 머물 때만 보호를 받는 거야. 거기다가 학생이면 학칙을 지켜야 할 것 아니야? 종교의 자유도 학칙 범위 내에서 인정되는 거지. 또 얘들을 그냥 놓아두면 다른 애들이 국기에 대해서 갖고 있는 경건한 마음이 상처를 입을 것 아니야? 그러면 질서가 엉망이 되는 것이고……. 그뿐이야? 이 학교 교장 선생님은 얘들을 그냥 자른 게 아니라, 가정방문도 하고, 목사님들도 불러 설득도 하게 하는 등 최선을 다했잖아? 그러니 하나도 잘못된 게 없어.' 뭐 이런 이야기입니다.

이 판결 어디에서도 '그럼에도 불구하고'의 정신은 찾아볼 수 없습니다. 대법관들 중 누구도 이 어린 학생들의 신념이 어디에서 온 것인지 귀 기울이려고 하지 않았습니다. 이 사건은 국방의 의무와 양심의 자유라고 하는 두 개의 헌법적 가치가 충돌하는 '양심에 따른 병역 거부' 문제와는 달리 보아야 합니다. 양심에 따른 병역 거부가 병역의무 위반이라고 하는 중대한 실정법 위반행위를 낳기 때문에 형벌권의 발동이 어느 정도 정당화될 여지를 갖게 되는 데 반해서, 국기에 대한 경례를 우상 숭배로 여기고 이를 거부하는 사람들의 종교의 자유를 제한할 헌법적 근거를 찾기란 사실상 불가능하기 때문입니다. 우리가 습관적으로 하고 있을 뿐인 국기에 대한 경례가 헌법상의 의무라고 볼 근거도 없습니다. 법학자로서 저는, 만약 김해여고 사건이 지금 다시 일어난다면 대법원에서든 헌법재판소에서든 분명히 학생들의 종교의 자유 쪽 손을 들어주는 판결이 나오리라 확신합니다. 그 정도 종교의 자유도 보호해주지 못하는 나라는 이미 민주국가가 아니기 때문입니다.

종교의 자유는, 확실히 이상해 보이는 행동이더라도 헌법이 종교의 자유를 보장하고 있기 때문에 '그럼에도 불구하고' 그 이상한 행동을 관용한다는 것입니다. 이상해 보이지 않는 행동에 대해서 관용하는 것은 이미 관용이 아니지요. 또한 설사 종교의 자유에 일정한 제한을 가한다 하더라도 그 제한이 기본권의 본질을 침해하는 것이어서는 안 됩니다. 비례성의 원칙이라고 해서 처벌의 범위가 그 사람이 잘못한 것을 넘어서도 안 됩니다. 그러나 김해여고 사건의 경우, 학교 측은 학생이 국기에 대한 경례를 안 한다는 이유로 아예 그 학생을 제적 처분해버림으로써, 비례성의 원칙을 명백히 위반하고 있습니다. 문제는 우리가 지난 세월 동안 이런 잘못된 판결까지도 아무런 문제 삼지 않고 받아들여왔다는 데 있습니다. 판사든, 검사든, 변호사든, 법학 교수든 그 어느 누구도 이런 판결의 문제점을 심각하게 지적하지 않았습니다. '내면적 신앙'과 '외적 활동'의 구분에 갇혀 종교의 자유가 갖는 본질적 의미를 망각해온 결과입니다.

'그럼에도 불구하고'의 기본권 정신을 망각하고, 별다른 논거 없이 그저 제한의 정당성만 강조한 김해여고 판결은 우리 헌정사상 가장 부끄러운 판결 중의 하나입니다. 처음부터 '기본권 제한'이라는 결론을 깔아놓고, 애초에 왜 이런 기본권이 인정되었는지에 대해서는 조금의 고민도 없이 내린 판결들이 쌓여 있는 한 헌법은 한 장의 휴지조각보다도 나을 것이 없지요.

그럼 어떤 때 제한이 가능한가?

물론 종교의 자유를 제한할 수밖에 없는 경우가 분명히 있습니다. 그러나 '그럼에도 불구하고'의 정신에 따라 어렵게 인정된 자유를 제한하려고 할 때에는, 훨씬 더 정교한 이론이 필요합니다.

앞서 말씀드린 김해여고 사건과 비슷한 사안에서, 미국은 이미 1943년부터 국기에 대한 경례와 충성 선서를 강제하는 법이 위헌이라고 선언합니다(바넷 판결).[3] 1940년에는 합헌 결정을 내린 일이 있었지만, 곧 그 잘못을 시정하고 '그럼에도 불구하고'의 정신을 존중하기로 한 것이었지요. 다만 위의 판결에서 미국 연방대법원은 종교의 자유 대신 표현의 자유를 주된 논거로 내세웠습니다. 국가는 시민들로 하여금 말이나 행동을 통해 어떤 신앙을 고백하도록 강요할 권한이 없다는 것입니다. 물론 강요해서 안 되는 것에는 신앙 고백뿐만 아니라 정치적 관점이나 이념, 신앙, 기타 모든 의견 표명이 포함됩니다. 바넷 판결은 그 논거를 표현의 자유에서 찾기는 했지만, 결과적으로 내면적 신앙을 넘어선 외적 활동에도 종교의 자유가 적용된다는 당연한 원칙을 확인합니다. 학교라고 해서 학생들의 권리를 함부로 침해할 수 없음을 인정했다는 점에서도 매우 중요한 판결이었지요.

종교의 자유는 다른 어떤 권리보다도 강력한 보호를 필요로 하기 때문에, 미국의 경우 종교의 자유를 침해하는 법령에 대해서는 연방대법원이 '엄격 심사(Strict Scrutiny)'를 행하고 있습니다. 참고로 '엄격 심사'에 대해 잠깐 설명하자면, 미국 연방대법원은 위헌 법률을 심사할 때 보통 세 가지 기준을 제시합니다. 하나는 합리성 심사(Mere Rationality Standard)라고 하는 가장 약한 기준으로서, 여기에 해당될 경우 국가는 기본권을 제한할 합리적 이유를 제시하면 그것으로 간단하게 합헌성을 인정받게 됩니다. 엄격 심사는 가장 강한 기준으로서, 국가는 '그런 입법을 할 수밖에 없는 (도저히 피할 수 없는) 강력한 목적의 존재'와 더불어 그 목적을 위해 '필요 적절한 수단'을 선택했음을 입증하지 못하는 한 위헌 판결을 받게 됩니다. 그 사이에 중간 단계 심사(Middle-Level Standard)라고 해서 입법에 '중요한 목적'이 존재하고 '본질적으로 그 목적과 연관된 수단'을 선택했음을 입증하지 못하는 한 위헌 판결을 받는 영역도 존재합니다. 복잡하게 들리지만 쉽게 말하자면, 엄격 심사의 대상이 된다고 하면 거의 위헌 판결을 받게 되고, 합리성 심사의 대상이 되면 거의 합헌 판결을 받게 되는 셈입니다.

'인종', '귀화 이전의 출신 국가' 등에 따라 차별하는 내용이 담긴 법률이나, '선거권', '재판받을 권리', '다른 주로 이동할 권리' 등을 침해하는 법률은 엄격 심사를 받게 되고, '성별에 의한 차별' 등 몇 가지는 중간 단계 심사를 받습니다. 나머지 대부분의 법률들은 합리성 심사를 받게 되지요(물론 이런 3단계 분류도 많은 문제점을 내포하고 있습니다. 예컨대 역사적으로 인종 못지않게 차별의 대상이 되어온 여성들에 대한 차별이 왜 엄격심사가 아닌 중간 단계 심사밖에 받지 못하느냐는 페미니즘 진영의 반론이 대표적이지요. 결국 이 3단계 심사도 완벽한 기준은 될 수 없다는 말씀입니다).

몇 가지 구체적인 예를 들어보겠습니다.

우리 동네에 갑자기 좀 이상해 보이는 종파가 들어왔다고 칩시다. 얼굴을 딱 봐도 이단 종파같이 생겼고, 밤이면 밤마다 그들의 집회 장소에서는 고기 타는 연기가 모락모락 피어오릅니다. 〈추적 60분〉 팀이 잠입해 취재해보니, 그들은 신도들의 결혼식이나 자녀 출산, 장례식, 또는 질병 치료를 위한 의식 때마다 닭이나 비둘기 같은 동물들을 잡아 피를 죽죽 뽑은 다음 그대로 구워 먹고 있었습니다. 끔찍한 장면이었지요. 누구라도 혹시 인민사원 같은 사건이 일어나는 것이 아닌가 걱정할 만한 상황이었습니다. 당연히 동네에서는 난리가 나고, 시청에서는 "우리 시의 경계 내에서는 어떤 동물의 희생 제사도 금지한다."라는 새로운 조례를 발표합니다. 그 이상한 종파 사람들은 그 조례가 위헌이라고 주장하지만, 시청 측은 "당신들을 목표로 한 것이 아니라, 우리 시에 사는 모든 사람들을 대상으로 한 법"이라고 변명합니다.

재미있는 사건이지요. 위와 똑같은 사건이 미국 플로리다 주에서 일어난 적이 있답니다. 연방대법원은 두말할 필요도 없이 이 규정에 위헌 판결을 내렸습니다. 입법의 과정과 동기를 지켜보았을 때에 비록 모두에게 적용되는 척하기는 했지만 결국은 샌터리아(Santeria)파라고 하는 특정 종파를 혐오하는 불법적 의도가 명백한 입법이기 때문에 위헌이 될 수밖에 없다는 간단한 논리였습니다.[4] 1993년에 나온 비교적 근래의 판결이었지요. 여러분들도 '동네에 그런 놈들이 들어온다 해도 그 정도야 참아줄 수 있지' 라고 인정할 수 있으시지요?

그럼 조금 더 강도를 높여봅시다. '제7일 안식교'라고 해서 일요일 대신 토요일을 주일 또는 안식일로 지키는 기독교 소수 종파가 있습니다. 안식일을 거룩하게 지키라는 성경 말씀 준수를 위해 이들은 토요일에 일을 하지 않습니다. 안식교 신자인 셔버트(Sherbert)는 토요일에 일하지 않겠다고 선언하고 출근하지 않은 결과 직장에서 해고되었습니다. 다른 일거리를 찾아보았지만 모두 토요일에 일을 해야 하는 직장들뿐이었습니다. 그러자 그는 할 수 없이 주 정부에 실업수당을 신청하지요. 주 정부에서는 실업수당 지급을 거부합니다. 왜냐하면 실업수당이란 원래 '적합한 일자리를 제의받고도 이를 거절한 사람'에게는 지급할 수 없도록 규정되어 있기 때문이었지요. 계속 그럴듯한 일자리가 주어지는데도 일하기 싫어서 일을 안 하는 게으른 사람에게까지 실업수당을 줄 수는 없기 때문에 만들어진 규정이었습니다.

만약 이런 사건이 우리나라에서 일어나면 어떻게 되었을까요? 실업수당이 지급 안 되는 것은 물론이고, 헌법재판소까지 이 사건이 올라갈 가능성도 거의 없었을 겁니다. 신문들은 "종교를 핑계로 자신의 게으름을 정당화해서는 안 된다."는 등의 사설로 도배되고, 여론도 당연히 그런 입장으로 쏠렸겠지요. 셔버트 같은 사람은 종교생활과 사회생활도 구분 못하는 한심한 인간으로 낙인 찍혔을지도 모릅니다.

그러나 '미국 사람' 셔버트는 이 사건을 들고 연방대법원까지 올라갔고, 연방대법원은 셔버트의 손을 들어줍니다. 미국 연방대법원도 먼저 위의 실업수당 관련 규정이 결코 종교의 자유를 침해하기 위해 만들어지지 않았음은 인정합니다. 그러나 비록 고의가 아니었더라도 그 규정이 결과적으로 종교의 자유에 부담을 주고 있다면, 그 규정은 오직 '그런 입법을 할 수밖에 없는 (피할 수 없는) 강력한 목적'을 이루기 위한 '최소한도로 제한적인' 수단을 활용할 경우에만 합헌 판단을 받을 수 있다는 결론을 내립니다.[5] 결국 아무리 좋은 의도의 규정이더라도 그 규정이 결과적으로 종교의 자유를 침해한다면 제3의 길, 즉 셔버트 같은 안식교 신자를 위한 예외규정을 마련해야지만 합헌이 될 수 있다는 이야기지요. 셔버트가 이 판결 덕분에 실업수당을 받게 되었음은 물론입니다.

셔버트 같은 사람에게 "너 진짜 웃기는 놈 아니냐? 종교도 좋지만 먹고사는 게 우선이지, 너 하나 때문에 토요일에 노는 사람들에게 모두 실업수당을 준다는 게 말이 되냐?"라고 이야기하게 되면, 종교의 자유는 의미를 잃고 맙니다. 이해할 수 없지만 '그럼에도 불구하고' 인정해주기로 한 것이 헌법 정신이기 때문이지요.

그렇다고 해서 미국 연방대법원이 늘 종교의 자유 편만 드는 것은 아닙니다. 특히 1980년대 레이건 행정부 이후 연방대법원이 급격히 보수화하면서 이전과 다른 경향의 판결도 많이 나오고 있습니다. 종교적인 행위가 명백하게 범죄행위와 관련되어 있을 때는 이런 보수적 경향이 더욱 힘을 얻습니다. 오리건 주에서는 스미스라고 하는 아메리카 원주민이 페이요티(Peyote)란 마약을 소지하고 있다가 붙잡혔습니다. 스미스는 종교 의식에 사용하기 위해 이 마약을 가지고 있었다면서 자기를 처벌하는 법률은 종교의 자유를 침해하기에 위헌이라고 주장했지요. 변호인들도 이 경우 종교의 자유에 관한 사안이므로 엄격 심사의 대상이 되어야 한다고 주장했습니다. 하지만 연방대법원은 입법이 형법적으로 금지된 사항과 관련이 있고 일반적으로 적용 가능한 것이라면 그 법은 합헌이라고 판결했습니다.[6] 아무리 스미스가 종교적 목적으로 마약을 소지했어도 마약은 마약이라는 이야기였지요. 만약 이것까지 종교의 자유로 인정했다가는 미국이 원주민 마약의 천국이 되리라는 현실적인 이유도 많이 작용한 판결이었습니다.

당연히 예상할 수 있는 결론이었지만, 우리가 주목해야 하는 것은 이 판결이 만장일치로 나온 것이 아니었다는 사실입니다. 이 판결은 5 대 4의 아슬아슬한 차이로 합헌 판단이 내려졌습니다. 블랙먼 대법관을 비롯한 4명의 소수 의견은 이런 경우에도 엄격 심사가 적용되어야 한다고 주장했습니다. 셔버트 사건에서와 똑같이 국가가 '그런 입법을 할 수밖에 없는 (피할 수 없는) 강력한 목적'을 이루기 위한 '최소한도로 제한적인' 수단임을 입증할 때에만 합헌이 될 수 있다는 것이 소수 의견의 논지였습니다.

미국 연방대법관 9명 중 4명이 마약 소지 사건에서까지 종교의 자유를 두고 '그럼에도 불구하고'의 정신을 유지하고자 노력했다는 사실은 우리에게 많은 것을 이야기해줍니다. 헌법상의 기본권이란 숭고한 가치이며, 이를 제한하려고 할 경우에는 얼마나 복잡한 고민이 선행되어야 하는지를 보여주는 것입니다.

이런 면에서 우리나라에서도 국가기관에 의해 긍정적인 조치가 내려진 일이 있습니다. 2001년 가을 성우 양지운 씨는 국가인권위원회에 진정서를 제출했습니다. 양지운 씨가 여호와의 증인 신자인 것은 이제 어느 정도 알려진 일이라 사람들은 그 내용이 '양심에 따른 병역 거부를 인정해 달라'는 것이리라 짐작했지요. 그러나 그 내용은 양심에 따른 병역 거부나 대체복무에 관련된 것이 아니었습니다. 오히려 이미 감옥에 들어가 있는 자신의 아들이 여호와의 증인인 동료 재소자들과 함께 예배드릴 수 있도록 허용해 달라는 것이었지요.

2002년 10월 14일 국가인권위원회는 이 진정에 대해 "피진정인(법무부 장관)이 구금시설 내에 수용 중인 여호와의 증인 수용자들에게 구금시설 내 종교집회를 허용하지 않는 것은 헌법 제11조 제1항 및 제20조 제1항에서 규정하고 있는 평등권 및 종교의 자유를 침해한 행위로 인정된다."며 법무부 장관에게 구금시설 내의 여호와의 증인 수용자들에게 종교집회를 허용할 것을 권고했습니다. 국가인권위원회의 이러한 권고에 대한 2003년 1월 20일자 법무부 '수용불가' 회신의 이유를 요약하면 다음과 같습니다. "여호와의 증인 수용자는 종교 교리를 이유로 실정법을 위반했기 때문에 형을 집행하고 있는 중인데, 만약 이들에게 종교집회를 허용한다면 실정법 위반행위에 대한 정당성을 강화해주는 결과를 초래할 수 있다. 이는 교정·교화의 목적에 배치되며, 교정시설 부족과 열악한 예산 등 현실적인 이유 등을 고려할 때 제한될 수밖에 없다."

그러나 그 해 7월 법무부는 국가인권위원회의 권고를 받아들이기로 입장을 변경하고 기독교, 불교, 천주교 등 3대 종교 이외의 종교를 믿는 소수의 수용자들에게도 종파의 교의에 의한 종교집회를 허용하도록 산하 교정기관에 지시했습니다. 국가인권위원회의 계속된 권고에 따라 입장을 변경한 것이었지요. 새로운 정부가 자리를 잡은 것과도 무관하지 않았을 겁니다. 사실 그간 법무부도 여호와의 증인들이 독자적 예배를 드리는 것에 대해 특별한 거부감을 가지고 있지는 않았습니다. 다만 그동안 교정 업무에서 많은 도움을 받고 있던 기독교 보수교단들의 눈치를 보다 보니, 어쩔 수 없이 이를 금지해왔던 것인데, 국가인권위원회가 계속 압력을 가하자 입장을 선회한 것이었습니다. 종교의 자유를 긍정적으로 보는 판단이 잘 내려지지 않는 우리나라에서 이런 변화는, 경위야 어찌되었든, 이 사회에도 '그럼에도 불구하고'의 기본권 정신이 서서히 뿌리내려가는 청신호라 믿고 싶습니다.

공산당 할 자유와 똘레랑스

종교의 자유뿐만 아니라 우리 헌법이 보장하고 있는 다른 기본권에 있어서도 '그럼에도 불구하고'의 정신은 중요합니다. 이와 관련해서 생각해볼 수 있는 것이, 우리나라에서 가장 열악한 대접을 받고 있는 사상 또는 양심, 즉 공산주의의 문제입니다.

2003년 6월 9일 노무현 대통령은 일본 공산당의 시이 가즈오 위원장을 만난 자리에서 "나는 한국에서도 공산당 활동이 허용될 때라야 비로소 완전한 민주주의가 될 수 있다고 생각한다."라고 밝혔습니다. 언제나 그랬듯이 우리나라 보수 정치인들과 언론은 발칵 뒤집어졌지요. 국회의원이 64명이나 가입해 있다는 '바른 통일과 튼튼한 안보를 생각하는 국회의원 모임(회장 김용갑 의원)'은 "노무현 대통령의 공산당 허용 발언은 자유민주주의 체제를 근간으로 삼고 있는 우리 헌법을 스스로 짓밟는 것"이라고 성명서를 발표했고, 한나라당은 대통령에 대한 탄핵소추 여부와 내각총사퇴 요구 등을 검토하기로 했습니다.

저는 이런 반응을 보면서 먼저 우리나라가 유신시대로 되돌아갔나 하는 착각에 빠졌습니다. 지극히 교과서적인 이야기를 가지고 왜 이렇게 호들갑을 떠는지……. 우리나라는 이미 중국, 베트남을 비롯한 여러 나라와 외교 관계를 맺고 있고, 특히 중국과는 한나라당 역시 밀접한 유대 관계를 맺어왔습니다. 거기다가 일본 공산당은 스탈린주의나 김일성주의하의 공산당하고는 달라도 한참 달라서 일찍이 1976년부터 '프롤레타리아 독재'를 강령에서 완전히 삭제했고, 북한과는 늘 사이가 좋지 않았으며, 1983년 버마 아웅산 테러로 우리 각료들이 다수 사망한 사건 이후에는 아예 북한과 교류를 단절해버리기까지 한 정당입니다. 이 같은 사실을 모를 리 없는 정치인들과 언론인들이 대통령의 발언을 거두절미하고 '공산당 허용'으로 받아들인 뒤, 그 위험성을 호소하는 풍경은 보기 거북했습니다.

다행히도 국민들은 이런 수준 낮은 선동에 응하지 않았고, 며칠 뒤부터는 색깔 시비가 더 이상 먹혀들어가지 않음을 깨달은 보수 언론조차 "폭력 혁명을 주장하지 않는 공산당은 허용되어 마땅하다."는 식의 외부 칼럼들을 게재함으로써 꼬리를 내렸습니다. 이 사건은 걱정했던 것보다 우리 사회가 많이 성숙했음을 보여주었지만, 동시에 '공산주의자가 될 자유'를 인정할 것인지의 여부가 우리나라에서 여전히 뜨거운 감자임을 확인시켜주기도 했습니다.

공산주의 허용 여부와 관련해서 가장 자주 사용되는 표현이 '방어적 민주주의'입니다. 방어적 민주주의란 민주적 기본질서를 부인하는 세력에 대해서까지 민주주의를 인정해주다가는 까딱하면 민주적 기본질서 자체를 완전히 잃어버리게 될 수 있으므로, 민주주의의 적들에 대해서는 방어가 불가피하다는 개념입니다. 1956년 8월 17일 독일 연방헌법재판소가 공산당을 위헌 정당이라며 해산할 때 사용한 논리가 헌법 이론으로 구체화된 것이지요.

민주주의의 핵심 요소라고 할 수 있는 것들(예컨대 헌법에 구체화된 기본권들, 특별히 생명과 인격의 자유로운 발현에 관한 개인의 권리 존중, 국민주권, 권력분립, 책임정치, 행정의 합법률성, 법원의 독립, 복수정당제와 정당의 기회 균등 등)을 인정하지 않는 당헌, 강령을 가지고 있거나 정당 간부의 활동에 비추어 이를 인정할 수 있으면, 위헌 정당으로 해산이 가능하다는 것이 그 내용입니다. 전통적인 공산당은 '프롤레타리아 독재' 및 이를 위한 '폭력혁명'을 당헌과 강령으로 명문화하고 있기 때문에 위에서 열거한 민주주의의 핵심 요소들에 대해 적대적이라 할 수 있고 따라서 그 해산은 정당성을 인정받게 됩니다. 한마디로 다른 자유는 모두 허용되지만, 민주주의를 뒤집어엎을 자유는 인정되지 않는다는 뜻입니다.

민주적 기본질서의 수호를 위해서, 그 근본을 흔들고자 프롤레타리아 혁명을 주장하는 공산당을 불법화할 수밖에 없다는 방어적 민주주의 주장은 일단 타당해 보이지만, 조심스럽게 다루지 않으면 굉장히 위험합니다. 우선 민주주의가 많이 성숙한 나라에서는 이런 논리가 실제로 적용될 일이 거의 없습니다. 방어적 민주주의가 처음 구체화된 독일에서도 1968년부터 공산당의 활동을 허용하고 있고, 통일 이후에는 동독 공산당이 이름만 바꾼 채 활동을 계속하고 있습니다. 탄탄한 민주주의의 기반이 형성된 이후에는 공산당이라 해도 굳이 방어적 민주주의의 이름 아래 해산할 이유가 없게 된 것입니다.

반대로 민주주의가 제대로 자리 잡지 못한 나라에서는 방어적 민주주의의 논리가 독재를 정당화하기 위해 얼마든지 악용될 수 있습니다. 박정희나 전두환 군사독재정권 아래에서 걸핏하면 북한 공산주의에 대항한다는 명분으로 민주주의를 탄압한 것이 좋은 예입니다. 원래는 공산주의자들처럼 우리가 도저히 이해할 수 없는 사람들을 '그럼에도 불구하고' 인정해주는 것이 사상의 자유라 할 수 있습니다. 그게 또 민주적 기본질서의 핵심이기도 하지요. 그런데 그 민주주의를 지키기 위해서 공산주의자들을 탄압하기 시작하면, 어느새 알맹이는 빠져버린 민주주의의 껍질만 남게 됩니다. 여기에 방어적 민주주의의 허점이 있는 것입니다. 따라서 알맹이 빠진 민주주의를 자랑스러워하며 사는 허수아비 시민이 되지 않으려면, 방어적 민주주의를 강조하는 사람들을 경계할 필요가 있습니다.

따지고 보면 양심의 자유, 사상의 자유, 종교의 자유가 그리 쉽게 구분되는 개념도 아닙니다. 왜냐하면 무신론도 일종의 신앙이라 할 수 있기 때문입니다. 저는 가끔 양심에 따른 병역 거부자들의 처벌을 강력하게 주장하는 보수적 기독교인들의 모습을 보면서 '중국에서 기독교인들을 탄압하는 공산주의자들의 모습이 저렇지 않을까' 하는 엉뚱한 생각을 해볼 때가 있습니다.

자기 종교의 자유를 지키려고 하는 시민이라면 누구나 다른 사람의 표현의 자유, 사상의 자유, 양심의 자유를 지켜주는 데 적극적이어야 합니다. 자기 사상의 자유를 지키려는 공산주의자라면 기독교인들의 종교의 자유를 지켜주는 데 남보다 더 열심일 수 있어야 합니다. 음란물에 대해서도 마찬가지입니다. 그게 어떻게 가능하냐고요? 예를 들어 마광수의 《즐거운 사라》가 출판되었다고 칩시다. 기독교인들은 그 작품에 대해 청소년의 영혼을 좀먹는 쓰레기 같은 책이라며 구입 거부 운동을 벌일 수 있습니다. 서점 앞에서 "기독교인이라면 《즐거운 사라》 같은 쓰레기를 파는 이런 서점에서 절대로 책을 구입해서는 안 됩니다."라고 쓰인 피켓을 들고 보이콧을 선동하는 시위를 벌여도 좋습니다. 이것도 역시 표현의 자유이기 때문입니다. 그러나 국가 공권력이 《즐거운 사라》의 저자 마광수를 붙잡아가려고 할 때에는, 마광수와 어깨를 걷고 함께 싸울 수 있어야 합니다. '하나님의 음성을 듣는다'는 기독교 서적이 청소년들의 이성을 마비시킨다는 명분으로 판매 금지되고 저자가 붙잡혀가는 사태를 막기 위해서라도, 이는 반드시 필요한 태도입니다. 종교의 자유, 양심의 자유, 사상의 자유가 일종의 형제 관계이듯, 그 우산 아래 보호를 받는 우리 '이상한 사람들'도 헌법 아래에서는 일종의 형제이기 때문입니다.

이것이 바로 '그럼에도 불구하고' 여러 기본권을 인정한 헌법 정신입니다. 결국 '관용' 또는 '똘레랑스'라 표현되는 '서로 받아들임'의 정신과 일맥상통하는 것이지요.

7장

말하지 않을 권리, 그 위대한 방패

아무 말도 안 하는 것이야말로 진실을 만들어 나가는 데 있어서 피의자·피고인이 갖는 가장 강력한 수단입니다. 검사에 비해서 아무 무기도 지니지 못한 나약한 피의자·피고인이 그나마 존엄성을 지키고 자신을 방어할 수 있도록 마련된 절대적인 무기가 진술 거부권인 것입니다.

형사피고인은 유죄의 판결이 확정될 때까지는 무죄로 추정된다. (헌법 제27조 제4항)

모든 국민은 신체의 자유를 가진다. 누구든지 법률에 의하지 아니하고는 체포·구속·압수·수색 또는 심문을 받지 아니하며, 법률과 적법한 절차에 의하지 아니하고는 처벌·보안처분 또는 강제노역을 받지 아니한다. (헌법 제12조 제1항)

모든 국민은 고문을 받지 아니하며 형사상 자기에게 불리한 진술을 강요당하지 아니한다. (헌법 제12조 제2항)

체포·구속·압수 또는 수색을 할 때에는 적법한 절차에 따라 검사의 신청에 의하여 법관이 발부한 영장을 제시하여야 한다. 다만 현행범인인 경우와 장기 3년 이상의 형에 해당하는 죄를 범하고 도피 또는 증거인멸의 염려가 있을 때에는 사후에 영장을 청구할 수 있다. (헌법 제12조 제3항)

누구든지 체포 또는 구속을 당한 때에는 즉시 변호인의 조력을 받을 권리를 가진다. 다만 형사피고인이 스스로 변호인을 구할 수 없을 때에는 법률이 정하는 바에 의하여 국가가 변호인을 붙인다. (헌법 제12조 제4항)

누구든지 체포 또는 구속의 이유와 변호인의 조력을 받을 권리가 있음을 고지받지 아니하고는 체포 또는 구속을 당하지 아니한다. 체포 또는 구속을 당한 자의 가족 등 법률이 정하는 자에게는 그 이유와 일시·장소가 지체 없이 통지되어야 한다. (헌법 제12조 제5항)

누구든지 체포 또는 구속을 당한 때에는 적부의 심사를 법원에 청구할 권리를 가진다. (헌법 제12조 제6항)

피고인의 자백이 고문·폭행·협박·구속의 부당한 장기화 또는 기망 기타의 방법에 의하여 자의로 진술된 것이 아니라고 인정될 때 또는 정식 재판에 있어서 피고인의 자백이 그에게 불리한 유일한 증거일 때에는 이를 유죄의 증거로 삼거나 이를 이유로 처벌할 수 없다. (헌법 제12조 제7항)

검사 또는 사법경찰관은 피의자를 신문하기 전에 다음 각 호의 사항을 알려주어야 한다.
1. 일체의 진술을 하지 아니하거나 개개의 질문에 대하여 진술을 하지 아니할 수 있다는 것 2. 진술을 하지 아니하더라도 불이익을 받지 아니한다는 것 3. 진술을 거부할 권리를 포기하고 행한 진술은 법정에서 유죄의 증거로 사용될 수 있다는 것 4. 신문을 받을 때에는 변호인을 참여하게 하는 등 변호인의 조력을 받을 수 있다는 것 (형사소송법 제244조의 3 제1항)

우리 헌법에는 형사소송법 규정으로 보아도 무리가 없는 조문들이 많습니다. 이는 우리 헌법뿐만 아니라 미국을 비롯한 여러 나라가 택하고 있는 입법 방식이기도 합니다. 신체의 자유, 자백의 증거능력, 형벌 불소급, 일사부재리, 소급 입법 금지, 연좌제 금지 등 형사소송법상의 권리들이 헌법상 보장된 기본권의 핵심에 위치합니다. 그러나 헌법에 보장된 이 많은 권리들에도 불구하고 우리나라 형사 절차의 현실은 여전히 어둡기만 합니다.

헌법이 보장하는 권리 중에 학자들이나 언론으로부터 가장 많은 조명을 받아온 것이 '말할 자유'입니다. 언론·출판·집회·결사의 자유로도 불리는 말할 자유는 정치적 자유권의 핵심이라 할 수 있습니다. 그러나 말할 자유가 각광을 받는 동안, 그 못지않게 중요한 '말하지 않을 권리'는 법률가들의 직무 유기로 인해 거의 잊혀진 권리로 전락하고 말았습니다.

무죄의 추정

텔레비전을 켜면 우리는 언제든지 사건·사고 소식을 접할 수 있습니다. 한 예로 2004년 1월 12일 KBS 9시 뉴스를 한번 살펴봅시다. 이날은 케이블 방송사에서 증권분석가로 일하던 40대가 1년 동안 강도·절도 행각을 벌이다가 붙잡혔다는 상당히 충격적인 보도가 나왔습니다. 기자는 서울 이태원동과 강남 고급 주택가에 지난해 봄부터 싹쓸이 강도와 절도가 잇따랐으며 외교관 사택도 털렸다는 사실을 보도한 후, 놀랍게도 케이블 방송사의 증권 프로그램을 진행했던 증권투자전문가가 범인이라고 밝혔습니다. 그리고 바로 피의자인 한모 씨의 모습이 화면 가득히 나타났지요.

수건으로 가리고 있어서 얼굴은 볼 수 없었지만, 형사로 보이는 사람이 그의 옆모습이 카메라에 잡히도록 목덜미를 붙잡은 채 고개를 들고 있어서 한모 씨의 목소리만은 뚜렷하게 들을 수 있었습니다. 한모 씨는 "빚이 많았어요. 주식 투자에 실패했죠. 욕심이 많아 그랬습니다. (작전) 세력에 따라가다가 잘못된 거죠."라고 이야기했습니다. 수건으로 얼굴을 가렸다는 점에서 그래도 이 정도면 양반입니다. 조직폭력배들을 붙잡았을 때는 이보다 훨씬 험한 장면도 볼 수 있지요.

2003년 8월 27일 SBS 뉴스의 전형적인 조직폭력배 검거 소식을 예로 들어볼까요. 이날 기자는 인천국제공항 일대를 무대로 활동해온 조직폭력배들을 검거하는 현장에 동행했습니다. 시청자들의 눈앞에는 가스총을 든 형사들이 폭력배들의 차량이나 숙소를 덮치면서 난투극을 벌이는 충격적 장면이 펼쳐집니다. 여기까지가 좀 특별한 보도였다면, 이후의 장면들은 우리에게 매우 익숙한 것입니다.

신공항파 조직원 20여 명 가운데 두목 최모 씨를 포함한 9명이 경찰에 검거되었다는 소식과 그 피해자들의 이야기가 흘러나오는 동안, 화면에는 누가 봐도 무지막지해 보이는 조직폭력배들이 수갑을 차고 고개를 푹 숙인 채 굴비 엮이듯 줄줄이 묶여 경찰관들에게 끌려 들어옵니다. 잠시 후에는 이들이 경찰서 땅바닥에 일렬로 죽 앉아 있는 장면도 비춰줍니다. 이들로부터 압수한 야구방망이, 식칼 등을 함께 보여주는 것도 전형적입니다. 이날 보도에서는 나오지 않았지만, 붙잡힌 조직폭력배들의 웃통을 벗은 뒷모습을 비춰주는 것도 우리에게 그리 낯설지 않습니다. 웃통을 벗은 이들의 등에는 용이나 호랑이, 뱀 같은 보기에도 끔찍한 문신이 새겨져 있는 것이 보통입니다. 과거에는 이렇게 붙잡힌 조직폭력배들의 얼굴까지 마구 비춰준 적이 많았는데, 요즘은 그래도 얼굴은 비추지 않고 수갑을 모자이크 처리하고 있으니 많이 나아졌다고 할 수 있을지 모르겠습니다. 어쨌거나 이런 장면을 볼 때마다 우리는 혀를 끌끌 차며 "저런 못된 놈들이 있나." 하는 이야기를 나누기 마련입니다.

워낙 이런 장면을 많이 보다 보니, 이제 어지간한 장면에는 무감각해져 버렸고 무엇이 문제인지도 모르게 되었습니다. 그러나 이런 장면들은 모두 "형사피고인은 유죄의 판결이 확정될 때까지는 무죄로 추정된다."는 헌법 제27조 제4항의 무죄 추정의 원칙에 위반되는 것입니다. 헌법이 이미 명확하게 이야기하고 있다시피 유죄 판결은 1심, 2심 판결을 의미하는 것이 아니라 확정된 판결만을 의미하는 것입니다. 비록 1심 재판에서 실형을 선고받았다 해도, 피고인이 항소하여 2심 재판이 시작되었다면 무죄 추정은 계속됩니다. 2심 재판에서 실형을 선고받았다 해도, 대법원에 상고하였다면 마찬가지로 무죄 추정을 받습니다. 이런 경우에는 대법원 판결이 확정되었을 때에 비로소 무죄 추정이 깨지게 되는 것입니다. 다만 피고인이 1심, 2심 판결에서 유죄 판결을 받고 상소(항소와 상고를 모두 포함한 개념)하지 않은 경우에는 선고를 받은 날로부터 일정 기일(보통 7일)이 경과됨으로써 판결이 확정되어 무죄 추정이 깨집니다. 아직 기소조차 되지 않아 피의자에 불과한 위의 증권 분석가나 조직폭력배들은 당연히 무죄 추정을 받습니다.

무죄 추정을 받는 사람은 비록 수사기관에 체포·구속되어 있다 하더라도, 여러분이나 나와 전혀 다를 바 없이 보호를 받아야 하는 시민입니다. 따라서 수사기관은 강도·절도 행각을 벌인 증권분석가나 조직폭력배들을 영장에 의하여 체포·구속할 수는 있지만, 그렇다고 그들의 신체를 수사기관 마음대로 휘두를 수는 없습니다. 구속영장 어디에도 조직폭력배들의 웃통을 벗겨 카메라 앞에 드러나게 해도 좋다는 표현은 없습니다. 검찰이나 경찰이 범죄자들에게 수갑을 채워 붙잡아갈 수는 있지만, 그들을 땅바닥에 앉힌 채로 카메라에 뒷모습이 잡히게 하거나, 수건을 씌운 채로 억지로 기자의 질문에 답변하도록 강요할 권한은 없습니다. 설마 위의 피의자들이 자발적으로 웃통을 벗고 카메라 앞에 섰다거나, 앞장서서 수건을 뒤집어쓰고 질문에 응했다고 강변할 사람은 없겠지요. 정상적인 사고 능력을 지닌 사람이라면 누구라도 자발적으로 그런 일을 하지는 않습니다.

수사기관 앞에서도 진술 거부권을 보장받는 피의자들이 텔레비전 카메라 앞에서 진술해야 할 의무는 전혀 없습니다. 그런데 피의자 자신은 아무리 카메라에 찍히고 싶지 않아도 안 찍힐 방법이 없다는 것이 문제입니다. 기껏해야 수건을 뒤집어쓰거나 점퍼를 끌어당겨 얼굴을 가리는 것이 고작인데, 사람들은 수건을 뒤집어쓰거나 점퍼로 얼굴을 가린 모습을 보면서 그들이 유죄라고 더욱 확신하게 됩니다. 그런 상태에서 들이댄 카메라에 한마디씩 하는 것이 여과 없이 텔레비전에 방영되고 있으니 이보다 더한 인권 침해도 찾기 힘듭니다.

얼굴을 가리는 것만으로 충분하지 않느냐고 반문할 분이 있을지도 모르겠습니다. 그렇지 않습니다. 만약 위의 화면들이 경찰서 바깥에서 촬영된 것이라면 또 모릅니다. 피의자들이 경찰서로 붙잡혀 들어가는 것을 기자들이 바깥에서 촬영하여 방송에 내보낸 것이라면 그걸 막지 못한 것에 대해 수사기관의 책임을 물을 수는 없습니다. 그러나 위의 화면들은 하나같이 경찰서 안에서 형사들의 과도한 '협조'를 받으며 만들어진 것입니다. 과연 조직폭력배들이 웃통을 벗어 문신이 드러나는 포즈를 취하도록 카메라 기자가 요청했을까요? 카메라 기자가 요청했다 하더라도, 이는 조직폭력배들이 옷을 벗도록 형사들이 적극적으로 협조했기에 가능한 일입니다. 이런 화면은 기자들과 수사기관의 공모 없이는 절대로 만들어질 수 없습니다.

그렇다면 기자들과 수사기관은 왜 이런 일에 서로 협력하는 것일까요? 이것도 간단합니다. 기자들은 언제나 '그림'이 필요합니다. 동영상이 없는 9시 뉴스를 상상해본 적이 있으십니까? 세상에 그보다 더 재미없는 것도 없을 겁니다. 텔레비전 기자들은 어떤 상황에서도 화면을 만들어내야만 합니다. '화면 없이는 보도 없다'는 표현이 더 적절할지도 모릅니다. 그러니 기자들은 밀고 들어가서라도 무조건 시청자들의 구미에 맞는 화면을 만들어내야 한다는 강박에 시달리게 되지요.

수사기관은 자신들의 업적을 홍보할 기회에 목말라 있습니다. 보도는 크게 나올수록 좋습니다. 라디오보다는 신문이 좋고, 신문보다는 확실히 텔레비전이 유리합니다. 텔레비전 앞에서 형사반장으로서 인터뷰라도 한 번 하면 다음 날 가족, 친지들로부터 축하 전화가 쏟아집니다. 어디서 뭘 하는지도 몰랐던 초등학교 동창에게서도 연락이 옵니다. 자기에게 아무런 관심도 주지 않던 몇 단계 위의 상관에게도 기분 좋은 칭찬을 듣습니다. 승진에 유리한 건 두말할 필요도 없습니다. 윗

사람은 윗사람대로 이 보도 덕분에 더 높은 분의 칭찬을 듣게 되었으니 해당 형사를 예뻐할 수밖에 없습니다. 자연히 기자들의 취재에 경쟁적으로 협조하고 필요하다면 연출도 서슴지 않습니다. 이렇게 기자와 수사기관의 이해관계가 일치하는 순간, 피의자의 인권은 온데간데없이 사라집니다.

혹시 아직까지도 이게 왜 인권 침해인지 이해하지 못한 분이 있다면, 좀 다른 경우를 생각해보십시오. 뇌물을 받은 국회의원이나 장관이 검찰청 조사실에서 얼굴에 수건이나 점퍼를 뒤집어쓴 채 목소리로만 인터뷰하는 것을 들은 적이 있는지요. 구속된 전직 검사의 웃통 벗은 뒷모습을 찍은 화면을 본 일은 있는지요. 물론 없을 겁니다. 그런데 왜 강도·절도 피의자나 조직폭력배들은 이런 대접을 받는 것일까요? 국회의원이나 장관이 적절한 예가 아니라고 생각한다면, 의정부 여중생들을 사망에 이르게 한 미군 병사들의 경우를 생각해보십시오. 의정부 사건의 미군 병사들은 아주 흐리게 처리된 화면으로 멀리서 그들의 그림자 비슷한 것을 볼 수 있었을 뿐입니다.

이런 경우들과 비교해보면, 방송과 수사기관이 무죄 추정의 원칙을 적용하는 데에서 명백한 차별행위를 하고 있음을 알 수 있습니다. 국회의원이나 장관 또는 미군 병사처럼 권력이 있거나 함부로 다루었다가 손해배상 청구 소송을 당할 가능성이 있는 상대방에게는 무죄 추정의 원칙에 따라 사생활을 보호해주고, 그렇지 못한 피의자들에게는 '유죄 추정의 원칙'을 적용하고 있는 것입니다.

언론이 수사기관의 과도한 협조를 받아 '그림'을 만들어내는 관행은 2011년에도 별로 나아지지 않았습니다. 기자들은 여전히 조사받는 피의자에게 아무 때나 카메라를 들이댑니다. 그걸 은근히 즐기는 수사기관의 태도도 여전합니다. 검찰의 발표나 '빨대'들이 흘리는 이야기를 그대로 받아 적는 언론의 나태한 보도 관행은 노무현 전 대통령의 죽음 이후에도 전혀 개선되지 않았습니다. 눈 밝은 독자라면 신문에서 매일같이 그런 '받아쓰기' 기사를 찾아낼 수 있습니다.

2011년 가을 곽노현 교육감이 검찰에 소환되어 조사를 받은 날에도 기자들은 마치 바로 옆에서 피의자 신문을 직접 지켜보기라도 한 것처럼 기사를 썼습니다. "박명기 서울교대 교수에게 돈을 주기로 약속하고 후보 단일화를 한 것 아닌가요?"(수사 검사) "그런 사실이 없습니다. 저는 박 교수의 처지가 딱해 보여 선의로 2억 원을 준 것입니다."(곽노현 서울시 교육감) 이처럼 문답식의 생중계로 기사 첫머리를 장식한 신문도 있었습니다. 그 신문은 "검사 질문에 동석한 김칠준 변호사와 상의를 거쳐 답변을 내놓는 신중함을 보였다. 곽 교육감은 그러나 그동안의 정신적·육체적 피로가 누적된 듯 조사 시간이 길어지면서 점점 지쳐 갔다."라는 상세한 묘사도 곁들였습니다.[1] "질문마다 변호사와 상의해 대답하고도 진술조서를 고치고 또 고치고……."라고 써서 곽 교육감을 우습게 만든 신문도 있었습니다.[2]

기자가 피의자 신문에 함께했을 리가 없는데, 도대체 어떻게 이런 보도가 가능할까요? 가능성은 두 가지입니다. 기자가 소설을 썼거나, 아니면 피의자 신문에 참여한 누군가가 이야기를 흘렸거나. 만약 기자가 소설을 썼다면 보도 윤리에 문제가 있는 것이고, 조사 장소에 있던 검사나 수사관이 이야기를 흘렸다면 피의사실공표죄 또는 공무상비밀누설죄로 책임을 져야 합니다. 어쩌면 두 가지 모두일 수도 있습니다. 조사하다가 잠깐 담배 피우러 나온 검사나 수사관이 몇 마디를 흘리고, 기자가 거기에 살을 붙이고 윤색해서 기사를 만들어냈을 수도 있으니까요. 취재에는 전혀 관여하지 않은 숙련된 데스크가 그럴듯하게 가필을 했을 개연성도 큽니다. 실제로 현장에 있었던 김칠준 변호사는 "이틀 동안 곽 교육감이 조사를 받으면서 변호사와 상의하면서 답변한 사실은 전혀 없다. 피의자가 변호사와 상의를 하며 답변을 했다면 당연히 검사가 이를 제지했을 것이다."라고 밝혔습니다.[3] 뒤에서 말씀드릴 변호인 참여권 규정의 문제점 때문에 김칠준 변호사가 그렇게 하려고 해도 검사가 그냥 놓아두었을 리 없습니다. 결국 미국 법정 영화에서나 볼 수 있는 광경을 상상해서 곽 교육감을 우습게 만드는 데 활용한 셈인데요, 김칠준 변호사의 외침처럼 이런 기사를 통해 언론과 검찰은 본연의 소임을 버리고 소설가로 변신합니다.

심지어 곽 교육감에 대한 구속영장이 발부된 직후 서울구치소로 향하던 호송 차량을 담당 검사가 갑자기 회차시켰다는 이야기도 들립니다. 구속영장이 발부되어 집행된 것이 새벽 2시였기 때문에 기자들이 곽 교육감의 사진을 제대로 찍지 못하자, 검사가 기자들에게 사진 찍을 기회를 제공하기 위해 차를 돌리게 했다는 것입니다.[4] 정말 믿기 어려운 일입니다. '그림'이 필요한 기자와 홍보 기회에 목마른 수사기관의 결탁이 어제오늘 시작된 일은 아닙니다만, 검사가 이렇게까지 노골적으로 피의자를 망신 주는 일은 흔치 않습니다. 단기적으로는 검찰이 언론을 이용해서 여론을 주도할 수 있을지 모르지만 장기적으로는 시민들의 신뢰를 잃는 어리석은 처사입니다.

사회 전체의 분위기도 바뀔 필요가 있습니다. 누가 어떤 범죄 혐의로 구속되었다고 하면, 신문이든, 방송이든, 개인이든 혹시 그가 무죄일지도 모른다는 생각을 하는 이는 거의 없습니다. 오직 피의자들을 향해 돌을 던지는 사람들만이 있을 뿐입니다. 그리고 그 순간 피의자의 인생은 끝나게 됩니다. 나중에 그들 중 일부가 무죄 판결을 받는 경우가 가끔 있지만 이미 사람들의 머릿속에 유죄로 각인되어버린 피의자·피고인들의 인생은 되돌릴 길이 없습니다. 언론은 새로운 먹이에게 유죄 추정의 덫을 덮어씌우느라 정신이 없어서 과거에 이미 희생되어 버린 먹이에게는 관심을 쏟지 않습니다. 따라서 일단 수사기관의 표적이 되면 다른 곳에서 진범이 붙잡히거나 본인이 사망하지 않는 이상, 설사 무죄 판결을 받는다 해도 '여론의 유죄 확정 판결'로부터 벗어나기 어렵습니다.

피의자 단계에서는 이렇게 철저하게 사람을 죽여놓고 나서, 의외로 최종 판결에서는 관대한 것이 우리 법원의 특징이기도 합니다. 구속된 피고인이 일정 기간 이상 구금 상태를 거치고 나면 "그 정도로 처벌은 충분하니, 유죄 판결을 하지만 집행은 유예한다."는 애매한 태도를 취할 때가 많다는 이야기입니다. 최종 판결이 처벌이 되는 것이 아니라 구속 자체가 이미 처벌이 되어버린 셈이지요. 이 부분에 대해서는 2001년 당시 서울지방법원에서 형사단독을 맡고 있던 윤남근 판사가 형사실무연구회 주제발표를 통해 충분히 지적한 바 있습니다. 구속은 어디까지나 수사를 위한 수단일 뿐인데, 그게 처벌로 변한 것이 문제라는 이야기입니다. 미국은 수사 초기에 피의자를 구속하며 조사한 다음, 그를 풀어주어 불구속 상태에서 재판을 진행하고, 유죄가 확정된 후에야 비로소 중형을 선고하여 범죄자를 감옥에 보내는데 이와 완전히 상반되는 것이 우리 현실이지요.

그야말로 구석구석 '유죄 추정의 원칙'이 지배하는 우리나라입니다. 이미 되돌리기에는 너무 멀리 와 있는지도 모르지만, 그렇다고 희망을 버려서는 안 되겠지요. 우선 일선에 있는 수사기관들부터 정신을 차려야 합니다. 공명심에 휩싸여 언론에 피의자들의 신체와 사생활을 함부로 넘겨주는 행위부터 당장 중단해야 합니다. 피의자들의 옷을 벗기거나, 카메라가 함부로 경찰서 안으로 들어오게 하는 것은 명백한 불법행위이자 권력 남용입니다. 이런 행위를 수사기관이 스스로 중단하지 않는다면, 피의자들도 용기 있게 이런 수사기관들을 상대로 손해배상 청구 소송을 제기해야 합니다. 나중에 유죄 확정 판결을 받은 피의자라 하더라도 판결이 확정될 때까지는 무죄로 추정되며, 당연히 보호받아야 할 권리가 있습니다. 이런 권리가 침해되었을 때, 소송 등을 통해 자기 권리를 되찾는 것은 파렴치한 행위가 아니라 용감한 시민다운 행동입니다.

무죄 추정과 관련하여 최근 희망적으로 떠오르는 것이 SNS(소셜 네트워크 서비스) 여론의 변화 조짐입니다. 시민들은 수사기관과 언론의 결탁에 순순히 넘어가지 않습니다. 트위터를 비롯한 SNS에서는 곽 교육감 사건에서 보인 보수 언론과 검찰의 행태를 두고 비판이 빗발쳤습니다. 무죄 추정의 원칙이 이렇게 각광을 받은 적이 있었나 싶습니다.

그러나 그 과정에서 조금 위험한 면도 눈에 띕니다. 곽노현 교육감의 공직선거법 위반 논란이 시작된 후 텔레비전 토론 프로그램이나 인터넷에서 곽 교육감이 유죄라는 취지로 발언하는 사람들이 있었습니다. 주로 한나라당이나 보수 진영의 토론자들이었습니다. 그럴 때마다 진보 진영에 속한 토론자들은 "무죄 추정의 원칙도 모르느냐? 당신은 지금 명예훼손을 하고 있다."는 식으로 공격했습니다. 이 공격은 생각보다 잘 먹혀들어서 보수 진영의 토론자가 그 말을 듣고 당황해서 말을 더듬는 경우도 있었습니다. 그 모습을 고소해하며 진보 진영 검투사의 승리를 자축하는 글도 여럿 보았습니다. 그런데 그런 일이 진행되는 한편에서는 전혀 다른 장면이 벌어집니다. 무죄 추정의 원칙을 들어 곽 교육감을 옹호하던 네티즌들이 부산저축은행 로비 의혹 사건의 박태규 씨, 김두우 청와대 홍보수석, 신재민 전 문화체육부장관 후보자 등을 구속 수사하라며 맹비난을 퍼붓고 있는 것입니다. 유죄 확정 판결을 받지 않기는 박태규, 김두우, 신재민 씨도 곽 교육감과 똑같은 처지인데 말이지요. 무죄 추정의 원칙이 '남이 하면 불륜, 내가 하면 로맨스'라는 식으로 적용되는 이상한 상황입니다. 우리 사회가 민주와 법치를 향해 점차 발전해 나가면서 무죄 추정의 원칙에 대해서도 과거보다 더 깊은 이해가 필요한 시점이 온 것입니다.

무죄 추정의 원칙은 형사 절차에서 피고인의 유죄를 입증할 책임이 국가 또는 검찰에게 있다는 데서 출발합니다. '의심스러울 때는 피고인의 이익으로'라는 형사소송법의 대원칙과 같은 맥락에서 나온 것이죠. 검찰이 합리적인 의심을 넘어설 정도로 강력한 유죄의 확신을 판사에게 심어주지 못하는 한 법원은 피고인에게 무죄를 선고해야 합니다. 불구속 수사 원칙도 무죄 추정을 받는 피고인의 방어권을 충분히 보장하기 위한 것입니다.

구속된 피고인이 공판정에 나갈 때 수의를 입도록 강제하지 못한다는 1999년 헌법재판소 결정도 무죄 추정의 원칙에서 나왔습니다.[5] 수의를 입은 피고인의 모습을 보면 누구라도 그 사람이 유죄라고 판단하게 되고, 피고인도 위축됩니다. 그래서 미국 같은 경우 아무리 구속 중인 피고인이라 하더라도 법정에 나올 때는 죄수복을 벗고 양복으로 갈아입습니다. 헌법재판소 결정에 따라서 우리나라도 1999년부터는 피고인들이 법정에 나갈 때 수의 대신 사복을 입을 수 있습니다. 하지만 헌법재판소 결정이 나온 이후에도 구속된 피고인 대부분은 여전히 수의를 입은 채 공판정에 나오고 있습니다. 사복을 입고 나갈 권리가 있다는 사실을 모르기 때문이지요. 재판에 참석할 때 사복을 착용할 수 있다는 사실을 교도소장이 구속된 피고인에게 알려주지 않아도 그만이라는 헌법재판소의 최근 결정 때문에 앞으로도 당분간은 이런 상황이 개선될 것 같지 않습니다.[6] 결국 구속 피고인이 공판정에서 사복을 입을 권리는 아직까지 '아는 사람에게만 열려 있는 권리'인 셈입니다.

무죄 추정의 원칙은 가끔 사람들의 상식에 어긋나는 결론을 이끌어내기도 합니다. 장자연 씨가 자살로 삶을 마감하고 2년이 지난 뒤 일부 언론은 장 씨가 숨지기 전 여러 사람에게 정체불명의 고액 수표를 받았다고 보도했습니다.[7] 이 수표들은 장 씨가 숨지기 4, 5개월 전만 해도 그녀의 계좌에 들어오고 나갔다고 합니다. 경찰은 100만 원이 넘는 고액 수표의 주인 20~30명을 대상으로 경위를 조사했지만, "우연히 지인들과 만난 식사 자리에서 알게 됐는데, 식사 자리를 즐겁게 해 준 것에 사례한 것이다. 다른 이유는 없었다."라거나 "골프장에서 운동을 하다가 우연히 장 씨를 알게 됐고, 생활이 어려워 보여서 그냥 돈을 줬다."라는 식의 해명을 듣는 데 그쳤습니다. 나름대로 돈을 받은 이유를 확인하는 데 총력을 기울였지만, 돈을 준 사람들이 그런 식으로 진술하는 상황에서 수사를 진행할 방법이 없었다는 게 경찰의 변명입니다. 수표가 나왔어도 유가족 등 관련자들의 사생활이 관계된 부분이 었고 범죄 관련성이 확인되지 않았기 때문에 수사 결과 발표에도 포함할 수 없었다고 합니다.

〈한겨레〉의 정재권 논설위원은 고액 수표가 얼마나 나왔는지, 주인은 누구인지, 왜 경찰은 수표 주인을 수사하고도 발표하지 않았는지, 상식 수준에서 의문을 제기합니다. 수표를 건넨 이유를 확인하기 어려웠으리라 인정하면서도, 혹시 경찰이 '판도라의 상자'를 열고도 애써 모른 체하거나 스스로 뚜껑을 닫은 것이라면 명백한 직무 유기라고 일갈합니다.[8] 누구라도 가질 법한 의문입니다. 장자연 씨를 성적으로 착취한 기득권자들을 보호하느라 경찰이 비겁한 술수를 썼다고 생각할 수도 있습니다.

그러나 그 사람들을 처벌하려면 우선 근거 규정이 무엇인지부터 생각해야 합니다. 단순히 여배우에게 수표를 주거나 성관계를 맺었다고 해서 상대방을 무조건 처벌할 수는 없기 때문입니다. 장 씨 소속사의 대표가 1심에서 유죄 판결을 받기는 했지만 처벌 이유는 장 씨를 페트병으로 때린 폭행이었습니다. 이른바 '성 상납'과 관련한 처벌은 아니었습니다. 장 씨에게 수표를 준 사람들에 대한 처벌 규정을 찾기란 더욱 어렵습니다. 소속사 사장이 장자연 씨를 억지로 술자리에 참석케 하고 성관계를 맺게 했다는 것이 입증될 경우 강요죄 적용이 가능합니다. 약간 무리하게 법 적용을 하면 접대를 받은 사람까지 강요죄의 공범으로 처벌할 수 있습니다. 좀 더 무리한 해석을 하면 성 접대를 재산상 이익에 포함하는 배임수재 적용도 불가능하지는 않습니다. 장자연 씨가 돈을 받고 성관계를 맺었다면 물론 상대방 남성들을 처벌할 수 있습니다. 그러나 이 모든 것은 당사자들이 이런 내용을 자백할 때에나 가능한 이야기입니다. 당사자들이 이를 부인하는 상황에서 장자연 씨의 진술 없이 수표가 오간 기록의 존재만으로 이를 입증할 방법은 없습니다. 상대방들의 유죄를 입증할 책임은 당연히 수사기관에 있기 때문입니다. '의심스러울 때는 피고인의 이익으로'라는 원칙은 여기서도 예외 없이 적용됩니다. 유죄 입증이 불가능한 상황에서 수표가 나왔다는 이유만으로 그 사람들을 불러 조사하고 공개적으로 망신을 주어서는 안 됩니다. 그게 무죄 추정의 원칙입니다. 안타깝지만 도리가 없습니다.

피의자·피고인은 형사 절차에서 무죄를 추정받을 뿐만 아니라 그밖의 영역에서도 무죄 추정을 받습니다. 예컨대 과거 변호사법은 변호사가 형사 사건으로 기소되면 법무부 장관은 판결이 확정될 때까지 그 변호사의 업무를 정지시킬 수 있도록 규정하고 있었습니다. 기소될 정도의 죄를 저지른 변호사라면 아직 유죄 판결을 받지 않았더라도 변호사 일을 못하도록 해서 다른 피해를 막아야 한다는 취지로 마련된 규정입니다. 변호사에게는 일반인보다 높은 공공성과 윤리가 요구된다는 명분이었지요. 이 규정은 1973년에 처음 변호사법에 들어왔습니다. 도입 시기에서 미루어 짐작할 수 있다시피 실제로는 박정희 군사독재정권이 인권 변호사들에게 겁을 주어 재갈을 씌우기 위해 만든 규정입니다. 이태영, 한승헌, 강신옥 변호사 같은 분이 이 규정 때문에 오랜 기간 변호사 일을 하지 못했습니다. 1990년 헌법재판소는 이 규정이 위헌이라고 판단했습니다. 기소된 범죄가 얼마나 중한지, 심지어 과실범인지도 가리지 않고 무조건 업무 정지 처분을 할 수 있도록 한 것은 잘못이라는 판단입니다. 또한 법무부장관은 기소를 담당하는 검사를 일반적으로 지휘·감독하는 존재입니다. 그런데 원래 징계 처분은 중립적인 제3자가 관여하여 징계 여부를 판단하는 것이 바람직합니다. 따라서 검사를 지휘하는 법무부장관이 업무 정지 명령까지 내리게 되면 이와 같은 중립성을 훼손하는 문제를 낳습니다. 업무 정지라는 엄청난 불이익을 주면서 이의를 제기하는 절차를 마련하지 않은 것도 잘못이었습니다. 헌법재판소는 이런 이유로 위헌 결정을 내리면서 무죄 추정의 원칙은 형사 절차뿐만 아니라 그밖의 기본권 제한에도 적용된다고 선언했습니다.[9] 곽노현 교육감이 법원에서 유죄 판결이 확정될 때까지는 교육감의 지위를 그대로 유지할 수 있는 것도 바로 이와 같은 원칙에 따른 것입니다. 물론 구속된 동안에는 현실적으로 교육감의 업무를 수행할 수 없기 때문에 그 직무가 정지되고, 보석으로 풀려날 경우에는 다시 직무를 계속할 수 있지요.

무죄 추정의 원칙이 형사 절차뿐만 아니라 그밖의 기본권 제한에도 적용되는 것은 사실이지만, 그 범위가 세상 모든 일에 미치는 것은 아닙니다.[10] 언론이나 개인이 피의자나 피고인을 유죄라고 예상하여 비판하는 것은 무죄 추정의 원칙과 상관이 없습니다. 만약 언론이나 개인이 피의자·피고인을 비판하는 것까지 무죄 추정의 원칙 위반이라고 한다면, 표현의 자유라는 헌법적 가치가 근본적으로 훼손되기 때문입니다. 따라서 언론이 장자연 씨 사건을 심층 취재하여 보도한다고 해서 무죄 추정의 원칙을 위반하는 것은 아닙니다. 곽노현 교육감이 유죄 판결을 받기 전이라도 언론은 그의 유죄를 예상하는 기사를 쓰거나 유죄의 기초가 되는 사실을 취재해 보도할 수 있습니다. 방송 토론에 나온 토론자가 그런 언론 보도를 기초로 해서 곽 교육감의 유죄를 단정하는 발언을 한다 해도 역시 무죄 추정의 원칙과는 직접 관련이 없습니다. 아무 때나 무죄 추정의 원칙을 들이대며 상대방의 입을 막고 구석으로 몰아붙이는 기법은 아고라를 아레나로 변질시키는 매우 위험한 토론 방법입니다. 무죄 추정을 받는 피의자·피고인에 대한 비판은, 사실을 본질적으로 왜곡하는 명예훼손 수준에 이르지 않는 한 표현의 자유로 보호받아야 합니다. 표현의 자유는 무죄 추정의 권리 못지않게 중요한 헌법상의 기본권이기 때문입니다. 장자연 씨와 관련된 것으로 알려진 신문사 사주 일가에게는 무죄 추정의 권리가 있지만, 그 진위를 확인하기 위해 국회 대정부 질문에서 이를 공개한 이종걸, 이정희 의원은 면책 특권으로 보호받아야 하는 것도 같은 맥락입니다.

무죄 추정의 원칙이든 표현의 자유든 우리 편과 상대편 모두에게 적용되는 것임을 잊어서는 안 됩니다. 이런 오해와 이해의 과정을 통해서 헌법상의 기본권이 우리 일상 속으로 서서히 스며들게 됩니다. 시행착오는 있더라도 논란이 벌어지는 것 자체가 부정적인 일은 아니죠.

피의자 신문은 임의수사다

수사를 하는 사람이든 수사를 받는 사람이든 누구나 반드시 기억해야 할 것이 하나 있습니다. 그것은 수사에는 임의수사와 강제수사가 있다는 사실입니다. 임의수사와 강제수사의 구별은 형사소송 절차를 이해하는 아주 중요한 출발점입니다.

임의수사와 강제수사를 구별하는 기준이 무엇인지에 대해 학자들 사이에는 논란이 있습니다만, 대체로 우리가 알고 있는 상식에서 출발해보면 물리적 강제력이 행사되거나, 상대방의 의사에 반하여 이루어지는 수사는 강제수사이고, 그렇지 않은 것은 임의수사입니다. 그러나 이런 설명만으로는 충분치 않은 상황도 가끔 생기는데, 도청이나 사진촬영처럼 물리적 강제력을 사용하지는 않지만 여전히 강제수사처럼 법률의 규제를 필요로 하는 경우입니다. 그래서 최근 학자들은 강제수사를 '기본권 침해가 발생하는 수사'라고 더 넓게 정의하기도 합니다.

임의수사와 강제수사를 구별하는 이유는 어디에 있을까요? 임의수사로 분류되면 법에 특별한 규정이 없어도 자유롭게 그 수사 방법을 사용할 수 있지만, 강제수사로 분류되면 반드시 법의 근거가 있을 때에만 그 수사 방법을 사용할 수 있습니다. 그렇기 때문에 구속, 체포, 긴급체포, 현행범인 체포 등 강제력이 행사되는 수사는 예외 없이 법의 근거를 필요로 합니다. 이런 강제수사의 경우에는 원칙적으로 법원의 영장이 요구되지요. 이렇게 강제수사는 법에 규정된 엄격한 요건과 절차에 의해서만 가능하다는 원칙을 좀 어려운 말로 '강제수사 법정주의(强制搜査 法定主義)'라 부릅니다. 강제수사 법정주의의 원칙은 형사소송법 제199조 제1항에 "강제 처분은 이 법률에 특별한 규정이 있는 경우에 한하며, 필요한 최소한도의 범위 안에서만 하여야 한다."라고 명문화되어 있습니다. 괴물로 변한 국가 권력의 폐해를 경험해본 서구 여러 나라들이 이를 예방하기 위해 만들어놓은 조치임은 두말할 필요도 없습니다.

임의수사에서는 수사기관이 상대방에게 어떤 강제력도 행사할 수 없습니다. 강제력을 행사하거나 기본권을 침해하게 되면 이미 임의수사가 아니며, 그런 수사 방법은 어디까지나 강제수사로서 오직 법률이 정한 요건과 절차에 따라서만 가능하기 때문입니다.

그런데 여러분, 임의수사의 가장 대표적인 예가 무엇인지 아십니까? 바로 우리가 뉴스, 드라마, 영화에서 자주 보는 피의자 신문, 참고인 조사입니다. 피의자 신문은 검사나 사법경찰관 등이 수사에 필요한 경우 피의자를 불러 묻고 대답하는 것을 말하고, 참고인 조사는 피의자 아닌 다른 사람들을 불러 진술을 듣는 것을 말합니다. 수사기관과 피의자, 참고인 사이에 묻고 대답하는 대화가 오갈 때는 어디에도 강제력이나 기본권 침해가 들어갈 여지가 없기 때문에 굳이 영장 없이도 수사가 가능하도록 만들어놓은 것입니다. 자, 여기까지가 우리가 기억해야 할 이론 부분입니다.

이런 이론에 대응하는 우리 현실은 어떻습니까? 현실도 이론과 다를 것이 없습니까? 텔레비전 뉴스를 한번 켜보도록 합시다.

1) "KOC 위원 선정과 관련해 1억여 원을 받고 대한체육회의 공금 일부를 유용한 혐의를 받고 있는 민주당 김운용 의원이 오늘 검찰에 자진 출석해 혐의를 일부 인정하는 내용의 자술서를 제출했습니다. 검찰은 다음 주 월요일 다시 출석해 조사를 받으라며 돌려보냈습니다. (2003년 12월 26일 KBS 9시 뉴스)"

2) "이회창 전 총재가 불법 대선자금 모금의 모든 책임을 지겠다며

오늘 검찰에 자진 출석해 조사를 받았습니다. (중략) 이 전 총재는 9시간이 넘는 검찰 조사 끝에 조금 전 피곤한 모습으로 귀가했습니다. (2003년 12월 15일 SBS 8시 뉴스)"

3) "노무현 대통령의 최측근 안희정 씨가 지난 대선 당시 10억 원을 불법 모금했고, 또 선봉술 전 장수천 대표에게 3억 원을 전달했다고 검찰이 확인했습니다. 검찰은 안 씨를 오늘도 귀가시키지 않고 조사한 뒤 내일 구속영장을 청구할 방침입니다. (2003년 12월 13일 SBS 8시 뉴스)"

4) "SK 그룹이 조성한 비자금 100억여 원이 정치권에 유입된 혐의가 확인된 가운데 지난 정부의 국정원장에게도 거액이 건네졌다는 의혹이 제기됨으로써 향후 수사 과정에서 큰 파장이 예고되고 있습니다. (중략) 송광수 검찰총장은 귀가 조치된 손길승 SK 회장의 사법 처리 문제에 대해서 원칙대로 처리할 뜻을 분명히 했습니다. (2003년 10월 6일 MBC 뉴스데스크)"

피의자 신문이 임의수사라면 위의 네 가지 보도 중에서 가장 정확한 표현을 사용한 것은 어떤 것일까요? 별 차이를 느끼지 못하시겠다고요? 정답은 2)번입니다. 물론 언론에서 굳이 이회창 씨에 대해서만 자기 스스로 '귀가했다'는 표현을 쓴 것은 뭘 제대로 알았기 때문이라기보다는 이 씨에 대한 예우의 의미가 강했을 것입니다. 거기다가 이회창 씨는 검찰이 부르지 않았는데도 제 발로 검찰청을 찾아갔으므로 그의 경우에는 제 발로 '귀가했다'는 표현이 적합하다고 생각했을 수도 있습니다. 그러나 이회창 씨뿐만 아니라 다른 사람들 모두에게도 '귀가했다', 또는 '집으로 돌아갔다'는 표현을 쓰는 것이 옳습니다.

왜 그럴까요? 위의 보도들에 나오는 사람들은 모두 검찰의 출석 요구를 받아 검찰청에 나가 조사를 받았습니다. 조사는 피의자 신문이든 참고인 조사든 모두 검사와 상대방 사이에 오고가는 '말'을 통해 이루어졌습니다. 사람과 사람이 말을 주고받는 데에서야 원칙적으로 강제력을 행사할 일이 없으므로 말이 오고가는 조사는 대표적인 '임의수사'에 속합니다. 또한 이들이 아직 영장에 의해 구속되거나 체포, 긴급체포되지 않은 이상 검찰청에 제 발로 걸어 들어가 조사받을 의무도 없습니다. 비록 검찰청에서 불렀다 하더라도, 불구속 상태인 위 사람들은 모두 그야말로 '제 발로' 걸어 들어가서 '자발적으로' 이야기를 했던 것뿐이지요. 따라서 검찰이 김운용, 이회창, 안희정, 손길승 씨를 억지로 사무실에 붙잡아두고 이야기를 계속 들을 권한은 존재하지 않습니다. 피의자 신문이 임의수사인 이상 이 모든 과정은 철저하게 자발성을 근거로 이루어집니다. 결론적으로 검찰은 처음부터 위 네 사람의 귀가 여부를 결정할 수 있는 권한이 없다는 말씀입니다.

결국 네 사람의 귀가 여부는 어디까지나 그들의 자유의지에 맡겨져 있습니다. 검찰에 불려가 조사를 받는 사람들은 언제 어디서나 "저는 이제 집에 가겠습니다."라고 말한 후 검찰청을 걸어 나올 권리를 갖습니다. 이유도 필요 없습니다. 그저 "이제 조사받기 귀찮아서 집에 가겠습니다." 또는 "검사님의 얼굴을 더 보기 싫어졌습니다."라고 이야기하고 제 발로 조사실을 나오면 됩니다. 그런 말조차도 하기 싫다면, 아무 말 없이 그저 걸어 나오는 걸로 충분합니다. 검사가 뒤에서 소리칠 수는 있습니다. "그래도 지금까지 조사받으신 조서에 도장은 찍고 가셔야죠?" 이런 때도 마찬가지입니다. "싫은데요." 하고 그냥 걸어 나오면 됩니다.

이제 위 문제의 답이 왜 2)번인지 아시겠지요? 조사받기 위해 검찰청에 출두한 위의 네 사람은 모두 아직 구속된 상태가 아니었으며, 진술 여부 및 귀가 여부는 모두 피의자의 마음에 달려 있었습니다. 따라서 검찰이 이 사람들을 귀가시키거나 귀가시키지 않을 권한을 갖고 있는 게 아닙니다. 귀가를 허가할 권한이 있는 것도 아닙니다. 귀가 '조치'를 할 권한은 더욱 없습니다. 피의자가 검찰청을 나가지 않겠다고 억지로 버티는 경우, 검사가 억지로 퇴거 조치를 한다면 모를까 귀가 '조치'란 처음부터 말도 안 되는 표현인 것입니다. 그래서 제일 정확한 표현은 이회창 씨처럼 제 발로 '귀가한' 경우가 있을 뿐입니다. 나머지 표현 세 가지는 모두 검찰에게 돌려보내거나 돌려보내지 않을 권한이 있는 듯한 뉘앙스를 풍기고 있다는 점에서 적절치 않습니다.

그런데 텔레비전 뉴스에서 사용한 위와 같은 표현들이 단순히 기자들 잘못일까요? 그렇지는 않습니다. 우리 머릿속에 들어 있는 관념들을 기자들이 별 수정 없이 그대로 받아 사용하고 있을 뿐, 기자들이 억지로 만들어낸 표현은 아니지요. 우리 머릿속에는, '검찰청의 주인은 어디까지나 검사이며, 검찰에 소환된 사람들에 대해서는 언제나 검사들이 그 신병을 처리할 권한을 가지고 있고, 돌려보내고 싶지 않은 사람은 마음대로 돌려보내지 않을 수 있다'는 잘못된 지식이 입력되어 있습니다.

'검찰청에 들어가면, 검사님께서 나가도 좋다고 허락하실 때까지는 함부로 검찰청을 벗어나서는 안 된다'는 생각은 한마디로 오해입니다. 이런 오해 때문에 그동안 우리나라 수사기관은 수사를 거의 거저먹을 수 있었습니다. 수사기관이 일반인의 이런 오해를 적절히 이용해온 셈입니다.

다시 한 번 분명히 말씀드리지만, 체포, 구속된 피의자를 제외하고는 검찰청에 제 발로 걸어 들어간 사람은 누구라도 아무 때나 제 발로 걸어 나올 권리가 있습니다. 이게 기본이고, 여기에서 벗어나려고 할 때에는 예외적인 강제수사가 되며, 예외적인 강제수사를 하려면 반드시 판사가 발부한 '영장'이라고 하는 '특별한' 무기가 '따로' 준비되어야만 합니다.

피의자가 언제든지 제 발로 검찰청에서 걸어 나올 수 있는 것이 원칙이라면, 참고인은 더 말할 필요도 없습니다. 범죄 피해자로서, 또는 목격자로서 수사를 돕기 위해 수사기관에 나가서 진술하는 것은 얼마든지 좋은 일입니다. 그러나 조사 도중 경찰관이나 검사들이 조금이라도 험한 말을 한다면 그냥 그 자리에서 걸어 나오면 됩니다. 이 장면에서 검사가 "당신 그냥 나가면 팬티 30만 원짜리를 구입한 혐의로 밀수장물 취득죄를 적용하겠다."라고 엄포를 놓으면 어떻게 하냐고요? 그냥 씩 웃고 나오면 됩니다. 그게 밀수 장물 취득죄가 안 된다는 사실을 가장 잘 아는 사람이 바로 그 검사이기 때문입니다. 수사에 협조하는 참고인들을 귀히 여길 줄 모르는 수사기관은 수사기관으로서의 기본 자질을 갖추지 못한 것입니다.

그렇다면 이런 의문이 생길 수 있습니다. '불구속 상태의 피의자 신문은 임의수사라 치더라도, 일단 구속되고 나면 강제수사가 되는 것 아닙니까?' 그렇지 않습니다. 판사로부터 영장을 발부받아 도망가거나 증거인멸을 하지 못하도록 구속하는 것은 분명히 강제수사입니다. 그러나 그렇게 구속된 피의자라 하더라도, 그 피의자와 수사기관이 대화를 나누는 과정은 변함없이 임의수사입니다. 바로 여기에서 현실과 이론의 괴리가 생기게 됩니다. 영장에 의해서 체포 또는 구속된 피의자는 이미 자기 몸이 수사기관의 손에 맡겨졌다 생각하고 절망에 빠지기 마련입니다. 수사기관은 구속 또는 체포된 피의자를 자기 밥으로 생각하고, 자백을 통해서 쉽게 사건을 해결하고 싶은 유혹에 빠집니다. 그렇기 때문에 피의자 신문은 임의수사이면서도, 다른 어떤 수사 방법보다

고문 등 인권 침해의 길로 빠질 가능성이 높은 위험한 수사 방법이 되고 마는 것입니다.

그래서 헌법과 형사소송법은, 피의자 신문이라고 하는 '피의자와 수사기관이 함께 진실을 만들어가는 과정'에 불법이 개입하지 못하도록 여러 가지 장치를 마련하고 있습니다. 그런 여러 가지 장치 가운데 역사가 만들어온 가장 위대한 권리가 바로 진술 거부권, 즉 말하지 않을 권리입니다. 신병이 구속 상태든 불구속 상태든 간에 수사기관이 대화를 통해 진실을 찾아가는 과정이 모두 임의수사에 속한다면, 끝까지 그 임의수사로서의 성격을 지키기 위해 조사 대상에게 주어지는 어떤 힘이 필요한데 그것이 바로 진술 거부권인 것입니다. 위대한 권리이지만, 동시에 당연한 이치를 확인한 것에 불과한 권리가 진술 거부권입니다.

아는 사람만 아는 권리, 진술 거부권

2002년 5월 1일 권노갑 씨는 진승현 씨로부터 뇌물을 받은 혐의로 검찰에 소환되었습니다. 비중 있는 인물이 검찰청에 소환될 때면 늘 그렇듯이 권 씨는 청사에 들어서자마자 자신을 기다리고 있던 기자들의 질문 세례를 받게 되었지요. 권 씨는 "살아오면서 뇌물을 받아본 적은 한 번도 없다."라며 김은성 국가정보원 전 차장과의 관계에 대해 다음과 같은 이야기를 남겼습니다.

"김 전 차장이 돈을 줬다는 2000년 7월 내 집에 와서 보고한 적은 있다. 그러나 나를 찾아온 것은 미래도시환경 대표 최규선 씨에 대한 정보 보고 차원이었다. 문민정부 시절 내가 국회 정보위원회 소속일 때

김 전 차장이 정보위 수석전문위원이어서 처음 만났다. 이후 현 정부가 들어선 날에도 와서 보고한 적이 있다." 김은성 전 차장과 알고 지낸 것은 사실이지만 돈을 받은 적은 없음을 강조하기 위해 꺼낸 이야기들이었습니다.

그러나 저는 그날 권노갑 씨가 상기된 얼굴로 자신의 결백을 주장하는 장면을 보면서 '권 씨 주변에는 변호사도 하나 없나' 하는 생각을 했습니다. 왜냐하면 자신이 아무리 결백하다 해도 검찰청에 소환된 입장에서 이런저런 이야기를 하는 것은 그 자체로 피의자에게 불리하기 때문입니다. 기자들이 묻는 말에 꼬박꼬박 대답한 것은 정치인 권노갑의 책임감을 보여준 것이지만, 형사 사건으로 조사를 받게 될 피의자로서는 최악의 태도였습니다.

저의 예상대로 그의 검찰청사 앞 발언은 불 난 곳에 기름을 붓는 결과만 가져왔습니다. 다음 날 신문들은 일제히 권노갑 씨의 발언을 1면 머릿기사로 다루면서 '권노갑 씨에게 보고 파문', '김은성 씨, 권노갑 씨에게 수시로 보고' 등의 제목을 달아, 여권 실세이기는 했지만 아무런 공직에 있지 않던 권노갑 씨가 국정원 차장으로부터 사적으로 국사를 보고받은 국정 농단을 문제 삼기 시작했던 것입니다. 권 씨 자신이 생각하기에 전혀 이상하지 않았고, 불법인 줄 꿈에도 몰랐던 국정원 차장의 보고 이야기가 오히려 더 큰 문제를 낳았던 셈입니다.

검찰청에 불려 들어가면서 보여준 권노갑 씨의 행동과 그에 따른 파장은, 뛰어난 자기 변론이 때로는 침묵만 못할 수 있음을 잘 보여줍니다. '웅변은 은이고, 침묵은 금'인 현장이 바로 수사 절차상 피의자가 서 있는 자리입니다. 특히 수사 초기에 피의자가 입을 열어 본인에게 유리할 일은 하나도 없습니다. 일단 입을 다물고 있다가, 수사기관이 들이대는 증거를 보고 서서히 입을 열어도 상관이 없다는 말씀입니다.

우리나라에서 진술 거부권을 행사한 피의자가 어떤 사람들인지 살펴보면 진술 거부권의 힘은 더욱 명확하게 드러납니다. 제 기억에 남아 있는 사람들 몇 명만 꼽아보아도, 권노갑 씨와 비슷한 시기에 수뢰 혐의를 받았던 신광옥 법무부 차관, 한나라당 불법 대선자금 사건의 서정우 변호사, 몰카 사건의 김도훈 검사 등이 모두 수사 초기부터 상당한 시간 동안 묵비권을 행사했습니다. 모두 변호사 자격을 가진 사람들이었지요. 그 밖에도 꽃동네의 오웅진 신부, 독일에서 돌아온 송두율 교수 등이 묵비권을 행사하였습니다. 알 만한 사람들은 모두 사용하지만, 모르는 사람은 아무리 '진술 거부권의 고지'를 받아도 무슨 뜻인지조차 알지 못하는 것이 진술 거부권인 것입니다.

진술 거부권이 힘을 갖는 현장을 한번 생각해볼까요. 어떤 국회의원이 건축 허가를 받는 데 도움을 주기로 하고 건설회사 사장으로부터 현금 1억 원을 수수했다고 칩시다. 공무원이 다른 사람으로부터 돈을 받았다고 모두 뇌물이 되지는 않습니다. 특별히 국회의원들은 '정치자금에관한법률' 등에 의해 일정한 요건 아래 정치자금을 수수할 길이 열려 있습니다. 따라서 국회의원이 아버지나 친척으로부터 세뱃돈이나 용돈을 얻어 써도 모두 뇌물이 되는 것은 아닙니다. 뇌물이 되려면 받은 돈이 반드시 '직무에 관한 부당한 이득'이어야 합니다. '직무에 관한 부당한 이득'은 결국 '직무관련성'과 '대가성'의 두 가지 요건으로 정리됩니다. 뇌물 사건이 터질 때마다 대가성이 있는 금품 수수였느냐, 아니냐가 중요 쟁점이 되는 까닭이 여기 있습니다.

그래서 검사들은 우선 돈이 오고갔다는 사실을 입증해야 하고, 뒤이어 그 돈이 직무와 관련한 대가성이 있는 돈이었음을 입증해야 합니다. 단순히 돈이 오고간 사실을 입증하기도 쉽지 않은데 대가성까지 입증하기란 정말 어렵습니다. 그런데 이 대가성을 입증하는 데 결정적으로 중요한 것이 바로 돈을 준 사람과 받은 사람의 진술입니다.

돈을 준 건축회사 사장은 "'건축허가를 좀 쉽게 받을 수 있게 도와 달라'고 말하면서 현금으로 1억 원을 준 적이 있습니다."라고 진술하고, 돈 받은 국회의원은 "돈을 받기는 받았지만 절대 대가성 있는 돈은 아니었다."라고 진술하는 경우는 어떨까요? 이런 때 검사들은 국회의원에게 이렇게 묻습니다. "의원님, 그래도 건축회사 사장을 만나셨을 때, 그 회사가 종합상가를 건설하고 있다는 사실은 알고 계셨지요?" 질문을 받은 국회의원이 "알고는 있었지만 절대 그걸 잘 봐 달라는 명목으로 돈 받은 것은 아닙니다."라고만 답변해주면 수사는 간단히 끝납니다. 꼭 자백까지 필요하지는 않다는 이야기지요. 공범 관계인 건축회사 사장과 국회의원은 원칙적으로 분리하여 조사를 받기 때문에, 두 사람이 각각 하고 있는 이야기들은 세부 사항에서 어느 정도 차이를 보일 수밖에 없습니다. 아무리 두 사람이 입을 맞추고 들어갔다 하더라도 반드시 허점이 드러나게 되지요. 검사는 이런 허점을 파고들어가 공소사실을 만들어내는 것입니다.

상황을 약간 바꿔서, 검찰이 건축회사와 국회의원 사이에 오간 수표에 대한 추적까지 완벽하게 마치고 두 사람을 소환했다고 칩시다(요즘이야 누구도 수표로 뇌물을 주고받는 멍청한 짓은 하지 않습니다). 이 정도면 완벽한 증거 확보라 할 수 있습니다. 앗, 그런데 건축회사 사장도, 국회의원도 모두 진술 거부권을 행사하기 시작했습니다. 검사 입장에서 이보다 더 황당한 일은 없습니다. 왜냐하면 공소장에 "건축회사 사장은 국회의원에게 수표 1억 원을 주었다."라고만 적을 수는 없기 때문입니다. 대가성과 직무관련성이 드러나지 않은 이런 공소장은 법원으로부터 100퍼센트 무죄 판결을 받게 되어 있습니다. 돈을 준 사람과 받은 사람이 모두 끝까지 진술 거부권을 행사하면 아무리 많은 증거를 확보했다 해도 유죄 판결을 받아내기란 거의 불가능에 가깝다는 말씀입니다.

국회의원이 세계에서 가장 뛰어난 천재라서 자기에게 유리한 온갖 이야기를 만들어내 변명을 시작했다면 어떨까요? "내가 건축회사 사장한테 돈을 받기는 했지만, 그건 내가 새로 집을 사는 데 돈이 모자라서 그 친구가 1억 원을 빌려준 것이고, 돈을 주고받은 것에 대한 서류도 모두 갖추어져 있으며……." 누구라도 고개를 끄덕일 기막힌 변명이었다 하더라도 검사 입장에서는, 진술 거부권 행사보다는 그래도 해볼 만한 게임입니다. 우선 건축회사 사장을 추궁할 이야깃거리가 한 가지라도 생겼으니까요. "아무리 친구 사이더라도 1억 원을 이자도 없이 빌려준 게 말이 되나요?" 뭐 이 정도에서 질문을 시작하면 되겠지요. 그러면 국회의원과 분리되어서 조사를 받는 건축회사 사장은 '국회의원도 입을 열었는데, 나 혼자 버티다가 나만 망하는 것 아닌가?' 하는 불안에 휩싸이게 되고, 어느새 조금씩 책임을 상대방에게 떠넘기기 시작합니다. 나중에 검사는 "건축회사 사장은 건축 허가를 잘 받게 해달라는 부탁과 함께 대여금조로 1억 원을 국회의원의 통장에 입금하여" 라고 공소장에 적으면 충분합니다. 일단 어느 한 쪽이 입을 열었다 하면 승리는 늘 수사기관의 몫이 되는 것입니다.

흔히들 대검찰청 중앙수사부 또는 서울지검 특수부에 가면 무슨 특별한 수사 기법이 있어서 누구라도 자백을 하는 것으로 생각합니다. 그러나 대검 중수부나 서울지검 특수부라고 해봐야 인원이나 수사 장비 면에서는 초라하기 그지없습니다. 특별조사실이라고 해도 따로 자백이 잘 나오게 되어 있는 시설이나 장치를 갖춘 것은 아닙니다. 그래서 군사독재정권 시절에는 고문까지는 아니더라도 조사받는 장관이나 국회의원이 인간적 모멸감을 느낄 정도의 폭언이나 폭행을 자백 강요의 수단으로 활용했습니다.

'그래도 내가 장관인데 함부로 대하겠나?' 하는 마음으로 편하게 조사실에 들어가는 순간, 새파랗게 젊은 검사가 슬리퍼로 뺨을 몇 대 슬슬 때리면서 반말 비슷하게 "여기 오면 장관이고 뭐고 다 소용 없어. 이제 다 자백하시지요."라고 이야기합니다. 그러면 모멸감과 함께 '각하께서도 나를 버리셨구나. 이제 다 끝났는데 대충 자백하고 말자'는 자포자기의 심경이 되고 말지요. 그러면 수사는 다 끝난 것이나 다름없습니다. 과거 특수수사로 이름을 날리던 검사들이 국회의원이 된 후, 국회에서 말하는 투를 한번 살펴보십시오. 상대방 나이고 지위고 따질 것 없이 무조건 반말조로 나가는 분들이 적지 않습니다. 상대방이 뭐라 대답하든 마치 절벽처럼 자기 할 말만 계속하는 것도 그분들의 특징입니다. 검사 때 잘못 들인 습관을 아직도 고치지 못하고 있는 것이지요. 여러분이 그런 절벽 앞에 선 피의자라고 생각해보면, 왜 피의자들이 그 절벽 앞에서 자포자기의 심정으로 자백을 하게 되는지 짐작할 수 있을 겁니다. 결국 대단한 수사 기법이 있는 것도 아닌 대검 중수부나 서울지검 특수부에게 가장 두려운 것은 웅변이 아니라 진술 거부권일 수밖에 없습니다.

수사기관이 쉽게 뚫고 들어갈 수 없는 피의자들의 막강한 무기, 진술 거부권은 "모든 국민은 고문을 받지 아니하며 형사상 자기에게 불리한 진술을 강요당하지 아니한다."라는 헌법 제12조 제2항에 기초를 두고 있습니다. 형사소송법에서는 이를 더 구체화한 규정을 마련하고 있지요.

진술 거부권의 역사

일상생활 속 윤리와 헌법상의 진술 거부권 사이에는 적지 않은 차이가 있습니다. 컬럼비아 대학 법과대학원의 켄트 그리너월트(R. Kent Greenawalt) 교수는 〈윤리적·헌법적 권리로서의 침묵〉[11]이라는 역사적 논문을 통해 '일반인들이 일상생활에서 비행을 저지른 사람들을 추궁할 때의 윤리'와 '헌법상 보장된 진술 거부권' 사이에는 큰 차이가 있음을 잘 설명하고 있습니다. 일반인들이 다른 사람의 잘못을 추궁하는 데에는 두 가지 유형이 있다고 합니다. 한 가지는 상대방이 잘못을 저질렀다고 하는 '가벼운 의심(Slender Suspicion)'을 품은 경우이고, 다른 하나는 '확실한 근거 있는 의심(Solidly Grounded Suspicion)'을 품은 경우입니다.

예컨대 갑순이는 기숙사 룸메이트인 범순이가 자기 목걸이를 훔쳐갔다는 심증은 있지만, 증거는 아무것도 확보하지 못했습니다. 근거가 매우 미약한 의심을 하는 상태지요. 이런 경우 갑순이가 범순이에게 다짜고짜 "너 내 돈 훔쳤지? 네가 내 돈을 안 훔쳤다면 그 시간에 어디 있었는지 알리바이를 대봐."라고 추궁한다면, 이는 불공평한 일이 되겠지요. 어떤 의미에서는 상대방에 대한 모욕이 될 수도 있습니다. 따라서 이런 경우 범순이는 굳이 변명할 필요 없이 그냥 "내가 그 시간에 어디 있었든, 그게 너랑 무슨 상관이니?"라고 반문하면 충분합니다. 진술을 거부한다고 해도 전혀 이상할 것이 없는 장면이지요. 여러분이 이 장면을 목격했다면 누구라도 범순이의 편을 들었을 겁니다.

그런데 만약 갑순이가 친구 복돌이로부터 이런 이야기를 들었다면 어떨까요? "갑순아, 며칠 전에 우연히 학생회관 앞을 지나다가 네 룸메이트 범순이를 만났어. 그런데 범순이가 황급하게 자기 목을 가리더라.

자세히 보니까 네가 잃어버린 목걸이를 목에 걸고 있더라구." 이 경우에 갑순이가 범순이를 붙잡고 똑같은 질문을 던진다면, 이때도 앞의 경우만큼 모욕적이고 불공평한 일이 될까요? 그렇지는 않습니다. 이런 경우 갑순이가 범순이에게 알리바이를 대보라고 하는 것은, 갑순이가 사용할 수 있는 다른 여러 가지 추적 방법보다는 오히려 덜 모욕적일 수 있습니다. 갑순이가 사용할 수 있는 다른 방법이 뭐가 있느냐구요? 갑순이는 몰래 범순이의 짐을 뒤져서 목걸이를 찾아낼 수도 있고, 범순이의 친구들에게 이 사실을 떠벌리며 목걸이를 수소문할 수도 있습니다. 그런 것보다는 범순이의 입장에서도 차라리 갑순이로부터 직접 질문을 받는 편이 낫습니다. 이때에는 범순이도 갑순이의 질문에 당당히 답을 하는 것이 당연하지요. "네 목걸이가 예뻐 보이기에 내가 언제 어디에서 똑같은 것을 구입한 것이다."라고 말하고 영수증까지 제시하면 간단합니다. 만약 범순이가 그렇게 하지 못할 때는, 범순이에 대한 의심은 더 깊어질 수밖에 없습니다.

그리너월트 교수는 이 두 경우를 통해 일반인들의 윤리적 관점에서 보면, '가벼운 의심'에 불과한 경우에는 상대방이 진술 거부권을 행사할 수 있지만, '확실한 근거를 가진 의심'에 대해서는 진술 거부권을 행사할 수 없다고 말합니다.

그러나 이런 일반인들의 윤리적 관점과는 달리 헌법은 첫 번째 경우든, 두 번째 경우든 그 의심이 얼마나 많은 객관적 증거를 바탕으로 하고 있느냐와 전혀 상관없이 일률적으로 진술 거부권을 인정합니다. 즉 수사기관이 가진 증거의 양이 아무리 많아도 시민은 여전히 '형사상 자기에게 불리한 진술을 강요당하지 않을' 권리를 갖는 것입니다. 나아가 우리 형사소송법은 유리한지 불리한지를 따지지 않고 피고인, 피의자는 모든 진술을 거부할 수 있다고 규정하고 있습니다.

또한 진술 거부권은 체포·구속·압수·수색 등 영장주의의 지배를 받는 영역과도 구분됩니다. 예를 들어 수사기관은 '죄를 범하였다고 의심할 만한 상당한 이유'가 있으면 영장을 받아 피의자를 구속할 수 있습니다. 그러나 진술 거부권은 '죄를 범하였다고 의심할 만한 상당한 이유'를 넘어서 '100퍼센트 유죄'라 확신할 이유를 가지고 있어도 여전히 수사기관이 피의자의 진술을 강요할 수 없다는 내용입니다. 근본적으로 탄핵주의를 택하고 있는 우리 형사사법 구조하에서 피의자는 아무것도 입증할 필요가 없습니다. (적어도 이론적으로는) 알리바이 역시 피의자가 입증해야 하는 것이 아니라, 수사기관이 '피의자에게 알리바이가 없다'는 사실을 입증해야 합니다. 이런 점에서 진술 거부권은 다른 어떤 권리보다 강력한 무기라 할 수 있지요.

진술 거부권은 진실을 찾아가는 데 커다란 걸림돌이 될 수 있습니다. 왜냐하면 사건 내용을 가장 잘 알고 있는 사람은 누가 뭐라고 해도 범죄자 자신이기 때문입니다. 범죄자를 빼놓고 사건의 진실을 찾아가는 것은 눈을 가리고 코끼리를 만지는 것과 비슷합니다. 그러나 중요한 것은 '그럼에도 불구하고' 헌법이 모든 시민에게 형사상 자기에게 불리한 진술을 거부할 권리를 인정하기로 결정했다는 사실입니다.

형사소송 절차가 대화를 통해서 함께 진실을 만들어 나가는 과정이라는 이야기는 이미 했습니다. 그런데 진술 거부를 해버리면 진실을 못 만들게 되는 것 아닌가 하는 의문도 있을 수 있습니다. 그러나 아무 말도 안 하는 것이야말로 진실을 만들어 나가는 데 있어서 피고인이 갖는 가장 강력한 수단입니다. 검사에 비해서 아무 무기도 지니지 못한 나약한 피의자·피고인이 그나마 존엄성을 지키고 자신을 방어할 수 있도록 마련된 절대적인 무기가 진술 거부권인 것입니다.

헌법이 '그럼에도 불구하고' 진술 거부권을 인정하게 된 데에는 역사적으로 깊은 뿌리가 있습니다. 우리는 먼저 종교간 갈등이라는 서양 역사의 어두운 부분을 생각해보아야 합니다. 기독교가 지배한 유럽에서는 사람들의 생활에서 신앙 고백이 중요한 부분을 차지했습니다. 경우에 따라서는 예수를 주로 고백하느냐 아니냐에 따라 생명이 오가기도 했습니다. 종교개혁 이후, 유럽 전체가 종교전쟁의 폭풍에 휩싸이면서 신앙 고백은 더욱 중요해집니다. 가톨릭교도는 개신교도들을 잡아 죽였고, 개신교도들은 가톨릭교도를 잡아 죽였습니다. 재세례파라 불린 소수 종파들은 양쪽 모두로부터 박해를 받았습니다. 개신교냐, 가톨릭이냐, 재세례파냐는 얼굴에 쓰여 있는 것이 아닙니다. 고백을 통해서만 증명될 수 있는 문제입니다.

재세례파를 예로 들어볼까요? 유아세례를 인정하지 않고, 신앙 고백에 기초해 다시 세례를 받았기 때문에 '재세례파'로 불린 이들은 전쟁과 사형 등 모든 무력 사용을 거부한 특이한 기독교 종파였습니다. 이들의 증가에 위협을 느낀 가톨릭과 개신교는 슈파이에르 제국회의(Speier Diet : 1529년 4월 29일에 열린 로마 가톨릭 공의회)를 개최해 재세례파들을 붙잡을 경우 사형에 처하기로 합의하게 되지요. 재세례파 찬송가집에 등장하는 작사가들의 이름 뒤에 붙은 주석들을 보면 이들이 겪은 고난을 쉽게 알 수 있습니다. '1525년 익사당하다', '1526년 화형당하다', '1527년 참수당하다', '1528년 교수형당하다' 등등 거의 예외가 없습니다. 이게 말이 익사고 화형이지 사람을 산 채로 물 속에 집어넣거나 산 채로 태워 죽이는 장면을 상상해보십시오. 정말 끔찍한 일입니다. 그런데 이런 끔찍한 형벌을 피하는 것은 간단했습니다. 신앙 고백을 포기하면 되는 겁니다. 다른 범죄와는 달리 말 몇 마디면 쉽게 빠져나올 수 있는 상황이지요. 거짓말을 해도 살아남는 데 별 어려움은 없습니다.

우리는 여기서 그런 고백들이 모두 말로 이루어졌다는 데 주목해야 합니다. 이 사실은 곧 '이 사람들에게 만약 말하지 않을 권리가 주어졌다면, 이들이 생명을 잃지 않을 수도 있었으리라'는 가정을 가능하게 합니다. 말하지 않을 권리의 보장이 곧 생명의 보장으로 이어지는 것이죠. 입을 열면 곧 죽음일 수 있었던 시대에 대한 이해 없이, 진술 거부권이 마치 어느 시점에 갑자기 하늘에서 떨어진 것처럼 이해하는 것은 곤란합니다.

말하지 않을 권리는 종교전쟁으로 죽을 만한 사람이 다 죽고 나서도 한참이 지난 후인 1791년에 가서야 미국 수정헌법 제5조의 자기부죄금지 특권(Privilege against self-incrimination)을 통해 명문화되었습니다. 그 이전의 재판에서 중요했던 것은 말할 자유였고, 재판의 기본 형태도 '피고인이 말하는 재판'의 모습을 유지했습니다. 피고인이 말하는 재판이란 이미 말씀드린 "네 죄를 네가 알렷다!"의 시대와도 밀접한 관련을 갖습니다. 검사도 없고 변호사도 없는 재판에서는 재판관과 피고인이 맞짱 뜨는 상황만 남습니다. 그 상황에서 재판관이 그럴듯한 증거를 들이대는데, 피고인이 아무 말도 못하면 그건 곧 유죄를 자인하는 꼴이 되었지요. 검사 제도의 등장으로 범죄의 입증이 국가의 몫이 되면서 비로소 말하지 않을 권리를 위한 토양이 마련된 것도 사실이지만, 그보다 훨씬 중요한 요인으로 작용한 것은 '변호사가 법정에서 말할 수 있는 시대'의 도래라고 말할 수 있습니다.

변호인의 조력을 받을 권리

재판에서 피고인을 지켜줄 수 있는 유일한 사람은 피고인 자신뿐이던 시절이 있었습니다. 그 피고인이 사용할 수 있는 자기방어 수단은 오직 자신의 말뿐이었지요. 이 장면에서 등장하는 것이 변호사입니다. 1696년부터 1836년까지 영국 보통법의 역사는 변호권 확대의 역사라 할 수 있는데, 처음에는 아예 법정에서 변론이 금지되었던 변호사들이 반역죄를 시작으로 일반적인 형사범에 이르기까지 변호권의 범위를 점차 넓혀가게 된 것입니다.[12)]

변호인이 없는 상태에서 행사하는 말하지 않을 권리는 어떤 의미에서 자살행위와 같습니다. 진술 거부권을 통해 입을 닫아버리고 나면, 자기에게 유리한 이야기도 하기가 어렵기 때문입니다. 따라서 진술 거부권을 행사함으로써 입을 다물어버린 피의자·피고인을 '대신하여' 말해주는 사람이 필요한데, 그게 바로 변호인입니다. 형사상 불리한 진술을 거부한 사람은 입을 다문 상태에서도, 변호인 덕분에 자기 이야기를 할 수 있게 되었습니다. '진술 거부권'과 '변호인의 조력을 받을 권리'는 이처럼 서로 불가분의 관계에 있습니다. 그런데도 우리나라에서는 이 두 개의 권리가 마치 별개의 것인 양 따로 논의되어 왔고, 그에 따라 희한한 이론도 많이 전개되었습니다.

변호인의 역할을 잘 보여주는 예로 송두율 교수 사건을 생각해보겠습니다. 재독 학자인 송두율 교수가 37년 간의 독일 체류를 정리하고 2003년 9월 22일 귀국하자, 당장 그 다음 날부터 국정원에 의해 송 교수 조사가 시작되었습니다. 조사는 송 교수가 김철수라는 가명을 사용하며 조선노동당 정치국 후보위원으로 활동했는지에 집중되었지요.

송 교수는 이때부터 거의 매일 국정원에 출근하다시피 하며 조사를 받았습니다. 그 과정에서 자신이 1973년 노동당에 입당한 일이 있고, 방북 때 항공비 지원을 받은 사실도 밝혔지요. 국정원은 기본 조사를 끝낸 뒤 10월 1일 송두율 교수 사건을 검찰에 송치했습니다. 송 교수는 불구속 상태였지만 검찰에도 계속 소환되어 조사를 받았습니다.

검찰 조사시 송 교수의 변호인 측은 자신들이 피의자 신문에 참여할 수 있도록 해 달라고 검찰 측에 요구했지만, 검찰은 "현행법상 어렵다"며 이를 거부했습니다. 변호인들도 검찰의 입장을 받아들여 송 교수가 조사받을 때 옆에 앉아서 피의자 신문에 직접 참여하지는 않되, 조서 작성이 끝난 뒤에 송 교수와 함께 조서 내용을 검토하는 방향으로 후퇴했지요. 송 교수는 8차 소환 조사를 마친 뒤 김형태 변호사를 통해 '국민 여러분과 사법당국에 드리는 글'이라는 사과문을 검찰에 내기도 했습니다. 그러나 송 교수의 그런 변화에도 불구하고 검찰은 2003년 10월 22일 "사안이 중대하나 개전의 정이 없으며, 여러 정황상 증거인멸 및 도주 우려가 있다."라며 국가보안법 위반 혐의로 구속영장을 신청했고, 법원이 이를 받아들여 송 교수는 이날 바로 서울 구치소에 수감되었습니다.

일단 송 교수를 구속한 검찰은 조서 검토를 변호인이 함께 하도록 허용했던 입장에서 선회하여, 변호인들의 참여를 완전히 불허합니다. 송 교수는 이에 항의하며 전면적인 진술 거부권을 행사했고, 송 교수의 변호인인 송호창 변호사는 "변호인 입회가 허용될 때까지 계속 묵비권을 행사하겠다."라고 밝혔지요. 변호인단은 또한 법원에 "검찰의 변호인 참여 불허 처분을 취소해 달라"는 준항고까지 제출합니다. 검찰은 "변호인의 피의자 신문 참여권은 현행법에 규정이 없으며, 대검 지침에 따라 수사에 지장을 주지 않는 범위에서만 허용된다."라면서 "수사에 방해를 받을 우려가 있다고 판단되어 변호인의 참여를 제한하는 것"이라는 주장을 되풀이합니다.

여기서 우리는 검찰의 주장을 다시 검토해보아야 합니다. 당시 우리 형사소송법에 변호인의 피의자 신문 참여권이 규정되지 않았던 것은 사실입니다. 이 사실에 근거하여 우리나라 형사소송 법학자 대부분은 규정이 없는 이상 변호인의 참여권을 인정하기는 어렵다는 입장을 취하고 있었습니다. 모두들 필요성은 인정하지만 현행법상으로 어쩔 수가 없다는 이야기였습니다. 그래서 학자들은 이 부분에 대한 입법이 필요하다는 쪽으로 의견을 모았습니다. 결국 형사소송법에 규정이 추가되기 전에는 검찰이 변호인의 피의자 신문 참여를 거부한다 해도 변호인은 어쩔 수 없다는 결론이었습니다.

그러나 이 논리에는 심각한 허점이 있었습니다. 법 규정이 없는 이상 아무 것도 못한다는 이야기밖에 안 되었기 때문입니다. 한번 천천히 생각해보시죠. 우선 피의자 신문은 임의수사인가, 강제수사인가에서부터 출발해야겠지요. 이미 공부했다시피 피의자 신문은 피의자가 구속 상태든 불구속 상태든 간에 대표적인 임의수사에 속합니다. 구속되어 있지 않다면 언제든지 "나 이제 집에 갑니다."라고 말하고 그냥 검찰청에서 걸어 나올 수 있다고 이미 말씀드렸습니다. 구속 상태라 하더라도 피의자의 진술을 강요할 방법은 전혀 없습니다.

송두율 교수의 경우 검찰이 비록 그의 몸을 붙들고 있기는 하지만, 그의 말까지 강제해서는 안 되겠지요. 그렇다면 송두율 교수는 언제든지 "내 변호인이 올 때까지 나는 한마디도 하지 않겠습니다."라고 말할 수 있습니다. 송 교수가 이렇게 말하는 데는 따로 아무런 규정도 필요하지 않습니다. 그냥 그렇게 말하는 걸로 족합니다. 일단 이렇게 진술거부권을 행사하고 나면, 검찰이 피의자로부터 한마디라도 얻어 들으려면 결국 변호인의 참여를 보장해줄 수밖에 없습니다. 임의수사와 진술 거부권, 변호인의 조력을 받을 권리 사이의 상호관계를 생각해보면 이는 입법이 필요한 것이 아니라 논리적으로 당연한 귀결임을 쉽게 알 수 있습니다. 그동안 입법을 통해서만 이것이 가능하다고 생각한 학자들과 검사들의 생각에 근본적으로 결함이 있었을 뿐이지요.

학자들과 검사들이 이런 잘못된 생각을 가지게 된 데에는 변호사들의 책임도 큽니다. 왜냐하면 손꼽을 정도의 시국사건들을 제외하고는 우리나라 변호사들이 자기 의뢰인에게 진술 거부권 행사를 권유하기는 커녕, 오히려 집행유예를 유도하기 위해 자백을 강요하는 일이 비일비재했기 때문입니다. 변호인들이 가르쳐주지 않으니 피의자들도 이 권리의 존재를 제대로 이해할 수 없었고, 따라서 이 권리를 제대로 행사하는 사람들도 없었으며, 결국 검찰도 그동안 "법에 없으니 인정할 수 없다."는 말도 안 되는 이유를 대며 이를 거부하는 데 아무 어려움을 느끼지 못했던 것입니다. 그 결과 진술 거부권이라는 위대한 방패는 우리나라에서 권리를 보호하는 역할을 거의 못하는 무의미한 장치로 전락해버렸고, 동시에 변호인의 피의자 신문 참여권이라는 '입법이 불필요한' 당연한 권리까지 함께 죽어버리게 되었습니다.

진술 거부권이 변호인의 피의자 신문 참여권과 결합하게 되면 엄청난 힘을 발휘할 수 있습니다. 일단 조사를 받는 피의자는 "나는 변호사를 구해 그분이 내 옆자리에 앉을 때까지는 한마디도 하지 않겠다."라고 말합니다. 그렇게 말한 피의자가 불구속 상태라면 수사기관이 굳이 변호사를 구해줄 필요는 없습니다. 피의자도 그냥 그렇게 말한 후, 혼자 걸어 나가서 변호사를 구하든지 말든지 하면 되니까요. 그러나 피의자가 구속 상태에 있다면 이야기는 달라집니다. 구속 상태에 있는 피의자가 위와 같이 말하면 원칙적으로 수사기관은 더 이상의 질문을 중단해야 합니다. 우리가 흔히 진술 거부권의 고지와 관련한 판결로만 잘못 이해하고 있는 미국 연방대법원의 미란다(Miranda) 원칙은, 피의자 신문을 받기 전에 변호인의 상담을 받을 권리만 보장한 것이 아니라, 조사가 진행되는 동안 자기 옆자리에 변호사를 앉힐 수 있는 권리까지 포함한 것이었습니다.[13] 이것도 역시 당연한 논리적 귀결이라 할 수 있습니다. 말하기 싫다는 피의자에게 자꾸 사실관계를 물어보게 되면, 특히 피의자가 구속 상태일 때에는 이미 임의수사의 범위를 벗어나게 되기 때문입니다. 그러니 구속 중인 피의자가 진술 거부권을 행사하며 변호인의 참여를 요구할 때에는 수사기관은 변호인과 피의자가 연결될 수 있도록 도와주어서라도 변호인을 옆자리에 앉혀야 비로소 신문을 계속할 수 있는 것입니다.

이렇게 해서 일단 변호인이 피의자의 옆자리에 앉게 되었다고 칩시다. 변호인이 옆자리에 앉은 상태에서 제대로 된 신문이 어렵다는 것은 상식입니다. 우리 검찰이 "수사에 방해를 받을 우려가 있다고 판단되어 변호인의 참여를 제한하는 것"이라고 말한 것은 그런 의미에서 너무나 희극적인 이야기입니다. 변호인이 참여하면 당연히 수사에 방해를 받기 마련입니다. 원래 그러라고 변호인을 참여시키는 것입니다. 그렇게 수사를 방해받으면 어떻게 하냐고요? 그래서 과학수사가 필요합니다.

인권이 제대로 보장된 나라의 수사기관이라면 처음부터 '피의자는 없다'고 생각하고 수사하는 것이 옳습니다. 그러지 않으면 자꾸 피의자의 진술에만 의존하게 되고, 피의자의 진술에만 의존하다 보면 억지로라도 자백을 받아내게 되고, 억지로 자백을 받아내는 과정에서는 언제나 고문 등의 강압행위가 개입하기 마련입니다. 진술 거부권이 제대로 작동하게 되면 우리 경찰, 검찰도 지금과 같은 무식한 수사 방법을 버리고 과학적인 수사 방법을 개발하게 되겠지요. 과학수사가 정착되기를 기다리다가 범인들을 다 놓치면 어떻게 하느냐고요? 그걸 몰라서 선진국들이 이런 권리들을 인정해온 것이 아닙니다. 역시 '그럼에도 불구하고' 수사기관에 의한 인권 침해로 한 명의 범인을 잡는 것보다는 백 명의 무고한 시민의 희생을 예방하는 것이 옳다고 생각했기 때문에 이와 같은 권리들을 보장해온 것입니다.

우리나라는 미국식의 미란다 원칙을 오래 전부터 인정해왔으면서도 근본정신까지는 받아들이지 못했습니다. 그런 의미에서 송두율 교수 사건에 대한 법원의 결정은 큰 의미가 있습니다. 서울지법은 10월 31일 송두율 교수 변호인단의 준항고를 받아들여 "검찰은 변호인의 입회를 허용하라."라는 결정을 내렸습니다. 물론 검찰은 서울지법의 이런 결정에 반발하여 즉각 대법원에 재항고했습니다.

대법원은 11월 11일 이 문제에 대해서 "형사소송법에 구금된 피의자에 대한 조사 과정에서 변호인이 참여할 수 있다는 명문 규정이 아직은 없지만 누구든지 체포 또는 구속을 당했을 때에는 즉시 변호인의 조력을 받을 권리를 가진다고 선언한 헌법 규정에 비춰 피의자 신문 단계에서도 변호인의 참여를 요구할 수 있고 그러한 경우 수사기관은 이를 거절할 수 없는 것으로 보아야 한다."라고 결정합니다. 다시 한 번 당연한 논리를 확인한 것이었지요. 이 결정에서 대법원은 "다만 피의자 신문을 방해하거나 수사기밀을 누설하는 등의 염려가 있다고 의심할 만한 상당한 이유가 있는 경우에는 변호인의 참여를 제한할 수 있다."라면서 "검찰이 이를 입증할 아무런 자료를 제출하지 않았으므로" 검찰의 변호인 입회 거부는 위법하다고 결론을 내렸습니다.

대법원의 결정은 우리 형사소송에서 거의 잠자고 있던 권리인 진술거부권을 되살려낸 역사적 의미를 갖습니다. 그리고 이 결정은 2007년 형사소송법에 그대로 수용되었습니다. 검사 또는 사법경찰관이 피의자를 신문할 때에는 '정당한 사유가 없는 한' 변호인이 참여할 수 있도록 규정한 것입니다. 신문에 참여한 변호인은 신문 도중이라도 부당한 신문 방법에 대하여 이의를 제기할 수 있고, 검사 또는 사법경찰관의 승인을 받아 의견을 진술할 수 있다는 규정도 생겼습니다. 신문이 끝난 후에는 변호인이 자유롭게 의견을 진술할 수 있습니다(제243조의 2 제3항).

그러나 여전히 문제는 남아 있습니다. 이미 설명한 것처럼 피의자 신문은 근본적으로 임의수사입니다. 피의자의 신병이 구속 상태든 불구속 상태든 피의자 신문 자체가 임의수사라는 사실에는 변함이 없습니다. 피의자가 "변호사와 의논하고 답변하겠다."며 입을 다물었을 때 그를 강제로 진술시킬 방법은 존재하지 않습니다. 수사기관은 변호사와 의논하겠다는 피의자의 요구를 받아들이든지, 진술 받기를 포기하든지 둘 중 하나를 선택할 수 있을 뿐입니다. 그런데도 새로 생긴 형사소송법 규정에는 마치 수사기관이 은혜를 베풀어 변호인의 참여를 허락하는 것 같은 이상한 뉘앙스가 담겨 있습니다. 즉 신문이 진행되는 도중에 변호사가 끼어들 수 있는 것은 경찰이나 검찰이 '부당한 신문'을 할 때뿐인 것 같습니다. 그런 경우 이외에 변호사가 의견을 말하려면 검사나 사법경찰관의 승인을 얻어야 할 것처럼 보입니다. 수사기관과 피의자 사이에 존재하는 근본적인 불평등을 해소하기 위한 수단이 변호인 참여권인데, 이 규정에 따르자면 변호사가 말 한마디 하려고 할 때마다 검사에게 "제가 말을 해도 될까요?"라고 물어보아야 할 것 같습니다. 심지어 검찰사무규칙에는 변호인이 부당하게 이의를 제기한 경우에는 변호인을 쫓아낼 수 있다는 규정까지 마련되어 있습니다(제9조의 2 제4항 제3호). 이런 규정 아래에서 피의자가 변호사와 원활한 의사소통을 하면서 당당하게 피의자 신문을 받기란 매우 어렵습니다.

규정이 이렇다 보니 수사기관은 변호인을 배제하고 싶은 유혹에 쉽게 노출됩니다. 2008년 인천에서 일어난 일입니다. 검찰청에 소속된 경찰관이 조사관실에서 피의자를 신문하게 되었습니다. 피의자 신문에 참여한 변호사는 피의자 바로 옆에 나란히 앉아 있었지요. 변호사는 피의자 신문에 앞서 피의자 신문을 녹취·녹화해 달라고 미리 신청한 상태였습니다. 그게 기분이 나빴던지, 귀찮았던지 경찰관은 변호사에게 녹취·녹화 신청을 철회하라고 요구했습니다. 변호사가 거절하자 경찰관은 갑자기 변호사에게 피의자로부터 떨어진 곳으로 옮겨 앉으라고 요구했습니다. 변호사가 피의자 옆에 계속 앉아 있으면서 이 요구에 불응하자 경찰관은 변호사에게 나가라고 명령했습니다. 물론 당시에 변호사가 피의자 신문을 방해하려 했다든지 수사기밀을 누설할 염려가 있었다든지 하는 따위의 '정당한 사유'는 없었습니다. 변호사는 이와 같은 퇴실 처분이 정당한 이유 없이 변호인의 피의자 신문 참여권을 침해한 것이라며 이를 취소하라고 법원에 청구했습니다. 인천지방법원과 대법원은 변호사의 손을 들어주었습니다.[14] 법원의 개입으로 바로잡히기는 했지만, 강단 있는 변호사가 아니었다면 자칫 우습게 쫓겨날 수도 있었던 상황이었습니다. 변호인을 피의자 신문에서 배제하려면 그가 피의자 신문을 방해하려 했거나 수사기밀을 누설할 염려가 있다는 사실을 수사기관 쪽에서 입증해야 합니다. '부당한 이의제기'만을 이유로 변호인을 쫓아낼 수 있도록 규정한 것은 수사기관이 악용할 수 있는 문을 열어놓은 셈입니다. 앞으로 개선해야 할 부분입니다.

진술 거부권이 제대로 보장되려면

진술 거부권이 참 멋진 권리이기는 한데, 다수의 평범한 시민들은 이 권리의 존재를 잘 모르고 있습니다. 그래서 형사소송법 제244조의 3 제1항은 수사기관이 피의자를 신문할 때 미리 진술 거부권을 고지하도록 상세하게 규정하고 있습니다. 진술 거부권을 제대로 알려주지 않고 피의자로부터 자백을 받게 되면 위법하게 수집된 증거가 되어 재판에서 쓰일 수 없게 됩니다. 이런 경우 전문용어로 '자백의 증거능력이 없어진다'는 표현을 쓰지요.

그런데 진술 거부권을 알려주도록 형사소송법이 분명히 이야기하고 있고, 이걸 제대로 알려주지 않으면 그 자백을 아예 증거로 못 쓰게 되어 있는데도, 우리나라에서는 진술 거부권이 제대로 행사되지 않습니다. 진술 거부권의 의미와 힘을 잘 모르기 때문이라고 이미 지적했습니다만, 과거에는 사소해 보이는 몇 가지 문제가 더 남아 있었습니다.

단도직입적으로 말하자면, 1990년대 초·중반까지만 해도 경찰이나 검사들 중에 피의자들에게 진술 거부권의 존재를 제대로 알려준 사람은 거의 없었습니다. 2007년의 형사소송법 개정까지도 여전히 진술 거부권을 제대로 알려주지 않는 경찰관과 검사가 적지 않았습니다. 진술 거부권을 제대로 알려줘서는 수사하기가 매우 힘들기 때문입니다.

그럼 '진술 거부권도 안 알려줬는데, 어떻게 문제가 안 되었을까?'라는 의문이 생기시겠지요. 그건 간단합니다. 경찰관이나 검사들이 진술 거부권을 알려주지는 않았지만, 피의자의 말을 받아 적는 피의자 신문조서 첫 페이지에는 아예 "검사(사법경찰관)는 피의사건의 요지를 설명하고 검사의 신문에 대하여 진술을 거부할 수 있는 권리가 있음을 알려준즉 피의자는 신문에 따라 진술하겠다고 대답하다."라고 인쇄가 되어 있었습니다. 실제로 진술 거부권을 설명해주지 않았더라도, 이미 피의자 신문 조서 용지에는 "알려주었다."라고 적혀 있었다는 말씀입니다. 그리고 그 피의자 신문 조서 맨 뒤에는 "위 조서를 진술자에게 열람하게 하였던 바 진술한 대로 오기나 증감·변경할 것이 전혀 없다고 말하므로 간인한 후 서명·날인케 하다."라는 문구가 인쇄되어 있었습니다. 피의자는 조사가 끝난 뒤 자기 말이 적힌 이 피의자 신문 조서 마지막 장의 위 문구 아래에 자기 이름을 적고 도장을 찍게 되어 있습니다. 조서 자체가 이런 형식으로 작성되기 때문에 피의자가 진술 거부권을 고지받지 않았다 하더라도 이를 항의할 방법이 없었습니다.

나중에 피고인이 재판정에서 "저는 진술 거부권을 고지받은 적이 없는데요."라고 말했다고 칩시다. 그러면 검사는 당장 피의자 신문 조서를 그 피고인의 턱 밑으로 들이대며 "이거 봐, 여기 당신이 모두 다 읽고 오기나 증감 변경할 것이 없다고 도장 찍은 피의자 신문 조서가 있지? 그리고 그 피의자 신문 조서의 제일 앞장도 읽어봐. 거기 뭐라고 적혀 있어? 진술 거부권 고지했다고 적혀 있지? 당신이 다 읽고 서명·날인한 문서에도 진술 거부권을 고지했다고 되어 있고, 나도 분명히 진술 거부권을 고지했는데 지금 와서 무슨 딴소리야?"라고 한마디 합니다. 그러면 그것으로 끝이었습니다. 진술 거부권을 고지받지 못했다는 피고인 편을 들어줄 사람은 아무도 없었습니다. 혹시 조사 당시에 참여했던 검찰 주사나 타이피스트 여직원이 피고인 편을 들어 "검사가 조사시에 진술 거부권을 고지하는 것을 못 보았다."라고 진술하는 기적이 일어나지 않는 한, 피고인으로서는 억울하지만 어쩔 방법이 없었다는 말입니다. 2007년의 형사소송법 개정으로 이런 문제는 상당 부분 해결되었습니다. 형사소송법 제244조의 3 제2항은 검사 또는 사법경찰관이 진술 거부권을 알려준 다음 피의자에게 "진술을 거부할 권리와 변호인의 조력을 받을 권리를 행사할 것인지" 질문하고 그 답변을 조서에 기재하도록 규정합니다. 나아가 그 답변은 피의자가 자필로 적어야 합니다. 과거처럼 인쇄된 용지로 슬쩍 넘어가지 못하게 피의자가 자기 손으로 직접 적도록 만든 것입니다.

형사소송법 개정으로 과거보다 훨씬 나아지기는 했지만 여전히 피의자는 정신을 바짝 차리고 있어야 합니다. 피의자 신문이 끝난 뒤에는 조서 내용을 철저하게 읽어보아야 합니다. 그리고 피의자 신문 조서에 자기 표현하고 조금만 다른 것이 발견되어도 경찰이나 검사에게 그 부분을 고쳐 달라고 요구해야 합니다. 과거 수사기관은 이 순간 백이면 백 "그거나 이거나 다 똑같은 표현이잖아? 고치기는 뭘 고쳐!"라고 면박을 주어 대충 넘어가려 했습니다. 한두 대 얻어맞을 수도 있었습니다. 그렇게 얻어맞는 일은 거의 없어졌지만, 여전히 피의자는 약자입니다. 그러나 약자라고 해서 쉽게 굴복해서는 안 됩니다. 자기가 말한 대로 고쳐지거나, 최소한 자기 말과 다르게 조서가 작성되었다는 말이 조서 끝부분에 적힐 때까지는 절대로 이름을 쓰고 도장을 찍어서는 안 됩니다.

끝까지 서명·날인을 거부하면 결국 경찰관은 "피의자는 진술 거부권을 고지받지 못했다고 주장하며 서명·날인을 거부하다."라고 적을 수밖에 없습니다. 그건 이미 증거로서의 가치를 상실한 조서가 되는 것이지요.

진술 거부권에 대한 시민들의 의식도 바뀌어야 합니다. 진술 거부권은 모든 시민이 갖는 당연한 권리입니다. 위대한 방패입니다. 그 방패를 사용하는 사람을 함부로 비난해서는 안 됩니다.

2003년 8월 경기도에 있는 미 8군 영평종합사격훈련장 안에 한총련 학생들이 진입하여 성조기를 불태우며 시위를 벌인 사건이 있었습니다.

그 사건 이후 〈조선일보〉에 실린 기자수첩 칼럼 일부를 인용하자면 이렇습니다.

조사는 하루 이상 지속됐지만 경찰은 대학생들의 이름조차 모르고 있었다. 대학생들이 '묵비권'을 행사하고 있었기 때문이다……. "이름은?" 하고 경찰이 물으면 대학생들의 진술 거부로 답변이 없다. 그래서 경찰은 '묵묵부답'이라고 기재하는 식의 진술조서를 작성하고 있다고 했다……. 중부서의 한 관계자는 "한총련 대학생의 경우 내부 방침이라도 있는지 경찰서에만 오면 대부분 전면 진술을 거부한다."며 "경미한 사안으로 쉽게 끝날 수 있는 일인데도 진술을 하지 않아 그들 자신은 물론 조사를 하는 경찰도 하루나 이틀을 더 고생한다."라고 말했다. 이름조차 말하지 않는 묵비권 행사가 관행화되면서 한총련 학생들을 찾아온 면회객 등에게 매달려 이름과 주소를 간접적으로 알아내는 것이 일상화되어버렸다고 한다. "미국 반대 등의 거창한 주장을 했던 학생들이 왜 경찰서에만 오면 묵묵부답인지……. 그렇게 떳떳한 일을 한다면 이름을 밝혀야 되는 것 아닌가?" 한 경찰관은 이해가 되지 않는다며 고개를 저었다.[15)]

〈조선일보〉가 한총련의 진술 거부권에 대해 부정적인 입장을 밝힌 것은 이때가 처음이 아니었습니다. 이미 2002년 2월에도 똑같은 기자수첩 란에 비슷한 칼럼이 실린 일이 있습니다. 그때는 제목도 아예 '이해할 수 없는 경찰'이었습니다.

영장 청구 시한인 체포 후 48시간이 다가오자 경찰은 이들에게 제발 이름 석 자만 가르쳐 달라고 사정하기까지 했다. 그에 앞서 지문을 채취하려 했지만 주먹을 펴지 않고 버티는 바람에 실패했다. 거세게 추궁하면 책상에

> 머리를 찧는 자해행위로 저항한 피의자도 있었다고 한다……. 아무리 현행범이라도 경찰이 과거처럼 강압적인 수사로 인권 침해 시비가 일어나지 않도록 한 것 자체는 나무랄 수 없다. 그러나 이런 점을 고려하더라도 경찰의 조사 태도는 뭔가 석연찮은 구석이 있었다. 공권력다운 당당함은 조금도 찾아볼 수 없었다. 법에 규정된 권한을 활용했다고 볼 수도 없었다……. 경찰의 보신주의인지 말 못할 사정이 있는지 알 수 없지만 쓴웃음을 짓지 않을 수 없는 장면들이었다.[16]

앞의 칼럼 마지막에 기자가 경찰관의 입을 일부러 빌리기는 했지만, 결국 그게 기자의 생각임을 우리는 금방 알 수 있습니다. 뒤의 칼럼은 경찰에게 '공권력다운 당당함'을 아쉬워하고 있었는데, 저는 기자에게 "그럼 이런 때 어떻게 하면 공권력다운 당당함을 보여주는 것이냐?"라고 묻고 싶습니다. 그 기자분과는 달리 저는 그 경찰의 태도를 충분히 이해할 수 있습니다. 그게 민주 경찰의 당연한 태도이기 때문이지요. 이런 식의 칼럼이 〈경찰신문〉에 실렸다면 모를까, 우리나라에서 가장 영향력이 크다고 자부하는 신문에 실릴 내용은 아닙니다. 우리는 지금에야 겨우 진술 거부권 보장의 첫걸음을 내딛은 나라입니다. 서구 여러 나라 수준에까지 이르려면 아직 멀었습니다. 그런데 초기 단계에서 그나마 진술 거부권의 의미를 제대로 이해한 대학생들에 의해 행사되는 권리를 이런 식으로 비아냥거리는 것은 옳지 않습니다.

우리나라가 이제야 진술 거부권의 첫걸음을 내딛은 상황인 것은, 한총련 대학생과 같은 경우를 놓고 법학계가 벌인 논의만 보아도 금방 알 수 있습니다. 바로 피고인·피의자의 인적 사항에 관해 신문할 때까지 진술 거부권이 인정되느냐는 논쟁이 그것이었습니다. 이 부분에 대해서 우리나라에는 얼마 전까지지도 "인적 사항에 대한 신문은 피고인이나 피의자에게 불리한 진술이 아니므로 이 부분에 대한 진술 거부권은 인정될 수 없다."라고 주장하는 학자가 남아 있었습니다. 심지어 "형사소송규칙 제127조를 보면 판사가 피고인에게 진술 거부권을 고지하는 것이 인정신문 뒤의 일이므로 인정신문에 대해서는 진술 거부권을 인정할 수 없다."라는 이상한 논리가 전개되기도 했습니다. 2007년 개정된 형사소송법에서 판사의 진술 거부권 고지가 인정신문에 앞서 규정됨으로써 이제 이런 주장은 있을 수 없게 되었습니다.

지금까지 설명을 들은 분들이라면 누구나 아시겠지만, 이건 학설로 다툴 만한 내용이 아닙니다. 간단하게 생각해보십시오. 지금 한총련 학생들이 붙잡혀왔는데 경찰인 제가 아무리 성명과 주민등록번호를 물어봐도 그들은 대답하지 않습니다. 그럴 경우 제가 할 수 있는 일이 뭐가 있습니까? 없습니다. 옛날 같으면 두들겨 패고 난리가 났겠지만, 제대로 된 민주국가에서는 이에 대해서 수사기관이 어찌할 방법이 없습니다. 소극설, 적극설, 절충설로 나뉘어 다툴 문제가 아니라, 피의자가 말하기 싫으면 그냥 안 하는 것뿐입니다. 원래 모든 사람이 말할 의무를 가지고 있는데 헌법이 피의자·피고인에게 말하지 않을 권리를 인정해준 게 아니라, 모든 사람은 처음부터 말하기 싫으면 안 할 권리를 가지고 있는 것입니다. 제가 지금까지 자꾸 '그럼에도 불구하고'를 강조했다고 해서 '모든 사람에게는 말할 의무가 있는데 그럼에도 불구하고 헌법이 말하지 않을 권리를 인정한 것'이라고 오해하는 분이 있으셔서는 곤란합니다(저는 혹시 〈조선일보〉 기자분들이 이런 오해를 하고 있는 것이 아닌지 걱정스럽습니다).

결국 인정신문이든 뭐든 민주국가에서 말하기를 강요할 수는 없습니다. 이처럼 당연한 사리를 가지고도 논쟁이 벌어져야 했던 나라에서 신문들까지 이에 가세하는 것은 정말 곤란한 일이 아닐 수 없습니다.

지금은 수사기관이든, 변호인이든, 언론이든 간에 시민의 기본권을 보장하는 쪽으로 힘을 모아야 하는 때입니다. 그나마 겨우 인권 후진국을 벗어나려고 하는 단계에서 경찰 입장만 일방적으로 전하는 것은 옳지 못합니다.

마지막으로 법원이 진술 거부권을 행사한 사람들에게 불이익을 주어서는 안 된다는 점도 강조하고 싶습니다. 우리 법원은 자백한 사람은 '충분히 반성한 사람'으로, 자백하지 않은 사람은 '아직도 정신 못 차린 사람'으로 단정하는 경향이 있습니다. 자백과 반성의 정도가 관련되어 있다는 것은 근거 없는 선입견입니다. 순전히 관대한 처벌을 받겠다는 계산으로 자백하는 사람도 있고, 반대로 억울한 마음 때문에 끝까지 자백을 안 하는 사람도 있기 때문입니다. 그런 근거 없는 선입견의 바탕에는 '개전의 정' 운운하면서도 실제로는 자백 유도를 통해서 보다 편하고 신속한 재판을 하겠다는 편의주의적 발상이 자리 잡고 있습니다. 실제로 이런 법원·검찰의 태도 때문에 사실은 억울하면서도 대충 범행을 자백하고 집행유예를 받아 풀려난 뒤, 사법 체제 자체에 대해 신뢰를 포기한 사람들이 적지 않습니다. 조금 편한 길을 가겠다는 자백 위주의 사고가 결국 사법 시스템 전체에 대한 불신을 불러들인 것입니다.

그리고 무엇보다 진술 거부권을 인정한 헌법 정신을 무시해서는 안 됩니다. 조사받을 때 거짓말을 해서라도 자기를 보호하려고 하는 것은 인간의 본성에 속한 문제입니다. 진술 거부권의 행사도 마찬가지입니다. 국가가 인간에게 기대할 수 없는 것을 기대해서는 안 됩니다. 사람이 누구나 자기 방어를 위해 거짓말을 하거나 침묵하기 마련이라면, 수사기관도 더 이상 진술에 큰 가치를 두지 말고 달리 증거를 확보할 방법을 찾아야 합니다. 이미 서구의 여러 나라들이 이런 정신 아래 과학

수사 기법을 발전시켜 왔습니다. 이제는 우리도 그동안 이름뿐이었던 기본권들을 하나씩 찾아가야 할 때입니다.

8장

잃어버린 헌법, 차별받지 않을 권리

각종 차별이 삶의 현장 전체에서 일상화되어 오히려 무감각하게 되어버린 곳이 우리나라입니다. 이런 차별 공화국의 헌법 제11조는 "모든 국민은 법 앞에 평등하다. 누구든지 성별, 종교, 또는 사회적 신분에 의하여 정치적·경제적·사회적·문화적 생활의 모든 영역에 있어서 차별을 받지 아니한다."라고 선언하고 있습니다.

모든 국민은 법 앞에 평등하다. 누구든지 성별·종교 또는 사회적 신분에 의하여 정치적·경제적·사회적·문화적 생활의 모든 영역에 있어서 차별을 받지 아니한다. (헌법 제11조 제1항)

우리 사회가 군사독재의 어두운 그늘을 벗어나면서, '국가 권력으로부터의 자유' 못지않게 '국가 권력을 향한 자유'가 중요해지고, 고용주를 비롯한 '개인으로부터의 자유'가 우리 일상 속에서 더욱 절박해지게 되었습니다. 삶의 양식이 다양해짐에 따라, 자기와 다른 삶의 양식을 지닌 사람에 대한 차별도 일상 속에서 심각한 문제로 대두되고 있습니다. 법률을 공부하는 사람들에게 이는 사뭇 새로운 도전입니다.

모든 국민은 법 앞에 평등하다?

2001년 3월 내내 MBC를 통해 하루에도 몇 차례씩 방영된 신인 개그맨 모집 광고를 기억하는 분이 있을지 모르겠습니다. 조직폭력배로 분장한 개그맨 이윤석과 김진수가 잠시 몸싸움을 한 후, 이윤석이 엄숙한 얼굴로 김진수에게 묻습니다. "뜨거운 맛을 보기 전에 신인 개그맨 모집 요강을 밝혀라." 힘에 밀려 땅바닥에 주저앉아 있던 김진수는 이렇게 대답합니다. "남자는 1974년 1월 1일 이후 출생자, 여자는 1977년

1월 1일 이후 출생자는 누구나 가능하다는 이야기를 할 것 같으냐?"

튀는 방법으로 신인 개그맨 모집을 하려는 의욕이 돋보이는 광고였습니다. 문제는 이 광고의 내용입니다. 광고에 따르면, 1973년 12월 31일에 출생한 남자는 개그맨으로서 아무리 탁월한 기량과 감각을 지니고 있다 하더라도 MBC의 신인 개그맨 모집에는 응모할 수 없습니다. 자격 미달이 되는 것이지요. 1973년 12월 31일과 1974년 1월 1일 사이에 도대체 무슨 일이 있었기에 그런 구분을 하게 되었는지에 대한 설명은 전혀 없습니다.

뛰어난 코미디언으로 사랑받았던 이주일 씨라도 이런 모집 요강 아래에서는 방송 진출이 불가능했을 겁니다. 악극단을 따라다니던 이주일 씨가 단 한 번의 텔레비전 출연으로 스타가 되었을 때 그의 나이는 이미 마흔에 접어들고 있었으니까요. 남녀 사이에 존재하는 3년이라는 격차도 문제입니다. 억지로 추측해보자면 남자들의 경우 2년이 조금 넘는 군복무 기간을 고려해준 것으로 보이는데, 이 역시 명확한 근거는 없습니다. 연령에 의한 차별이든, 성별에 의한 차별이든 위 광고의 차별이 '합리적인 이유'를 갖추지 못한 것은 명백합니다.

하기야 얼마 전까지만 해도, "24세 미만의 미혼으로 용모단정한 자" 같은 황당무계한 구인광고가 심심치 않게 보이던 나라인지라 MBC의 이런 광고가 별로 이상할 것도 없지요. 연령에 따른 차별은 2010년 7월부터 고용상 연령차별금지 및 고령자고용촉진에 관한 법률이 시행되고 국가인권위원회의 권고와 고용노동부장관의 시정 명령이 가능해지면서 조금씩 나아지고 있지만, 여전히 차별 철폐는 우리에게 남겨진 중요한 과제입니다. 그동안 커밍아웃 이후 반강제로 방송에서 도중하차한 홍석천 씨의 경우처럼 성적 취향에 대한 차별이 있었는가 하면, 목욕탕에 갔다가 지체장애인이라는 이유로 입장을 거부당한 어느 이름 없는 시민에 대한 차별도 있었습니다. 장애학생을 위한 학교 편의시설 미비나 일부 대학의 장애인 입학 거부에 피해자들이 도전하기 시작한 것도 불과 수 년 전의 일입니다. 철저한 과학적 검증이 이루어지기 이전에 단지 B형 간염 바이러스 보유자라는 이유만으로 취업을 거부당한 사람들도 있었습니다. 각종 차별이 삶의 현장 전체에서 일상화되어 오히려 무감각하게 되어버린 곳이 바로 우리나라입니다.

이런 차별 공화국의 헌법 제11조 제1항은 "모든 국민은 법 앞에 평등하다. 누구든지 성별, 종교, 또는 사회적 신분에 의하여 정치적·경제적·사회적·문화적 생활의 모든 영역에 있어서 차별을 받지 아니한다."라고 선언하고 있습니다. 여기서 말하는 '성별, 종교, 또는 사회적 신분'과 '생활의' 영역이 하나의 예시 규정에 불과하다는 데 이의를 다는 학자는 아무도 없습니다. 이미 국가인권위원회법에서는 차별이 금지되는 상당히 넓은 영역을 규정하고 있기도 합니다. 그런데도 차별은 쉽게 사라지지 않습니다. 법은 있지만 차별이 여전히 살아 숨 쉬는 이유는 어디에 있을까요?

우선 무엇보다도 '성별, 종교, 장애, 나이, 사회적 신분, 출신 지역, 출신 국가, 출신 민족, 용모 등 신체 조건, 혼인 여부, 임신 또는 출산, 가족 상황, 인종, 피부색, 사상 또는 정치적 의견, 형의 효력이 실효된 전과, 성적(性的) 지향, 병력(病歷)' 등을 이유로 한 차별 현상의 상당 부분이 국가 권력과는 전혀 관계 없는 사적 생활 영역에서 일어나는 것이 문제입니다. 군사독재의 종식과 함께 우리 사회가 점차 민주화함에 따라, 국가 권력에 의한 차별보다는 오히려 사적 생활 관계의 주체들, 예컨대 고용주, 정당, 서비스 공급자, 사립대학 등에 의한 차별이 더 심각한 문제로 인식되기 시작한 것입니다.

그런데 공적 영역에서 일어나는 차별에 대해서는 헌법상의 차별 금지

조항이 직접 적용되는 데 반해, 사적 영역에서 일어나는 차별에 대해서 헌법상의 차별 금지 원칙이 그대로 적용되는지는 분명하지 않습니다. 가해자=국가, 피해자=시민인 경우에는 헌법 조항이 얼마든지 직접 적용되고, 피해자는 바로 국가를 상대로 그에 대한 시정 조치를 요구할 수 있습니다. 그에 반해 가해자도 개인이고, 피해자도 개인인 경우에는 헌법 조항을 기초로 그 피해자가 직접 가해자에게 시정 조치를 요구하기가 쉽지 않다는 이야기입니다.

예컨대 28세 이상인 남자를 고용하지 않는 기업에게 "연령에 따른 차별을 시정하라."라고 국가가 요구했더니 그 기업주는 "내가 운영하는 회사에서 일할 사람도 내 맘대로 못 뽑느냐? 나는 무조건 나이 든 사람이 싫다."라고 거부합니다. 이런 경우에 국가가 개입하기란 쉽지 않습니다. 국가와 개인 관계에는 헌법, 행정법, 형법 등 공법이 개입하게 되지만, 개인과 개인 관계는 어디까지나 공법 아닌 사법에 의해서만 해결해야 한다는 공법·사법 분리의 원칙이 우리 법 체계의 근간을 이루어 왔기 때문입니다. 자본주의 국가에서는 어느 정도 불가피한 현상이라고 볼 수도 있습니다. 그래서 기본권 침해가 있을 경우 개인과 개인 관계에 대해서도 헌법이 직접 적용될 수 있는지의 문제는 '기본권의 사인(私人)에 대한 효력'이라고 해서 헌법의 중요한 논점의 하나로 인정받아 왔습니다.

우리 헌법학자들 대부분은 기본권의 사인에 대한 효력을 인정하고 있습니다. 개인과 개인 관계에 대한 기본권 조항의 효력을 완전히 부인한다면 헌법 자체가 휴지조각이 될 수 있기 때문이지요. 그러나 기본권 조항의 효력을 인정하면서도, 그 조항들이 개인과 개인 관계에 '직접' 적용되는 것이 아니라, 사법(私法) 규정을 통해 '간접적으로' 적용되어야 한다는 입장을 취하는 학자들이 대부분입니다. 헌법이 기본권의 직접적

효력을 명시적으로 규정하고 있는 경우 이외에는 원칙상 사법 규정을 통해 간접적으로만 사인 간에 적용되는 것으로 보아야 한다는 것입니다. 이 견해에 따르면, 기본권이 갖는 파급 효과 때문에 그 효력이 개인과 개인 사이의 법률 관계에도 미치게 되지만, 그 방법은 어디까지나 신의 성실, 권리 남용, 공서양속, 불법행위 금지 등과 같은 사법상의 일반 원칙을 통한 것이어야 한다는 결론에 이르게 됩니다.[1)]

쉽게 말하자면 내가 목욕탕에 갔다가 트랜스젠더라는 이유로 입장을 거부당했다고 해서 바로 헌법을 기초로 그 목욕탕 주인에게 나를 손님으로 받아들일 것을 요구할 방법은 없다는 이야기입니다. 별도의 입법 조치가 없는 한 나는 그 목욕탕 주인에 대해서 불법행위로 인한 손해배상 청구(민법 제750조)만 가능합니다. 공법·사법이 엄밀히 구분되는 우리 현행법 체계하에서는 어쩔 수 없는 결론입니다. 개인들에 의한 차별행위는 더 늘어나고 있는데, 개인과 개인 간의 관계라는 이유로 기껏 손해배상 청구 소송을 하는 것 이외에는, 차별행위자를 감옥에 집어넣거나 차별행위를 강제로 시정할 방법이 없다는 것은 안타깝지만 어쩔 수 없습니다. 만약 장애를 이유로 한 목욕탕 입장 금지였다면 장애인차별금지 및 권리구제 등에 관한 법률이라는 별도의 입법이 존재하므로 국가인권위원회의 권고와 법무부장관의 시정 명령이 가능하고, 차별이 악의적일 때는 3년 이하의 징역 또는 3천만 원 이하의 벌금형도 내릴 수 있습니다.

두 번째로 차별행위에 대한 민사상의 손해배상액이 너무 적다는 문제가 있습니다. 차별을 당한 사람이 독하게 마음을 먹고 민사소송을 제기해서 승소를 거두었다고 칩시다. 그 손해배상액은 마음의 상처를 치유하기에는 턱도 없는 수준입니다. 목욕탕 입장을 거부당한 내가 목욕탕 주인을 상대로 승소해봐야 받을 수 있는 돈은 목욕탕비 3,500원

정도에다가 정신적 위자료 10만~20만 원이 전부입니다. 그런 소송을 제대로 수행하려면 변호사 비용만 몇백만 원이 드는데 돌아오는 것은 기껏 수십만 원이니 누구라도 소송을 제기할 리가 없습니다. 분하지만 그냥 빨리 잊어버리는 것이 정신건강에 오히려 도움이 되는 상황이 된 것입니다.

셋째로, 차별을 당한 사람에게 불법행위에 따른 손해 발생과 인과관계 등에 대한 입증 책임을 모두 지우는 것도 문제입니다. 원고에게 일차적인 입증 책임을 지우는 우리 사법의 기본 원칙이 적용된 결과입니다. 차별행위의 존재를 법정에서 입증하기란 쉬운 일이 아닙니다. 예컨대 대학을 졸업한 장애인이 어떤 회사에 지원했다가 탈락했다고 칩시다. 이런 경우 그 장애인은 회사가 장애를 이유로 자신을 고용하지 않았다는 사실을 입증해야 합니다. 그 사실을 먼저 입증하지 못하면 무조건 패소하게 되어 있습니다. 장애가 없이 그 회사에 지원했다가 탈락한 사람도 수두룩한 현실에서 장애인이 오직 장애 때문에 탈락했음을 입증하기란 불가능합니다. 승소가 그만큼 어렵다는 이야기지요.

단일 민족으로 구성되었다고 믿어지는 우리나라는 미국과 같은 살벌한 인종 차별을 경험하지 못했습니다. 그래서 차별이 정확히 무엇인지에 대해서 딱히 손으로 잡을 수 있는 개념을 체화하지 못했습니다. 평등이나 차별에 관한 논의도 다분히 추상적일 때가 많습니다. 차별이 본격적으로 사회문제가 되기 시작한 것도 군사독재에서 벗어나고 사회 전체가 다양화의 길을 걷기 시작한 90년대 이후의 일입니다. 그러다 보니 차별행위 금지가 어떻게 현실화될 수 있는지를 살펴보려면, 부득이하게 '차별 선진국'이라 할 수 있는 미국의 예를 들여다보지 않을 수 없습니다.

미국은 어떻게 차별과 함께 살아왔는가

남북전쟁이 한창이던 1863년 1월 1일, 링컨 대통령이 노예해방을 선언하고 북부가 승리했다고 해서 남부의 흑인 노예들이 진정한 자유를 얻은 게 아니라는 사실은 다들 알고 계실 겁니다. 게티즈버그 전투에서 승리한 북군은 윌리엄 셔먼(William Sherman) 장군의 지휘 아래 남부를 초토화시킨 끝에 1865년 4월 9일 남군의 항복을 받아냅니다. 북군의 승리로 이미 선포된 노예해방은 기정사실이 되었고 이는 같은 해 12월 18일 노예제도와 비자발적 노역을 금지하는 수정헌법 제13조에 수용됩니다.

선언적인 노예해방이 더욱 구체화되어 헌법에 들어온 것은 1868년 미국 수정헌법 제14조가 생기면서입니다. 좀 엉뚱한 이야기인지 모르지만, 요즘 미국 원정 출산이 우리나라에서 논란이 되고 있지요? 원정 출산이 가능한 이유는 미국이 자기 영토 내에서 태어난 모든 사람에게 시민권을 부여하는 속지주의 정책을 기본으로 하기 때문입니다. 원정 출산 논란이 있을 때마다 '미국 사람들은 왜 속지주의를 택하지? 우리나라처럼 자기 나라 국적을 가진 부모 밑에서 태어난 사람에게만 미국 국적을 주면 원정 출산 같은 건 깨끗이 해결될 텐데…….' 하는 의문을 가질 수 있습니다. 그러나 미국의 속지주의 원칙은 쉽게 무너질 수 없습니다. 바로 수정헌법 제14조 때문입니다.

적법 절차에 의하지 않은 생명, 자유, 재산의 박탈을 금지하고 법 앞의 평등한 보호를 선언한 이 조항은, 동시에 미국에서 태어나거나 귀화한 사람들이 모두 미국 시민이 된다는 원칙도 포함하고 있습니다. 원정 출산과 노예해방이 이어지는 지점이 여기입니다. 수정헌법 제14조 이전에는, 흑인 노예들은 미국 땅에서 태어났다 하더라도 미국 시민권을 얻지 못했습니다. 그러나 수정헌법 제14조 이후에는 노예이든 자유인이든, 흑인이든 백인이든 상관없이 미국 땅에서 태어난 사람들은 모두 동등한 시민권을 인정받게 되었습니다. 결국 노예 없는 평등한 세상을 위해 만들어진 조항이 우리나라의 일부 부유층에 의해서 악용되는 셈이지요.

그러나 수정헌법 제14조의 입법에도 불구하고 흑인들의 형편은 크게 나아지지 않았습니다. 남북전쟁의 종전과 더불어 '서부 개척'이라 불리는 아메리카 원주민 말살정책이 시작되고, 남부에서는 셔먼 장군이 모조리 태워버린 남부 전역의 복구와 재건설 사업이 추진됩니다. 이 와중에 법적으로 해방된 흑인 노예들은 막상 갈 곳이 없었습니다. 몸은 해방되었지만 당장 먹을 것도, 잠잘 집도 없었던 것입니다. 그동안 잠자던 집도 모두 다 주인의 소유였을 뿐입니다. 그래서 해방된 노예들은 자유를 얻기 위해 모든 것을 포기하고 자기가 살던 동네를 떠나 무일푼으로 새출발을 하거나, 아니면 원래 살던 주인집에 남아 이전과 똑같은 상태에서 이전과 똑같은 일을 하며 생활할 수밖에 없었습니다.

원주민들의 처지도 마찬가지였습니다. 우리가 어린 시절 존경해 마지않던 조지 커스터(George A. Custer) 장군이 수(Sioux)족 원주민들을 잡으러 나섰다가 그들의 전술에 말려들어 265명의 제7기병대와 함께 전사한 것이 1876년의 일인데, 원주민 사냥은 이후 수십 년간 꾸준히 계속되어 1890년에도 제7기병대가 복수를 한답시고 몇 명 남지 않은 수족들과 전투(?)를 벌인 끝에 대부분이 여자와 아이들이었던 수족 수백 명을 학살하는 사건이 일어납니다. 이 사건은 〈시카고 트리뷴〉을 비롯한 미국 언론을 통해 "제7기병대 병사들이 다시 한 번 용맹스러운 영웅들임을 보여주었다."라는 극찬을 받았지요.[2] 법적으로는 미국 시민이고 평등권을 보장받았던 흑인과 원주민들이지만 실제로는 동물보다도 못한 취급을 받았던 것이 19세기 후반의 미국 역사였습니다.

제7기병대가 수족을 학살할 때 한구석에서는 이후 60여 년 동안 미국 역사에 엄청난 영향을 끼친 사건이 진행되고 있었습니다. 1890년 6월 7일 호머 아돌프 플레시(Homer Adolph Plessy)라는 흑인 남자가 루이지애나 주 뉴올리언스에서 기차에 탑승하여 좌석에 앉자마자 경찰관에게 체포됩니다. 플레시는 자기가 체포되리라는 사실을 예상하고 있었기 때문에 전혀 놀라지 않았지요. 원래 루이지애나 주는 18명이나 되는 흑인 의원들이 의회에 진출해 있을 정도로 남부에서는 그나마 진보적인 주였습니다. 그런데도 흑인들이 백인들과 같은 기차 칸을 이용하지 못하도록 하는 법안이 통과되자 그 법률의 위헌성을 다투고자 기획된 소송에 플레시가 자발적으로 참여한 것이었습니다. 이 소송은 6년을 끌다가 1896년 플레시 대(對) 퍼거슨(Plessy v. Ferguson)이라는 연방 대법원 판결을 통해 "평등하지만 분리된다(Separate but equal)."는 기형적인 원칙을 만들어내기에 이릅니다. 흑인과 백인이 수정헌법 제14조에 의해 똑같은 평등권을 보장받은 것은 분명하지만, 그건 어디까지나 '정치적' 평등을 의미할 뿐이지 결코 '사회적' 평등을 의미하는 것은 아니었음을 확인한 것입니다. 대법관 중에 소수 의견을 통해 이 황당한 판결에 반대한 사람은 켄터키 주 출신의 전직 노예주 존 하란(John Harlan)뿐이었습니다. 하란 대법관은 두 인종은 이미 분리될 수 없는 공동운명체이므로 정부가 법의 이름 아래 인종적 증오심을 허용하는 일이 있어서는 안 된다는 소수 의견을 밝혔지요.[3)]

하란의 반대에도 불구하고 확정된 플레시 판결은 남북전쟁 이후 남부의 흑인들이 품었던 마지막 희망마저도 완전히 빼어갔습니다. 전쟁 이후 준동하던 KKK(Ku Klux Klan)단은 이 판결 이후 사실상 합법적인 린치(사적인 징벌)를 시작하였고, 미국 남부에서는 1913년까지만 계산해 봐도 일 주일에 평균 한 명의 흑인이 누명을 뒤집어쓰고 죽임을 당했습니다. 가해자인 백인들은 물론 아무런 법적 처벌을 받지 않았습니다. 정도의 차이는 있지만 이런 상태는 1954년까지 계속됩니다.

스티븐 스필버그가 제작하여 인기를 끌었던 〈밴드 오브 브라더즈(Band of Brothers)〉 미니시리즈를 기억하시는지요? 제2차 세계대전 중 노르망디 상륙 작전, 벌지 전투 등 중요한 고비마다 낙하산으로 적진에 투입하여 전공을 세운 제101공수사단 506연대 이지 중대의 이야기를 그린 이 시리즈는 미국에서 큰 인기를 끌었습니다. 우리나라에서도 케이블 TV를 통해 방영되었고, 영화 좋아하는 일부 극성 팬에게 열광적인 찬사를 받았지요. 그런데 흥미롭게도 이 영웅적 이야기에서 우리는 단 한 명의 흑인 병사도 찾아볼 수 없었습니다. 스필버그가 〈라이언 일병 구하기〉에서도 그랬던 것처럼 중간 중간 자신의 뿌리인 유대인 병사들 이야기는 끼워넣고 있지만, 흑인 병사들 이야기는 전혀 나오지 않습니다. 스필버그가 인종 차별주의자여서가 아니지요. 단순히 그 당시 제101공수사단에는 흑인 병사가 없었던 것입니다. 제2차 세계대전에 상당수의 흑인 병사들이 참가했고 1944년 이후 전사자가 급증하게 되자 육군에서 더 많은 흑인 병사들을 받아들였지만, 끝까지 주류에 속하는 최정예 공수부대에는 흑인들을 받아들이지 않았습니다. 참고로 해병대는 1941년 프랭클린 루스벨트 대통령의 행정명령 8802호에 의해서 처음으로 두 명의 흑인을 받아들였고, 제2차 세계대전에는 모두 19,000명 정도의 흑인 병사들이 복무했습니다.

제2차 세계대전과 한국전쟁을 통해 참전 흑인 병사들의 지위가 향상된 것은 사실이었다 해도, 학교, 영화관, 식당, 열차 등에서 철저한 흑백 분리(또는 분리의 탈을 쓴 차별)가 존재한 것은 변함이 없었습니다.

여전히 흑인들은 시설이 낙후된 영화관 2층에서만 영화를 볼 수 있었고, 낡은 화장실을 이용해야 했으며, 깔끔한 백인용 식수대 옆에 놓인 때가 덕지덕지 낀 흑인용 식수대에서 물을 마셔야 했습니다. 전쟁터에서 돌아온 이들은 이런 현실을 견딜 수 없었지요.

캔자스 주의 주도(州都)인 토피카 시에 살던 참전 용사 올리버 브라운(Oliver Brown)은, 매일처럼 그의 딸이 철길 건너 멀리 떨어져 있는 흑인 학교에 다니다가 혹시 기차에 치어 숨지기라도 할까 봐 걱정되었습니다. 바로 가까이에 백인 학교가 있었는데도 피부색이 다르다는 이유로 딸아이를 보낼 수 없었습니다. 그는 딸아이가 이 말도 안 되는 차별의 시대를 뛰어넘어 통합된 학교에서 공부하게 되기를 바랐습니다.

비슷한 시기에 사우스캐롤라이나 주의 해군 참전 용사 해리 브리그스(Harry Briggs)는 동네 백인 애들이 모두 학교 버스를 타고 등교하는데 자신의 다섯 자녀들은 걸어서 등교해야 하는 현실에 분노했습니다. 그가 사는 동네에는 백인 학교 학생을 위해 모두 30대의 학교 버스가 운행되었지만, 흑인 학교 학생을 위한 버스는 단 한 대도 없었습니다. 이들은 비슷한 처지에 있는 동지들 3명을 더 모아 이와 같은 흑백 분리 교육이 위헌이라는 소송을 제기합니다. 이들에게 결정적인 조언을 제공한 사람은 NAACP(유색인종 진보를 위한 국가연합) 소속의 저명한 변호사이자 하워드 대학(Howard University) 법대 학장이었던 찰스 해밀턴 휴스턴(Charles Hamilton Houston, 1895~1950 : 도망 노예의 아들로 태어나 평생을 짐크로법 철폐에 헌신한 법학자)이었습니다. '흑인들의 모세'로 불렸던 그는 형제들을 구하기 위해 이 싸움에 나섰습니다.

미국 연방대법원은 바로 이 사건, 브라운 대(對) 토피카 교육위원회 사건(Brown v. Board of Education) 판결문에서 매우 특이한 논리를 전개합니다. 분리 교육이 이루어지던 흑인 학교의 시설들은 본질적으로 불평등하며, 이런 불평등은 흑인 학생들에게 자신들의 지역사회 내 지위가 열등하다고 느끼게 함으로써 심리적으로 좋지 않은 영향을 주기 때문에 분리 교육은 철폐되어야 한다는 결론을 내린 것입니다. 아이들의 심리 상태를 판결의 기초로 삼은 것이 특이하지만, 이 판결은 플레시 판결이 낳은 오욕의 역사를 종결하고 흑백 통합을 향해 나아가는 역사의 이정표를 제시했습니다. 이 싸움이 끝난 후 "휴스턴을 제외한 우리들 나머지가 한 일이라고는 그의 가방이나 들어준 게 전부였다." 라고 술회한 그의 후배 변호사 더굿 마셜(Thurgood Marshall)은 1967년 미국 최초의 흑인 연방대법관이 되었습니다.

브라운 판결은 시민권 운동에 불을 붙였습니다. 우리가 흔히 미국 시민권 운동의 상징으로 받아들이는 마틴 루서 킹(Martin Luther King Jr.) 목사가 혜성처럼 나타나 활동을 시작한 것도 브라운 판결 이후의 일입니다. 1956년 앨라배마 주 몽고메리에서 로자 파크스(Rosa Parks)라는 흑인 여성이 버스 속에서 너무 피곤해 백인들 자리에 앉았다가 체포된 사건이 마틴 루서 킹이라는 탁월한 운동가의 데뷔 무대를 제공했지요. 지성과 매력을 지닌 43세의 독실한 감리교 신자 파크스 여사는 브라운 판결 이후 또 다른 전환점을 기다리던 NAACP 운동가들의 관심을 모았고, 이 사건은 전국적인 불복종 운동을 불러일으켰습니다. 그 운동의 중심에 킹 목사가 있었던 것입니다. 이후 불굴의 의지로 계속된 시민권 투쟁은 1964년의 시민권법(Civil Rights Act of 1964)으로 결실을 맺습니다.

미국은 어떻게 차별과 싸워왔는가

1964년 미국 시민권법은 시민권과 관련하여 미국에서 입법된 법률 중 가장 큰 의미를 지닙니다. 이 법은 총 11개 장으로 구성되어 있으며, 선거권, 숙박시설을 비롯한 각종 시설 이용권, 교육, 고용, 연방기금 이용 등에 관한 차별 금지를 광범위하게 규정하고 있습니다. 특히 시민권법 제7장은 인종, 피부색, 종교, 성별, 출신 국가를 이유로 한 고용상의 차별을 금지함으로써 차별의 역사를 종식하는 데 결정적 역할을 담당했습니다.

원래 이 법안이 처음 만들어질 당시에는 성별이 포함되어 있지 않았으나, 이 법안의 입법에 불만을 가지고 있던 하워드 스미스(Howard W. Smith) 하원의원이, 성별에 따른 차별을 포함할 경우 남성 의원들의 반대를 유도해내 법안 자체를 폐기할 수 있으리라는 엉뚱한 생각에서 성별에 따른 차별 금지를 포함시켰다고 하지요. 그런데 이 조항이 그대로 통과됨에 따라 이후 성별에 기초한 차별을 막는 데 크게 기여했다고 전해옵니다.[4]

입법 당시에는 미국 전역에 만연한 인종 차별을 막는 데 주안점이 있었으나, 의회는 고용에서의 차별뿐 아니라 보다 폭넓은 경제·사회적 효과까지도 염두에 두고 이 법을 만들었습니다. 이 법 제705조 이하는 고용기회평등위원회(EEOC, Equal Employment Opportunity Commission)의 역할을 규정하고 있습니다. 상원의 동의를 얻어 대통령이 임명한 5명의 위원으로 구성된 이 위원회는 피해자 주장에 대한 조사, 예비 결정, 조정뿐만 아니라 피해자를 대리한 소송도 수행할 수 있는 권한을 가지고 있습니다. 실제로 미국에서 일어나는 고용 관련 소송의 상당수는 개인이 아닌 고용기회평등위원회가 수행하고 있지요.

고용기회평등위원회는 시민권법의 내용을 더욱 구체화하여 "사용자가 면접에서 취업 예정자에게 직접 또는 간접적으로 인종, 피부색, 종교, 성별, 출신 국가 등을 묻는 행위는 그 자체로 차별행위의 존재를 추정케 한다."라는 입장을 취합니다. 시민권법 자체가 이러한 질문 항목을 금지하고 있지 않음에도 불구하고, 해석을 통해 차별 금지가 실질적인 규범력을 갖도록 만든 것입니다. 차별을 금지하려면 막연하게 인종, 피부색, 종교, 성별, 출신 국가에 따른 차별을 하지 말라고 선언만 해서는 안 되며 처음부터 입사 지원서에 그런 항목을 집어넣지 못하도록 하고, 면접시에 묻지도 못하게 하는 것이 가장 효과적인 방법임을 일찍이 간파한 고용기회평등위원회의 멋진 해석이었습니다.

이런 해석은 각 주의 입법에 의해 더욱 구체화되었습니다. 캘리포니아를 비롯한 10개의 주들과 약 50개의 도시들은 성적 경향에 따른 차별을 금지하는 입법을 완료했고,[5] 워싱턴 DC처럼 외모에 따른 차별을 금지하는 곳도 있습니다. 워싱턴 DC에서는 이런 입법에 기초해 외모와 행동을 이유로 자주 희롱을 당하다 여직원이 사임했을 경우 고용주는 시민권법을 위반한 것이라는 판결도 나오게 되었지요.[6] 여기서는 웨스트버지니아 시민권법(West Virginia Human Rights Act)하에서 웨스트버지니아 인권위원회(West Virginia Human Rights Commission)가 제정한 취업 과정에서의 질문조항 제한 가이드라인을 자세히 살펴보도록 하겠습니다.[7]

웨스트버지니아 인권위원회의 가이드라인에 따르면 먼저 남녀 성별을 알 수 있도록 하는 Mr. Mrs. Miss. Ms 등의 표기를 요구하는 것이나, 취업 예정자의 성별을 묻는 것이 금지됩니다. 남자인지, 여자인지는 면접 때 보고 알아서 짐작하면 되는 것이므로 서류에 표시하지 못하도록 한 것입니다. 몸무게와 키, 출신 국가를 묻는 것도 금지되며, 취업 예정자의 출신 국가를 은근히 알아내려고 외국 주소를 묻는 것도 금지됩니다. 연령에 의한 차별을 막기 위해서 취업 예정자의 출생 연월일을 묻는 것도 금지됩니다. 우리나라처럼 처음부터 나이 제한을 두었다가는 온 세상에 "우리 회사는 연령에 따른 차별을 하고 있소."라고 광고하는 꼴밖에 안 됩니다.

회사는 아무래도 부양가족이 많이 딸리지 않은 미혼 남자를 선호하기 마련이므로 부양가족의 수를 묻는 것도 금지됩니다. 인종이나 피부색, 머리카락 색깔, 눈동자 색깔을 묻는 것은 당연히 금지되겠지요. 재미있는 것은 사진의 요구도 금지하고 있다는 사실입니다. 우리나라처럼 사진을 보고 못생겼다고 바로 지원서를 휴지통으로 보내거나, 나중에 직접 보고 "실물보다 사진이 훨씬 낫군요."라고 면접관이 타박을 주는 일은 상상도 할 수 없습니다. 종교나 신조를 물어서도 안 되고 미국으로 귀화한 것인지 미국 출생인지를 묻는 것도 안 되며, 시민권 취득 일자를 묻는 것도 안 됩니다. 출생 장소, 출신 국가를 묻는 것도 안 됩니다.

취업 예정자가 다닌 학교의 민족적·인종적·종교적 성향을 묻는 것도 금지됩니다. 소수자들이 아무래도 체포된 기록이 많을 수밖에 없다는 점을 고려하여 체포된 적이 있는지 묻는 것도 금지됩니다. 범죄 기록, 군 경력을 물어서도 안 되고, 인종·종교·피부색·성별·조상·장애 등을 나타낼 수 있는 단체의 가입 경력을 묻는 것도 안 됩니다. 정신적, 신체적 장애의 유무를 묻는 것도 금지됩니다. 재산 상태를 묻는 것도 금지됩니다.

물론 일단 취업이 결정된 이후에는 회사에서 생년월일, 부양가족, 사진, 종교나 신조, 귀화 또는 출생을 입증하는 서류, 출생 장소 등을 요구할 수 있습니다. 취업 이후에 종교나 신조를 물을 수 있도록 한 것은 노동자가 사망하는 등 긴급 상황에 임종이나 장례를 집전할 성직자를 찾기 위한 제한적 목적으로 허용된 것입니다.

웨스트버지니아 시민권법의 내용을 보니 어떤 생각이 드십니까? 우리나라에서 신입 사원을 뽑을 때 물어보는 내용의 거의 절반 이상은 미국에서 질문을 금지하는 항목에 포함되겠지요? 우리나라의 일부 대기업들은 입사 지원서에 위의 금지된 항목 대부분을 포함할 뿐 아니라, 심지어 '가족·친지 중 국회의원 등 유력인사'를 적는 칸까지 따로 마련하고 있습니다. 이런 칸에 뭔가를 적을 수 있는 사람은 채용에서 유리할 뿐만 아니라, 나중에 회사에 급한 일이 터지면 이를 참조하여 로비할 사람과 대상을 정하겠지요. 그야말로 황당하다고 할 수밖에 없는 우리의 차별 현실입니다.

입법을 통해서뿐 아니라, 각종 소송을 통해서도 시민권법에 따른 차별 금지의 효과가 나타나기 시작했습니다. 거의 모든 주들이 시민권법을 더욱 구체화한 개별 입법에 나섬에 따라, 노골적이고 외형상 명백한 차별행위는 사실상 근절되었기 때문에, 대부분의 소송들은 숨겨진 차별행위를 대상으로 한다는 데 그 특징이 있습니다. 대표적인 것으로, "외형상 차별로 보이지 않고, 차별하려는 고의가 없다 하더라도, 이미 존재하는 차별적 고용 형태를 존속시키는 행위는 허용되지 않는다."라는 그리그스 판결,[8] "취업 지원서 양식에 여성만을 대상으로 한 질문 항목을 포함시키는 것은 위법"이라는 로블루스키 판결[9] 등을 예로 들 수 있습니다.

그리그스 판결에서 피고인 회사 측은 육체노동 부서를 제외한 다른 부서에서 일하는 모든 근로자들에게 고등학교 졸업장을 요구했습니다. 대부분의 흑인 근로자들이 육체노동 부서에서 일하고 있는 상황에서, 이와 같은 새로운 요구 조건은 흑인 근로자들이 좀 더 근무 조건이 나은 부서로 이동하는 것을 원천적으로 봉쇄하는 것이었지요. 고등학교 졸업장이 없는 흑인들은 평생 육체노동 부서에서만 일하고 다른 곳에 가는 것은 꿈도 꾸지 말라는 것이었는데요. 우리나라 같으면 아마도 "그게 무슨 차별이냐, 사무 부서에서 고교 졸업장을 요구하고, 육체노동 부서에서 그렇게 안 하는 것은 당연한 것 아니냐."라고 하시는 분들도 있을 겁니다. 표면상 이와 같은 고교 학력 요구는 전혀 차별적인 것이 아니니까요. 그러나 미국 연방대법원은 이와 같은 학력 요구가 고교 학력을 갖지 못한 대부분의 흑인 노동자들에 대한 현실적 차별을 계속 유지하도록 만드는 이상 허용될 수 없다고 판결했습니다.

워로블워스키 판결에서 피고 렉싱턴 가든스(Lexington Gardens) 회사는 취업지원서상의 건강진술서 양식에 여성에게만 해당되는 산부인과적 질문 7개를 포함시켰습니다. 위 회사가 여성들에게 이러한 항목에 대답하기를 요구한 것만으로 이미 원고 측은 차별행위의 존재에 대한 잠정적인 입증을 마쳤고, 회사가 이러한 차별의 합리적인 이유를 설명하지 못함으로 인해 피고 패소가 확정되었지요. 피고 회사는 이러한 질문 항목이 성차별을 하려던 것이 아니라 단지 여성 근로자들의 건강을 위한 조치였을 뿐이라고 주장했으나, 법원은 이러한 주장은 합리적인 차별의 근거가 되지 못한다고 판시했습니다. 워로블워스키 판결은 차별 관련 소송이 어떤 식으로 진행되는지를 잘 보여주고 있습니다.

미국의 차별 금지 소송들

여기서 잠시 미국의 차별 금지 소송들이 어떻게 진행되는지 살펴볼까요? 이를 이해하려면 먼저 미국 근로관계법의 토대가 되는 가장 중대한 원칙인 '임의 고용의 원칙' 또는 '해고 자유의 원칙'을 알아야 합니다. 영어로 'Employment-at-Will'로 표현되는 이 원칙은, 명시적으로 존속 기간이 정해져 있지 않은 고용계약의 경우, 사용자는 아무런 이유 없이, 어느 때나 근로자를 해고할 수 있다는 것입니다. 그야말로 '마음대로 해고' 원칙이 미국의 근로관계를 지배하고 있는 셈이지요. 해고 장면이 단 하나라도 나오는 미국 영화를 떠올려보면 이 원칙을 아주 쉽게 이해할 수 있습니다.

톰 크루즈가 주연한 〈제리 맥과이어〉를 보면, 스포츠 매니저인 맥과이어는 자기 분야에서 최고로 인정받던 사람이지만, 어느 날 '중요한 것은 돈이 아니며 소수의 고객들에게 진정한 관심을 기울일 필요가 있다.'는 제안서를 제출했다가 당장 해고됩니다. "당신 잘렸어."라는 말을 듣는 순간 제리가 할 수 있는 일은 그저 이삿짐 박스를 찾아 자기 소지품을 챙겨 회사에서 걸어 나오는 것뿐입니다. 해고의 정당성을 다툴 방법은 없습니다. 해고 자유의 원칙은 이처럼 '좋은 이유든, 나쁜 이유든, 심지어 아무 이유 없이도(for good reason, bad reason or even no reason at all)' 사용자가 근로자를 해고할 수 있다는 표현으로 압축될 수 있습니다. 해고 자유의 원칙 아래 놓인 근로자는 적어도 근로의 계속에 관한 한 사용자에 대해 아무런 권리를 갖지 못합니다.

해고 자유의 원칙에 기초한 부당 해고의 가장 큰 피해자는 전통적으로 소수자에 속한 근로자들이었습니다. 유색인종이나 여성, 장애인의 경우, 불합리한 편견으로 인해 아무런 이유 없이 언제든지 해고될 가능성이 있었던 것입니다. 이러한 소수자들을 보호하기 위한 입법 중 가장 선구적인 것이 바로 미국 시민권법과 장애인법 같은 법률들이었습니다.

차별 금지 입법의 효과는 다음과 같습니다. 회사에서 해고를 당한 근로자는 앞서 설명한 해고 자유의 원칙 때문에 원칙적으로 해고에 대해 이의를 제기할 방법이 전혀 없습니다. 해고는 어디까지나 사용자의 자유에 속하기 때문이죠. 그러나 만약 해고당한 근로자가 시민권법이 보호하는 대상에 속할 경우에는, "내가 해고당한 것은 흑인(여성, 이슬람교 신자 등등)이기 때문"이라고 주장하기만 하면 그 해고에 차별이 존재했다는 '잠정적 추정'을 받게 됩니다. 사용자는 이와 같은 근로자의 주장이 사실이 아니며, 그 근로자를 해고하는 데 인종, 피부색, 종교, 성별, 출신 국가 때문이 아닌 다른 정당한 이유가 있었음을 설명해야 하는 입증 책임을 지게 됩니다. 결과적으로 해고 자유의 원칙의 예외가 인정되는 것이지요. 사용자가 입증해야 하는 것은 차별적 동기에 의한 해고가 아니라는 사실이지만, 실질적으로는 해고 자체에 정당한 이유가 있었음을 적극적으로 입증해야 하는 결과를 낳게 되었습니다.

결국 유색인종, 여성, 장애인 등이 해고되었을 경우, 인종, 성별, 장애 때문에 해고되었다고 주장하기만 하면 구체적인 입증이 없어도 일단 차별로 인해 해고되었음이 잠정적으로 추정되고, 회사 측이 그의 해고에 장애 이외의 정당한 이유가 있었음을 입증하지 못하는 한 부당 해고가 인정되는 것입니다. 미국에서 AIDS, 비만, 알코올 중독 등을 장애로 볼 것인지가 문제가 되고 이에 대한 각급 법원의 판결이 쌓여가고 있는 것도, 장애 인정 여부에 따라 채용과 해고 등에서 받게 되는 보호의 정도가 전부 또는 전무(all or nothing)의 엄청난 차이를 낳게 되는 까닭입니다. 이처럼 특별한 보호를 인정하는 것은 이들에게 특혜를 주자는 것이 아니라 차별 현실을 있는 그대로 인정하자는 것임을 기억할 필요가 있습니다.

미국은 차별 금지 입법이 이루어진 영역에 대해서 이런 식으로 사실상 회사 측에 입증 책임을 지움으로써 차별 피해자들이 보다 손쉽게 소송을 할 수 있는 길을 열어놓았습니다. 또한 차별 피해자가 승소할 경우 '징벌적 손해배상'을 인정함으로써 피해자들을 구제함과 동시에 가해자 측으로 하여금 무서워서라도 더 이상 차별을 못 하도록 하는 정책을 취하고 있습니다. 징벌적 손해배상은 가해자가 악의로 불법행위를 행하는 경우 피해자에 대한 배상뿐만 아니라 처벌적 의미를 지닌 손해배상금까지 인정하는 제도입니다. 고의로 불법행위를 저지른 가해자를 처벌하고, 앞으로도 그와 유사한 행위를 억제하기 위하여 전보(塡補)적 손해배상에 더해 부과되는 손해배상이지요. 징벌적 손해배상은 가해자의 위법행위로 입은 손실을 피해자에게 단지 전보할 뿐만 아니라, 일종의 시범으로 가해자를 처벌하기 위한 것입니다.[10)]

미국의 어느 패스트푸드 회사가 커피를 판매하면서 뚜껑에 '뜨거우니 조심하라'는 표기를 안 했다는 이유로, 커피에 화상을 입은 고객에게 엄청난 돈을 물어주었다는 이야기를 들은 적이 있으신지요. 이것이 바로 징벌적 손해배상의 예입니다. 우리나라 같으면 화상에 대한 치료비와 약간의 정신적 위자료만 받아도 다행인 경우겠지요. '커피는 뜨겁다'는 상식에 대해 따로 경고를 주지 않았다는 이유로 회사 측에 책임을 지운 것은, 대기업이나 다수자로 하여금 고객 및 소수자에 대한 배려를 잊지 않도록 법이 강력히 요구한 것입니다. 이 커피 사건은 합의로 끝이 났기 때문에 피해자에게 정확히 얼마나 많은 돈을 주었는지는 알려져 있지 않습니다. 다만 현재 미국에서 판매되는 모든 커피의 뚜껑에 써 있는 '뜨겁다(hot)'는 문구가 그런 일이 있었음을 보여주고 있을 뿐이지요.

징벌적 손해배상이 존재하기에 차별행위를 감행하는 회사는 거의 문닫을 각오를 해야만 합니다. 앞서 예로 들었던 우리나라 목욕탕 주인도 미국이었다면 아마 수천만 원의 징벌적 손해배상금을 물고 목욕탕 문을 닫았을 것입니다. 개인과 개인 사이의 차별이고, 원칙적으로 민사소송에 의해 해결되기는 하지만 다른 어떤 처벌보다 무서운 효과를 거두고 있는 것입니다.

우리나라는 미국과 달리 해고 자유의 원칙이 인정되지 않습니다. 우리 근로기준법이 모든 해고에 '정당한 이유'를 요구하고 있는 까닭입니다(제30조). 그러나 1997년의 외환위기를 전후하여 이와 같은 해고 제한 정신은 급격히 붕괴되고 있습니다. 근로기준법 제31조에서 경영상 이유에 의한 해고가 명문화되고 법원이 이를 폭넓게 해석함으로써 사실상 미국의 해고 자유의 원칙에 가까운 새로운 흐름이 근로관계를 지배하게 된 것입니다. 하지만 해고 자유의 원칙이 우리 근로관계에 수입되고 있는 반면 '차별 금지'가 구체적으로 무엇을 의미하는지, 차별 금지 입법에 따라 입증 책임의 전환이 어떻게 이루어져야 하는지, 차별이 인정될 경우 어떤 구체적인 구제책을 마련해야 하는지에 대해서는 학계와 실무 법조계가 무지 속에 침묵함으로써, 장애인 등 소수자의 권리 보호에 심각한 공백이 생겼습니다. 해고 '제한'의 입법 아래 있는 우리나라의 소수자들이 해고 '자유'의 원칙이 인정되는 미국 소수자들보다 오히려 보호를 못 받는 이상한 현실은, 차별 금지 입법과 함께 구체적인 권리 구제수단의 마련이 절실함을 보여주고 있습니다.

차별 철폐를 위해 우선 할 수 있는 일

공법과 사법이 엄격히 구분되고, 개인 간 기본권의 효력에 관한 논란이 계속되는 우리 상황에서 차별 문제를 단번에 해결할 묘책을 찾기는 쉽지 않습니다. 미국과 같은 징벌적 손해배상 제도의 도입이나 시정명령의 도입 등 여러 가지 대안이 논의되고 있기는 하지만, 대부분 입법적으로 중대한 결단을 필요로 하는 것들입니다. 그러나 조금만 생각의 방향을 바꿔보면 비교적 손쉬운 출발점을 찾을 수 있습니다.

차별 문제를 두고 전문가들이 대안이랍시고 자주 제시하는 것이 국민들의 '의식 개혁'입니다. 의식 개혁은 차별뿐 아니라, 신속한 해결을 요하는 대부분의 현안에 대한 근본적인 대책으로 제시됩니다. 의식 개혁 다음으로 정부가 자주 선택하는 해결책으로 '위원회 설치'가 있습니다. 무슨 문제가 터지고 나면 일단 위원회를 만들어 정부가 뭔가 하고 있다는 것을 보여주려는 것이지요. 그런데 그 위원회들이 오랜 토론 끝에 만들어내는 대책도 '의식 개혁'인 경우가 많습니다. 하지만 그 의식 개혁을 어떻게 이루어낼 것인지에 대한 구체적인 방법이 함께 제시되는 경우는 거의 없습니다. 기껏 어깨띠를 두르고 거리에 나가 전단지를 나눠주며 이런저런 캠페인을 벌이는 것이 전부인 때도 있는데, 그런 캠페인을 보고 "차별을 하지 말아야지."라고 결심할 사람이 몇 명이나 될까요.

저는 차별 금지 소송의 증가가 우리 의식 개혁의 중요한 출발점이 될 수 있다고 생각합니다. 차별행위가 발생할 때마다 피해자가 소송을 하고, 만족스럽지 않은 액수더라도 손해배상금을 받아낼 수 있게 된다면 차별에 관한 무관심의 벽은 서서히 무너질 것입니다. 그런데 이미 말씀드렸다시피 소송을 하기 위해서 변호사를 선임하려면 엄청난 돈이 들고, 소송의 결과로 얻게 될 배상액이 너무 적은 데다가, 소송을 하려면 귀찮은 일이 한두 가지가 아니기 때문에 현재의 우리 법제하에서 차별 관련 소송이 현실화되기란 아주 어렵습니다. 지금까지 그나마 몇 건의 차별 관련 소송들이 사람들의 주목을 받을 수 있었던 것은 공익 문제에 관심이 있는 소수의 변호사들이 아예 돈 버는 것을 포기하고 그런 문제에 달려들었기 때문에 가능한 일이었습니다. 그러나 아무래도 돈을 버는 것이 첫 번째 목적인 변호사들에게 이런 끝없는 '선의'만을 기대하기란 쉽지 않습니다.

사법시험 합격자가 증가하고 로스쿨이 도입되면서 공익 분야에 몸을 던지는 뜻있는 젊은 변호사들이 증가하고 있는 것도 사실입니다만, 이들은 대부분 법조계의 높은 벽 앞에서 자신의 생존을 위해 몸부림쳐야 하는 사람들입니다. 차별받는 이웃을 위해 일하고 싶은 의욕은 있지만, 먹고 살아야 한다는 눈앞의 과제 때문에 많은 시간을 공익 분야에 투자할 수는 없습니다. 변호사들끼리 하는 이야기 중에 "변호사는 돈을 먹어야만 작동하는 기계다."라는 것이 있습니다. 변호사 노릇을 계속하다 보면 아무래도 돈을 많이 받은 사건에 더 힘을 기울이게 됩니다. 늘 시간에 쫓기는 직업이기 때문에 더욱 그렇습니다. 그러니 생존을 위해 돈을 벌면서, 다른 한편 공익을 위해 어렵게 시간을 내야 하는 변호사들이 공익 쪽 일에 전념하는 데는 한계가 있기 마련입니다. 의욕은 있지만 몸과 현실이 따라주지를 않는 괴리가 생기는 것이지요.

저는 바로 이 괴리야말로 국가가 개입해야 할 지점이라고 생각합니다. 가난한 이웃, 차별받는 이웃을 위해 일하고자 하는 젊은 변호사들이 있고, 일상 속의 차별에 노출되어 있으면서도 아무런 구제책을 찾지 못하는 소수자들이 있습니다. 이 두 그룹의 연결을 막는 벽은 다름 아닌 '돈'입니다. 그 벽을 무너뜨리는 역할을 국가가 하면 되는 것이지요.

이미 차별 문제에 적극적으로 개입할 의지를 지닌 '국가인권위원회'가 있기는 합니다만, 현재 국가인권위원회의 권한은 차별행위에 대한 조사와 권고로 제한되어 있습니다. 그러나 국가인권위원회가 차별 철폐와 시민권 보호의 진정한 보루 역할을 하려면 반드시 피해자를 대리하여 직접 소송을 수행할 수 있는 권한을 가져야 합니다. 목욕탕에 가려다가 편견에 가득 찬 주인 때문에 입장을 거부당한 트랜스젠더나 장애인의 권리를 지켜주기 위해서는, 단순히 조사하고 권고하는 것만으로는 충분치 않습니다. 그 목욕탕 주인을 상대로 단돈 10만 원을 받아내더라도 이 사건을 자기 것으로 생각하고 달려들 수 있는 의식 있는 변호사가 필요한 것입니다. 이런 작은 사건 하나로 목욕탕 주인이 손해배상금 10만 원 혹은 100만 원을 물고, 이 사실이 보도되고, 사람들이 조심하게 되면 의식 개혁은 자동적으로 이루어지게 됩니다. 그런 의미에서 저는, 소송을 전담할 권한과 예산을 지닌 기관이 국가인권위원회 내에 반드시 만들어져야 한다고 믿습니다.

그런데 여기에는 한 가지 문제가 있습니다. 우리나라에는 이미 "경제적으로 어렵거나 법을 모르기 때문에 법의 보호를 충분히 받지 못하는 자에게 법률 구조를 하여줌으로써 기본적 인권을 옹호하고 나아가 법률복지의 증진에 이바지하게 함"을 목적으로 하는 '법률구조법'이 있습니다. 그리고 이러한 법률구조를 효율적으로 추진하기 위해 설립된 '대한법률구조공단'도 존재합니다. 1987년 '농어민, 월수입 40만 원 이하 근로자 및 영세상인, 6급 이하 공무원, 위관급 이하 군인, 국가보훈대상자, 기타 생활보호대상자' 등을 법률구조 대상자로 하여 설립된 대한법률구조공단은, 그동안 규모나 업무 면에서 성장을 거듭하며 서민들의 기본권 보호에 상당한 역할을 해왔습니다. 현재는 법률상담은 누구나 무료로 받을 수 있고, 공단에서 직접 소송을 대리하거나 형사변호를 해주는 법률구조는 월평균 수입 260만 원 이하의 국민 및 국내 거주 외국인, 국가보훈대상자 및 5·18 민주유공자, 위관급 장교 이하의 군인, 물품의 사용 및 용역의 이용으로 인한 피해를 입은 소비자, 헌법재판소가 소속 변호사 또는 공익법무관을 국선대리인으로 선정한 사건의 청구인, 법원으로부터 소송구조결정을 받은 사람, 법원이 소속 변호사 또는 공익법무관을 국선대리인으로 선정한 사건의 피의자 또는 피고인, 가정폭력·성폭력으로 인한 피해자, 국내 거주 북한 이탈 주민, 농업인·어업인·축산인·장애인·생활보장 수급자·기초노령연금 수급자·체불 임금 근로자·범죄 피해자·소상공인과 같이 특별한 지원이 필요하여 무료 법률구조 대상자로 지정된 사람, 의사자 유족·의상자와 그 가족, 중장기 복무 제대 군인, 가족관계 미등록자, 다문화가족(결혼이민자와 귀화 허가를 받은 자), 기타 생활이 어렵고 법을 몰라 혼자서는 법률 문제를 처리할 수 없는 국민 또는 국내 거주 외국인 등에게 제공됩니다. 법률구조 대상 사건도 민사뿐만 아니라 가사, 형사, 행정심판, 헌법소원에까지 확장되었습니다. 대한법률구조공단이 이렇게 자리를 잡는 데는 초창기부터 의욕을 가지고 법률구조 업무에 참여한 수많은 젊은 변호사들의 헌신이 있었습니다. 1995년부터는 대한법률구조공단 근무로 군복무를 대체하는 공익법무관 제도가 신설되어 젊은 법조인들이 계속적으로 충원됨으로써 인력난도 어느 정도 해소되었습니다. 이런 훌륭한 기관이 존재하는데 무엇이 문제냐고요?

문제는 대한법률구조공단의 태생적 한계입니다. 이 훌륭한 기관에는 그동안 김성기, 김동철, 김현철, 심상명, 최신석, 허진호, 정홍원, 황성태 등 모두 8명의 이사장이 근무했거나 근무하고 있습니다. 이들 중 노무현 전 대통령이 임명한 허진호 변호사를 제외한 일곱 분은 모두 평생을 검찰에서 보내고, 법무부장관, 고등검사장, 검사장 등을 지낸 후 대한법률구조공단 이사장에 임명되었다는 공통점을 갖습니다. 이들의 임명권자는 법무부 장관입니다. 처음부터 법무부 산하기관으로 출발했기 때문에 공단 이사장은 퇴직한 검찰 고위 관료들을 위해 마련된 자리로 인식되어온 측면도 없지 않습니다. 검찰 고위직을 지냈다는 사실이 공단 이사장으로서 무슨 결함이 되는 것은 아닙니다만, 평생을 주로 사람을 잡아들이는 데 보낸 사람들만을 법률구조기관 책임자로 임명해온 관행에는 분명히 문제가 있습니다. 30년 이상 사람들을 피의자·피고인으로 대해온 분들, 소수자의 입장보다는 국가의 입장에서 사건을 봐오던 분들이 과연 가난한 사람들, 차별받는 사람들의 관점에서 문제 해결에 나설 수 있을까요? 법률구조기관의 책임자는 평생을 '구조받는 사람들'의 입장에서 일해온 분들 중에서 찾는 것이 옳습니다. 이사장을 맡으신 분들이 검찰 내에서 비교적 신망이 두터웠던 분들이었기 때문에, 당사자들이 들으면 다소 억울할 수도 있을 겁니다. 그러나 한 사람이 평생을 거쳐 쌓아온 세계관이 쉽게 변하는 것이 아니라는 점을 생각할 때, 대한법률구조공단 이사장은 인권 옹호 분야에서 일해온 변호사들 중에서 찾는 것이 옳습니다. 오죽하면 국가인권위원회를 특수 민간법인으로 만들겠다는 법무부 안이 발표되었을 때, 시민단체들로부터 "(국가인권위를 그런 식으로 만들면) 현재의 구조공단처럼 퇴직한 검사장을 위한 자리 하나를 더 만드는 것에 불과하다."라는 즉각적인 비판이 나왔겠습니까?[11)]

결국 차별 문제에 뛰어들어 가장 적극적으로 일할 수 있는 기관 두 곳(국가인권위원회와 대한법률구조공단)의 업무는 어떤 형식으로든 더 효율적으로 정리되어야 할 필요가 있습니다. 현재는 국가인권위원회가 피해자의 권리 구제를 위해 필요하다고 인정하는 경우에 대한법률구조공단에 법률구조를 요청할 수 있도록 규정되어 있지만, 이 정도의 협조관계만 가지고는 인권 보호가 유기적으로 이루어질 수 없습니다. 대한법률구조공단 소속 변호사들이 국가인권위원회의 '요청'에 의해 소송을 수행하는 것과, 국가인권위 소속 변호사들이 '자기 고유의 업무로' 소송을 수행하는 것 사이에는 차이가 있을 수밖에 없기 때문입니다. 국가인권위원회는 차별 금지를 향한 강한 의지를 가지고 있으나 현실적으로 이를 실현할 수단을 가지고 있지 못하고, 대한법률구조공단은 이를 실현할 기본 조직을 가지고 있으나 차별 금지에 관한 인식 면에서 한계를 갖고 있습니다. 이런 기형적인 현실은 반드시 극복해야 합니다. 이런 문제는 대한법률구조공단이 상담 영역을 차별 분야로 대폭 확대하는 것만으로 해결될 수 없습니다. 현재 구조공단의 마인드로는 차별을 몸으로 겪어온 피해자 또는 법률 소비자 입장에서 사안을 해결하기가 매우 어렵기 때문입니다.

저는 궁극적으로 대한법률구조공단이 법무부와 검찰의 그늘에서 벗어나 국가인권위원회 산하로 가는 것이 옳다고 생각합니다. 일상에서 부딪치는 서민들의 형사, 민사 문제를 도와주는 기존 업무를 계속 수행하되, 21세기 우리 법률 영역 최대의 화두가 될 차별 철폐 과제를 제대로 수행하기 위해서는 지금과 같은 이원화 구조는 한계가 있습니다. 직접 도움을 받을 당사자 입장에서도 법무부 냄새가 물씬 나는 기관보다는 인권위처럼 분위기가 부드러운 기관에서 훨씬 더 편안함을 느낄 수 있습니다. 국가인권위원회와 국가인권공단(가칭)의 유기적 협조를 위해서, 국가인권위원 중의 1인이 국가인권공단의 책임자를 겸임하는 것도 생각해볼 수 있습니다.

대한법률구조공단에서 몇 년 동안 열심히 일하고 나면, 검사로 임용해주는 관행도 없어져야 합니다. 법률구조 업무는 그 자체로 검찰 못지않게 중요한 일입니다. 그런 기관에서 일할 변호사들 중에 비록 한두 명일지라도 '성적이 안 되어 할 수 없이 구조공단으로 가지만, 공단에서 열심히 일하면 검사로 임용해준다니 그걸 노려보도록 하자'는 마음을 가진 사람이 있어서는 안 됩니다. 처음부터 시민운동을 하는 자세로 인권 옹호 업무에 헌신할 사람들이 이 분야에 뛰어들어야 합니다. 그럴 자세를 갖춘 사람들도 이미 충분히 준비되어 있습니다.

만약 인권위와 구조공단의 결합이 당장 어렵다면, 또는 구조공단을 여전히 법무부 산하 조직으로 두고 싶다면, 단기적으로는 국가인권위원회 산하로 차별 관련 소송 업무를 전담할 조직을 신설할 수밖에 없습니다. 어쨌든 지금처럼 손발이 빠진 국가인권위원회로는 안 됩니다. 처음 만들 당시에 법무부와 힘겨루기를 하느라, 이것저것 다 빠져나가는 과정에서 여러모로 힘을 잃은 것이 지금의 국가인권위원회입니다. 출발부터의 근본적인 한계에도 불구하고 지금까지 최선을 다해온 것은 사실입니다만, 이제는 다음 단계로 도약을 준비해야 할 때입니다. 저는 차별 관련 소송을 전담할 조직을 구성하는 것이 이런 도약의 첫 단추가 되리라 믿습니다. 이런 조직이 만들어지고 나면, 국가인권위원회는 소송을 통해 해결하는 것이 합리적이라고 판단되는 사건들을 당사자의 동의 아래 법률 전문가들 손에 넘겨주고, 그 이후에는 인권을 위해 싸우도록 훈련받은 법률가들이 당사자들의 실질적인 권리를 찾아주는 것이지요.

이런 전문 싸움꾼들에 의해서 차별에 관한 5만 원, 10만 원짜리 소송들이 계속된다면, 저력 있는 우리 시민들은 단시간 내에 차별 금지를 학습하게 될 것입니다. 이를 통해 말로만 하는 의식 개혁이 아니라, 생활 속에서 자연스럽게 배워가는 의식 개혁이 이루어질 수 있습니다. 더 이상 일부 의식 있는 변호사들의 '착한 마음'에 의존하는 공익 소송이 아니라, 그런 의식 있는 변호사들의 활동을 국가가 직접 지원해주는 시스템을 갖추게 되는 것도 큰 의미가 있습니다.

이런 '싸움꾼' 변호사들이 실질적으로 차별 철폐 소송을 수행하다가 기존 법 체계의 한계에 부딪치게 되면 새로운 입법 준비가 시작될 겁니다. 그 새로운 법을 만들어가는 과정에서 시민들의 의식은 더욱 향상되겠지요. 새 법을 시행하고 그에 따라 소송을 수행하다가 또 한계에 부딪치면 새로운 입법 운동이 태동할 겁니다. 이런 건전한 순환 구조 안에서 법과 시민의 삶이 함께 발전할 수 있습니다. 국가 권력의 괴물화를 막는 소극적인 역할을 넘어, 시민의 권리를 적극적으로 옹호해주는 법의 새로운 역할이 여기에서 시작되는 것입니다.

| 주석 |

들어가는 글 _ 2011년에 다시 보는 《헌법의 풍경》

1) 문재인, 《문재인의 운명》(가교출판, 2011), 29쪽 참조.
2) 우리 법조계의 브로커 관행에 대해서는 김두식, 《불멸의 신성가족 : 대한민국 사법 패밀리가 사는 법》(창비, 2009), 177쪽 이하 참조.
3) 김두식, '토론이 숨쉬게 하라', 〈한겨레〉 2003년 1월 6일자 9면 참조.
4) 김두식, '29퍼센트를 잊지 마세요', 〈한겨레〉 2005년 9월 7일자 23면 참조.
5) 대법원 1996년 10월 25일 선고 95도1473 판결, 대법원 2006년 3월 23일 선고 2003다52142판결 등 참조. 그런 의미에서 우리 법조문의 '오로지 공공의 이익에 관한 것'이라는 요건은 100퍼센트가 아니라 하더라도 '주로 공공의 이익을 위한 것'이면 충족된 것으로 보아 처벌을 피할 수 있습니다. 대법원 1993년 6월 22일 선고 92도3160 판결 참조.
6) 대법원 2000년 2월 25일 선고 98도2188 판결 참조.
7) 대법원 2004년 2월 27일 선고 2001다53387 판결, 대법원 2007년 9월 6일 선고 2007다2268 판결, 대법원 2008년 9월 25일 선고 2008도4889 판결, 헌법재판소 1999년 6월 24일 선고 97헌마265 전원재판부 결정 등 참조.
8) 김남일, '임수빈 피디수첩 주임검사 사표 왜?', 〈한겨레〉 2008년 12월 29일자 3면 참조.
9) 서울중앙지방법원 2010년 1월 20일 선고 2009고단3458 판결 참조.
10) 사설, 'PD수첩 허위 없다는 문성관 판사 어이없다', 〈동아일보〉 2010년 1월 21일자 35면 참조.
11) 서울중앙지방법원 2010년 12월 2일 선고 2010노380 판결 참조.
12) 이서현, 'PD수첩 광우병 핵심쟁점 허위, 2심 고의성은 없어 무죄', 〈동아일보〉 2010년 12월 3일자 1면, 구희령, 'PD수첩 광우병 보도 상당부분 허위', 〈중앙일보〉 2010년 12월 3일자 인터넷판 등 참조.
13) 대법원 2011년 9월 2일 선고 2010도17237 판결 참조.

14) 김정필, '대법, 광우병 보도 피디수첩 무죄판결 / 승진가도 달리는 그때 그 검사들', 〈한겨레〉 2011년 9월 3일자 6면 참조.
15) 문현숙, '피디수첩 제작진 중징계 파장 / MBC 안팎 '권력 눈치보기… 내부 겁박용' 반발', 〈한겨레〉 2011년 9월 21일자 24면 참조.
16) 이유진, 서정민 '노랫말 속 감기약도 19에 걸렸다', 〈한겨레〉 2001년 8월 27일자 8면 참조.
17) 최영경, "기독문화사역자 강인중 대표 '10대들 성인가요에 빠져 가치관 무분별 수용'", 〈국민일보〉 2006년 8월 29일자 28면 참조.
18) 우경임, '무리한 19금 판정 논란 음반심의위장 사퇴', 〈동아일보〉 2011년 8월 30일자 14면 참조.
19) 남경현, "북 찬양 혐의 40대 재판서 감형받자 '위대한 김정일 장군님 만세'", 〈동아일보〉, 2011년 8월 5일자 10면 참조.
20) 남경현, "법정서 '김정일 만세' 종북카페운영자 10개월형", 〈동아일보〉 2011년 10월 1일자 12면 참조.
21) 이성호, "종북카페 운영 40대, 법정서 또 '장군님 만세'", 〈동아일보〉 2011년 9월 6일자 17면 참조.
22) '이명박 정부 이후 뉴라이트의 운명은', 〈경향신문〉 2011년 9월 6일자 42면 참조.
23) 신보영, "북, 트위터 선전전 '심상찮다' : 계정 개통 6일 만에 팔로어 5000여명… 남남갈등 노림수", 〈문화일보〉 2010년 8월 18일자 3면 참조.
24) 홍진수, '북한도 트위터 개설… 당국, 차단 검토', 〈경향신문〉 2010년 8월 19일자 6면 참조.
25) 정재호, '이적표현물 리트윗도 국보법 위반 판결', 〈한국일보〉 2011년 4월 20일자 10면 참조.
26) 루돌프 폰 예링, 《권리를 위한 투쟁》(윤철홍 옮김, 책세상, 2007), 37쪽 참조.
27) 앞의 책, 43쪽 참조.
28) 스탠리 코언, 《잔인한 국가, 외면하는 대중 : 왜 국가와 사회는 인권 침해를 부인하는가》(조효제 옮김, 창비, 2009), 528~530쪽 참조.

1장 정답은 없다

1) 정석주, '이현세 씨 천국의 신화 음란성 무죄 판결을 보고', 〈동아일보〉 2001년 6월 15일자 17면 참조.
2) '영화 거짓말 항고 기각, 음란성 소설보다 약해', 〈국민일보〉 2001년 4월 11일자 31면 참조.

3) '검찰, 눈 부릅뜬 독서삼매', 〈조선일보〉 1999년 10월 26일자 31면 참조.
4) '대법원서 무죄확정된 만화가 이현세 씨', 〈조선일보〉 2003년 1월 27일자 21면 참조.
5) 1995년 6월 16일 대법원 선고 94도2413 판결 참조.
6) 대법원 2008년 3월 13일 선고 2006도3558 판결 참조.
7) 이장호, '한국영화회고록 47. 바야흐로 장호의 계절이 왔고나', 〈씨네 21〉 2000년 3월 21일자 참조.
8) 배종대, 이상돈, 《형사소송법 제4판》(법문사, 2001), 15쪽 참조.

2장 국가란 이름의 괴물

1) West Virginia State Board of Education v. Bamette, 319 U.S. 624(1943) 참조. 이 판결은 뒤에서 다시 한 번 살펴보게 됩니다.
2) '하나님 아래'가 정교 분리를 규정한 수정헌법 제1조 위반인지에 대한 논쟁이 지금도 계속되고 있습니다. 강김아리, '미국 국기에 대한 맹세, 보수-진보 또 다른 전선', 〈한겨레〉 2004년 2월 10일자 참조.
3) 송문홍, '〈횡설수설〉 국기에 대한 맹세', 〈동아일보〉 2003년 5월 22일자 6면 참조.
4) 김철수, 《헌법학신론》(박영사, 개정증보판, 1994), 68~69쪽 참조.
5) 요아힘 C. 페스트, 《히틀러 평전 II》(안인희 옮김, 푸른숲, 1997), 750쪽 참조.
6) Edwin Black, 《IBM and the Holocaust》(Crown Publishing Group, 2001) 참조.
7) 프리모 레비의 생애에 대해서는 Myriam Anissimov, 《Primo Levi : Tragedy of and Optimist》(trans. by Steve Cox, Overlook Press, 1998) 참조. 그의 말은 아담 호크쉴드, 《레오폴드 왕의 유령》(이종인 옮김, 무우수, 2003), 167쪽에서 인용.
8) 이 실험에 대한 하워드 진 교수의 설명은 하워드 진, 《오만한 제국》(이아정 옮김, 당대, 2001), 72~73쪽 참조. 좀 더 자세한 내용을 알고 싶은 분은 스탠리 밀그램이 직접 저술한 책 Stanley Milgram, 《Obedience to Authority》 (Harpers & Row, 1974)를 참조하십시오.
9) 김기중, 〈전체주의 법질서의 토대, 주민등록제〉, 《우리 안의 파시즘》(삼인, 2000), 71쪽 참조.

3장 법률가의 탄생

1) 문부식, 《잃어버린 기억을 찾아서 : 광기의 시대를 생각함》(삼인, 2002), 69~70쪽 참조.
2) 앞의 책 103쪽 참조.
3) 서승, 《옥중 19년》(역사비평사, 1999), 42쪽 참조.

4) 이진영, '공안검사 권력의 축에서 새정부의 아웃사이더로', 〈동아일보〉 2003년 4월 11일자 54면 참조.
5) 미셸 푸코, 《감시와 처벌 : 감옥의 역사》(오생근 옮김, 나남출판, 1994), 30~33쪽 참조.

4장 똥개 법률가의 시대

1) 박병권, '법관 잇단 사표 파문', 〈국민일보〉 1993년 1월 29일자 17면 참조.
2) 김승일, '법관의 고민', 〈한국일보〉 1993년 1월 30일자 5면 참조.
3) 여연호, '평소 청렴평판 유망법관들 경제사정으로 변호사 개업', 〈한겨레〉 1993년 1월 29일자 14면 참조.
4) 곽정수, '두 얼굴의 서정우 변호사', 〈한겨레〉 2003년 12월 12일자 2면 참조.)
5) 〈월간조선〉 2000년 6월호 참조.
6) 이 부분에 대해서는 김두식, '법학전문대학원 도입 3년의 시점에서 바라본 여성 법조인의 어제, 오늘, 그리고 내일', 〈젠더법학〉 제3권 제2호, 2011년 11월, 1쪽 이하 참조.
7) 이유정, '로스쿨 시대의 법률시장과 여성 법조인', 한국젠더법학회·이화여대 젠더법학연구소 공동주최 제12차 한국젠더법학회 학술대회 발표 논문, 2009, 20~21쪽 참조.
8) 법학전문대학원협의회의 학사관리 강화방안에 대한 비판으로는 전종익, '법학전문대학원 학사관리 방안의 기준과 방향', 〈변호사시험 운용 방향과 법치주의 기반 확대〉, 2011년 4월 18일 법무부·한국법학원 공동주최 심포지엄 발표문과 송기춘, '이른바 법학전문대학원 학사관리 강화방안 비판', 2011년 5월 12일 법과 사회 이론학회 토론회 발표문 참조.

5장 대한민국은 검찰 공화국

1) 1988년 1월 29일 대법원 선고 86모58 결정 참조.
2) 이수형, '강골검사 열전', 〈신동아〉 1997년 4월호 참조.
3) 함승희, 《성역은 없다》(문예당, 1995), 227쪽 이하 참조.

6장 '그럼에도 불구하고'의 헌법 정신

1) 김해여고 사건의 자세한 경과에 관해서는 대한예수교장로회 김해중앙교회 편, 《성령의 위로로 진행하여 : 김해중앙교회 50년의 발자취》(김해중앙교회, 2001) 참조.
2) 1976년 4월 27일 대법원 선고 75누249 판결 참조.

3) West Virginia State Board of Education v. Bamette, 319 U.S. 624 (1943) 참조.
4) Church of the Kukumi Babalu Aye, Inc. v. Hialeah, 508 U.S. 520 (1993) 참조.
5) Sherbert v. Verner, 374 U.S. 398 (1963) 참조.
6) Employment Division v. Smith, 494 U.S. 872 (1990) 참조.

7장 말하지 않을 권리, 그 위대한 방패

1) 채윤경, "몸 불편해 밤샘조사 받기 힘들다, 곽노현 호소에 일단 돌려보내", 〈중앙일보〉 2011년 9월 7일 인터넷판 참조.
2) 이항수, '조사보다 조서 고치는 시간 더 걸려… 검찰, 오늘 중 구속영장 청구 방침', 〈조선일보〉 2011년 9월 7일자 8면 참조.
3) 김칠준, '검찰과 언론, 대단한 소설가들 나셨습니다', 〈오마이뉴스〉 2011년 9월 7일자 참조.
4) 디지틀뉴스팀, '검찰이 언론 사진 못 찍었다고 구치소 가던 곽노현 되돌려', 〈경향신문〉 2011년 9월 16일 인터넷판 참조.
5) 헌법재판소 1999년 5월 27일 선고 97헌마137·98헌마5(병합) 결정 참조.
6) 헌법재판소 2010년 4월 29일 선고 2008헌마412·524·545(병합) 전원재판부 결정 참조.
7) 한상진, '고 장자연 수사 비화', 〈신동아〉 2011년 7월호 164쪽 이하 참조.
8) 정재권, '장자연 사건, 끝나지 않았다', 〈한겨레〉 2011년 9월 2일자 31면 참조.
9) 헌법재판소 1990년 11월 19일 선고 90헌가48 전원재판부 결정 참조.
10) 신동운, 《형사소송법(제3판)》(법문사, 2005), 494쪽 참조.
11) R. Kent Greenawalt, 〈Silence as a Moral and Constitutional Right〉, 23 William and Mary Law Review 15 (1981) 참조.
12) John H. Langbein, 〈The Historical Origins of the Privilege against Self-Incrimination at Common Law〉, 92 Mich.L.Rev. 1047 (1994) 참조.
13) Miranda v. Arizona, 384 U.S. 436 (1966) 참조.
14) 인천지방법원 2008년 7월 14일 2008보5 결정, 대법원 2008년 9월 12일 2008모793 결정 참조.
15) 염강수, '한총련의 묵비권', 〈조선일보〉 2003년 8월 9일자 3면 참조.)
16) 신동흔, '이해할 수 없는 경찰', 〈조선일보〉 2002년 2월 22일자 3면 참조.

8장 잃어버린 헌법, 차별받지 않을 권리

1) 허영, 《한국헌법론》(박영사, 1995), 253쪽 참조. 위의 책 253면 참조. 이에 대해 사

법상의 일반 원칙이라는 불확실한 개념으로 도피함으로써 실제로 아무런 기준을 제시하지 못하고 있다는 비판이 제기되고 있습니다. 최대권, 《헌법학》(박영사, 1989), 165~166쪽 참조.

2) Harold Evans, 《The American Century》 14~15 (Knopf, 1998) 참조.

3) Harold Evans, 앞의 책 34~35쪽 참조.

4) Jo Freeman, 〈How 'Sex' Got into Title VII: Persistent Opportunism as a Maker of Public Policy〉, 9 J. L. & Equality 163 (1991) 참조.

5) Mark A. Rothstein & Lace Liebman, 《Employment Law》 355 (4th ed. 1998) 참조.

6) 원고는 짧은 머리, 꽉 끼는 블라우스, 다리를 벌리고 앉는 자세, 헝클어진 머리 등을 자주 지적받았고, 심지어 남자 상급자 중의 한 명이 다른 사람에게 원고를 지칭하여 창녀라고 이야기한 사실까지 있었습니다. 법원은 원고에 대한 이러한 희롱행위가 워싱턴 DC 인권법 위반에 해당한다고 판결했습니다. Atlantic Richfield Co. v. District of Columbia Commission on Human Rights, 515 A.2d. 1095 (D.C. App.1986) 참조.

7) W. Va Code 5-11-9 (2000) 참조.

8) Griggs v. Duke Power Co., 410 U.S. 424 (1971) 참조.

9) Wroblewski v. Lexington Garden, Inc., 188 Conn. 44, 448 A2d 801 (1982) 참조.

10) 징벌적 손해배상에 관한 자세한 설명은 윤정환, '징벌적 손해배상에 관한 연구', 〈민사법학〉 제17호 참조.

11) 부형권, '김대통령 대선 공약 사항/인권위 추진 배경과 전망', 〈동아일보〉 1998년 12월 9일자 참조.

헌법의 풍경 – 잃어버린 헌법을 위한 변론

2004년 6월 1일 초판 1쇄 발행
2011년 12월 26일 개정증보판 1쇄 발행
2025년 1월 6일 개정증보판 19쇄 발행

■ 지은이 ———— 김두식
■ 펴낸이 ———— 한예원
■ 편집 ———— 이승희, 양경아
■ 조판 ———— 성인기획
■ 펴낸곳 교양인
우 04015 서울 마포구 망원로6길 57 3층
전화 : 02)2266-2776 팩스 : 02)2266-2771
e-mail : gyoyangin@naver.com

ISBN 978-89-91799-67-7 03360